systhemia – Systemische Pädagogik

Herausgegeben von Rolf Arnold

Band 5

Wie Organisationen das Lernen lernen

Entwurf eines epistemologischen Theoriemodells „organisationalen" Lernens aus Relationaler Sicht

Von

Sonja Radatz

Schneider Verlag Hohengehren GmbH

Umschlag: Gabriele Majer, Aichwald

Nähere Informationen unter:
www.isct.net
www.systhemia.com

Gedruckt auf umweltfreundlichem Papier (chlor- und säurefrei hergestellt).

Bibliografische Information der Deutschen Nationalbibliothek

Die Deutsche Nationalbibliothek verzeichnet diese Publikation in der Deutschen Nationalbibliografie; detaillierte bibliografische Daten sind im Internet über ›http://dnb.d-nb.de‹ abrufbar.

ISBN: 978-3-8340-0795-7

Schneider Verlag Hohengehren, Wilhelmstr. 13, D-73666 Baltmannsweiler

Homepage: www.paedagogik.de

© Schneider Verlag Hohengehren, 73666 Baltmannsweiler 2011
  Printed in Germany – Druckerei Djurcic, Schorndorf

Inhaltsverzeichnis

Teil 2: Entwurf eines Relationalen Theoriemodells zum maßgeschneiderten Erzielen organisationalen Lernens

Teil 3: Ableitung zweier Relationaler Ablaufmodelle zur Schaffung und umsetzenden Ausgestaltung organisationalen Lernens aus dem Relationsmodell

**Teil 4: Entwurf des Relationalen Modells der lernenden
Organisation auf Grundlage des Relationsmodells – Folgen der
Anwendung – Kritische Betrachtungen zum Schluss**

Vorwort des Herausgebers

Die vorliegende Veröffentlichung von Sonja Radatz ist einer epistemologischen Fragestellung gewidmet. Die Untersuchung dieser Frage führt sie dazu, die wesentlichen Elemente eines wirksamen Organisationslernens genauer zu bestimmen. Bereits einleiten führt sie den Leser deshalb auf die Spur: „Damit besteht die zentrale Leistung dieser Arbeit in der Einnahme einer veränderten Perspektive auf eine Situation und der Beobachtung all jener Auswirkungen, die durch den epistemologisch neuen Blick entstehen. Bisher Gesagtes erscheint dann im Rahmen neuer Verknüpfungen und durch die Auswahl der betrachteten Theoriemomente in einem neuen Licht" (Pkt. 1.1). Dieses Untersuchungsprogramm ist ehrgeizig. Denn es sind nicht allein praktische Fragen und Herangehensweisen, die ein solches Unterfanken in den Blick nehmen muss, sondern auch „substanzwissenschaftliche Fragen", „Wissenschaftsprogramme/ methodologische Fragen" sowie das „metatheoretische Fundament" einer betriebsbezogenen wissenschaftlichen Beobachtung (vgl. Abb. 1).

Viabilität erweist sich dabei als ein tragfähigeres Kriterium für die Erklärung gelingender und erfolgreicher Erkenntnis und Entwicklung als Kriterien, die „objektive" Mechanismen zu beschreiben meinen. Es geht um „Passung" in systemischen Kontexten, nicht um Annäherung an eine im Außen gegebene so und nicht anders erkennbare Gesetzmäßigkeit. Zudem lässt die Unterscheidung eine Welt entstehen, die sich dann unserer Interpretation stellt, wenn wir sie durch unsere Brillen unterschiedlich fokussieren – dies der Schritt einer Überwindung des „ontologischen Realitätsbegriffs", welcher uns Möglichkeiten eines anderen Zugangs zu unserer Wirklichkeit zu eröffnen vermag, indem wir uns darauf konzentrieren „fiktive Brücken zu praktischen Resultaten zu schlagen".

Radatz gelangt über solche erkenntnistheoretischen Annäherungen zu einer Theorie des Wandels, welche einer Neujustierung des Verhältnisses von Denken und Handeln entspringt: „So müssen wir Erfahrungen machen, um unsere Wirklichkeit weiter zu entwickeln oder zu verändern!" – so lautet ihre These, wobei sie der Sprache und den in dieser beinhalteten Festlegungen ein besonderes Augenmerk schenkt: Veränderung der Sprache – so liest man ihre Überlegungen – verändert die Optionen des Menschen, eine These mit der sie ähnliche Wege eines Veränderungsmanagements markiert, wie der Amerikaner de Shazer. Die in Anschluss an Piaget skizzierte Lerntheorie, wie sie in starkem Maße von von Glasersfeld aufgefächert wurde, liefert Radatz einen Zugang zum Umgang mit „Fakten" („Gemachtem") der von einer zweiten oder gar dritten Ebene her ansetzt: Nicht die beobachtete Welt, sondern die Art, in der wir die Welt - erfahrungsorientiert – beobachten und – überlebenssichernd – zu gestalten vermögen, markiert die eigentliche Substanz eines transformierenden Lernens.

Das von der Autorin selbst entwickelte Relationsmodell stellt in gewisser Weise das eigentliche Herzstück ihrer Arbeit dar. Mit diesem gelingt es ihr, die Lücke, welche die Erklärungsansätze von Argyris und Senge lassen – diese setzen immer wieder am individuellen Lernen an –, zu schließen und ein Ablaufmodell zur Entwicklung der Lernenden Organisation zu beschreiben, welches sie im weiteren Verlauf ihrer Arbeit sehr praxis- und problembezogen ausdeutet. An dieser Stelle kommt viel Empirie durch die Erfahrungen der Verfasserin zum Tragen. Sie begründet perspektivisch – unter Rückgriff auf die Heterarchieargumentation von von Foerster und die Als-ob-Philosophie von Vaihinger die tragende Relevanz ihres Realtionsmodells, wobei sie detailliert die Schritte seiner Umsetzung ausdifferenziert – bisweilen sogar im Duktus einer Gebrauchsanweisung.

Insgesamt beschreitet Radatz mit ihrer Argumentation und der Ausarbeitung sowie empirischen Illustrierung ihres Relationsmodells neue Wege einer nicht auf das individuelle, sondern auch auf das organisationale Lernen bezogenen Konzeption von Wandel, Entwicklung und Veränderung.

Kaiserslautern, den September 2010   Prof. Dr. Rolf Arnold

Teil 1:
Zur Entstehung
des Forschungsprojekts

1 Vorbemerkungen

> *„Objektivität ist die Wahnvorstellung, Beobachtungen könnten ohne Beobachter gemacht werden"*
> (von Foerster, 2000).

Immer noch stellt die praktische Verwertbarkeit das wichtigste Erfolgskriterium betriebswirtschaftlicher Forschungsarbeiten dar (Dievernich, 2007) – während der Entstehungszusammenhang von Theorien weitgehend auf Desinteresse stößt (Kappler, 1994; Backhausen und Thommen, 2007: 7). Eine Literaturrecherche bei den deutsch- und englischsprachigen Zeitschriften ergibt, dass diese unverhohlen auf Methodiken, Instrumente und Praxisanwendungsberichte fokussieren und in den meisten Fällen aus der multiplen Beobachtung in der Praxis Theorien generieren und sich meist auf eben diese betriebswirtschaftliche Praxis, methodologische Fragen und – in den seltensten Fällen – die Untersuchung von Wissenschaftsprogrammen beschränken. Das diesbezügliche philosophische Fundament wird nicht in Frage gestellt, sondern durchwegs als Datum behandelt (Bennis, 2004; Kets de Vries, 2004; Rust, 2004).

Es scheint so, als wären metatheoretische Erörterungen schlichtweg aus der Mode gekommen (Backhausen und Thommen, 2007). Mitunter ist dies so sehr der Fall, dass es zu genügen scheint, die als „Emanzipation" der Betriebswirtschaftslehre kaschierte Abneigung gegenüber der Erkenntnis- und Wissenschaftstheorie kurzerhand über das berühmt-berüchtigte „anything goes" von Feyerabend zu exkulpieren:

„Die Belästigung und Bedrängung der Wissenschaften durch Erkenntnis- und Wissenschaftstheorie ist von Paul Feyerabend deutlich aufgezeigt worden.

Nachdem er den verschiedenen wissenschaftstheoretischen Positionen unterschiedliche Formen der Geisteskrankheit zugeordnet hatte, sind Bevormundungsversuche gegenüber den Wissenschaften von der Wissenschaftstheorie her kommend gänzlich aus der Mode gekommen" (Linke/Kurthen, 1995: 284).

Jene Publikationen, die sich bewusst mit philosophischen Grundlagen auseinandersetzen und gewissermaßen die Grundhaltung und das metatheoretische Fundament in den Mittelpunkt ihrer Arbeit stellen, setzen – bis auf einige Ausnahmen (u. a. Winter, 1999; Rusch, 2003; Umpleby, 2003; Backhausen und Thommen, 2007; Dievernich, 2007 und 2007a;) nicht den Fokus auf den Bereich der Wirtschaftswissenschaften im allgemeinen bzw. des Managements und der Unternehmensführung im besonderen, oder sie streifen diesen nur (von Foerster, 1998).

1.1 Die epistemologische Fragestellung
als zentrales Thema der Arbeit

Die vorliegende Arbeit widersetzt sich bewusst dem Trend, metatheoretische Fragestellungen aus der Diskussion auszuklammern und will zunächst einen Beitrag auf dieser Ebene vermitteln; dessen Auswirkungen auf die daraus resultierenden methodologischen Fragen und substanzwissenschaftlichen Fragen sollen erst zu einem späteren Zeitpunkt im Rahmen dieser Arbeit diskutiert werden. Damit besteht die zentrale Leistung dieser Arbeit in der Einnahme einer veränderten Perspektive auf eine Situation und der Beobachtung all jener Auswirkungen, die durch den epistemologisch neuen Blick entstehen. Bisher Gesagtes erscheint dann im Rahmen neuer Verknüpfungen und durch die Auswahl der betrachteten Theoriemomente in einem neuen Licht.

Diese Entscheidung wurde nicht ohne Grund getroffen:

Schließlich wirkt die Metatheorie stets ähnlich einer Brille, durch die ein Problem betrachtet wird, und wirkt so bestimmend dafür, was wie und wann in welcher Form gesehen bzw. nicht gesehen wird. Es wird davon ausgegangen:

1. Die Brille richtet den Aufmerksamkeitsfokus auf ein ganz bestimmtes Feld der Betrachtung, während es andere Felder ausschließt

2. Die Problemstellung erscheint aufgrund der gewählten Brille in einem ganz spezifischen Licht, sodass sich die wahrgenommene Problemstellung an sich mit der jeweils verwendeten Brille kohärent verändert.

3. Die Brille bestimmt darüber hinaus mit, welche Schlüsse aus dem gezogen werden (können), was betrachtet wird. Sie ermöglicht bestimmte Schlüsse und verhindert andere Schlüsse und erzeugt damit jeweils einen fundamentalen Paradigmenwechsel im Denken.

4. Die aufgrund der verwendeten Brille jeweils gezogenen Schlüsse heben ihrerseits wiederum unmittelbaren Einfluss auf die daraufhin erarbeiteten Instrumente und Handlungen: Je nach Brille werden bestimmte Schlüsse aus einer Beobachtung gezogen, die dazu führen, dass einige Instrumente und Handlungen nicht mehr im Fokus stehen oder zumindest nicht mehr als sinnvoll erscheinen.

5. Schließlich hat die verwendete Brille auch Auswirkungen auf die Art, *wie* das Problem betrachtet wird: Sie bestimmt weitgehend die Inhalte wissenschaftlicher Erarbeitung, aber auch die Gestaltung des Ablaufs wissenschaftlicher Arbeit – die Wahl der Meilensteine, die in einer wissenschaftlichen Arbeit passiert werden sollten.

6. Allein jedoch die Annahme, dass es möglich ist, verschiedene Brillen anzuwenden und durch sie hindurch auf ein Problem zu sehen, zeugt schon davon, dass in der vorliegenden Arbeit eine bestimmte Form der Brille gewählt wurde: Nämlich die epistemologische Grundhaltung, dass verschiedene Brillen unter unterschiedlichen Auswirkungen gleichberechtigt nebeneinander

zur Anwendung kommen können, m.a.W., dass es nicht die eine wahre Sicht der Dinge gibt. Damit tritt der Beobachter auf den Plan, von dem angenommen wird, dass er die Brille auswählen kann und dadurch weitgehend Einfluss darauf nimmt, was er sehen will und kann. Allein diese Erkenntnis – es gibt keine Beobachtung ohne einen Beobachter – schafft bereits eine theoretische Grundlage, die sich ganz wesentlich vom bislang in der Betriebswirtschaft großteils angewendeten, voll akzeptierten ontologischen Fundament unterscheidet.

Interessant im Zusammenhang mit dieser Metapher ist darüber hinaus auch, dass das längere Tragen einer Brille bewirkt, die auf neue Art wahrgenommene Situation plötzlich als „wirklich" erscheinen zu lassen: Hat sich das menschliche Auge erst einmal an eine bislang fremde Betrachtung gewohnt, so nimmt es diese meist als einzig mögliche Betrachtungsweise dieser Situation wahr. Damit soll hier ausgedrückt werden, dass die dargestellte Sichtweise (nur) eine von vielen ist, die eben in der beschriebenen Situation zu einem Ergebnis führt, das durch einen anderen Betrachter und zu einem anderen Zeitpunkt nicht mehr wiederhergestellt werden kann: You can´t step into the same river twice, oder noch radikaler: You can´t even step into the same pond twice (McKergow, 2002: 33): Denn auch wenn wir annehmen, dass sich eine unserer spezifischen Umwelten innerhalb eines bestimmten Zeitraums nicht für uns wahrnehmbar verändert, so haben doch wir uns und unsere Sichtweisen verändert.

So gesehen besteht die Anforderung an diese Arbeit auch darin, die bisherige Betrachtungsweise der Überlegung, wie Organisationen das Lernen lernen, mit Hilfe systemischer Sichtweisen in Frage zu stellen, also selbst eine neue Brille zu kreieren, die schließlich zu neuen Ergebnissen führen kann. Letztendlich geht es also darum, einen Reflexions- und Lernprozess in die Wege zu leiten, der es vermag, die eigenen bisherigen Strukturen und Erfahrungen in Frage zu stellen und zu transformieren. Eine Auseinandersetzung auf der metatheoretischen Ebene setzt daher speziell in der Betriebswirtschaftslehre einen Unterschied, der einen Unterschied macht (Bateson, 1970), weil sie ein verändertes Handeln von uns erfordert (s. a. Hamel, 2008).

Die vorliegende Arbeit will auf jeder der angesprochenen vier Ebenen einen Beitrag leisten (siehe auch Abbildung 1):

1. auf der Ebene der Wurzeln versucht sie, bewusst die im Rahmen der BWL bislang selten angewandte metatheoretische Brille der Epistemologie aufzusetzen, um eine veränderte Sichtweise auf die betrachtete Problematik zu erreichen. Sie wählt daher bewusst bestimmte Eckpfeiler aus dem metatheoretischen Fundament aus, die in einem Zusammenhang zum betrachteten Problem zu stehen scheinen, und verwendet diese, um die Situation in veränderter Form wahrzunehmen und daraus neue, wichtige Schlüsse zu ziehen, die fundamentalen Einfluss auf die daraus resultierenden Wissenschaftsprogramme, substanzwissenschaftlichen Fragen und die betriebswirtschaftliche Praxis haben.

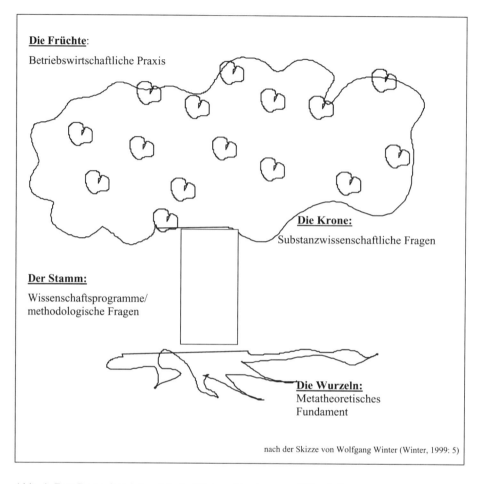

Die Früchte:

Betriebswirtschaftliche Praxis

Die Krone:

Substanzwissenschaftliche Fragen

Der Stamm:

Wissenschaftsprogramme/
methodologische Fragen

Die Wurzeln:
Metatheoretisches
Fundament

nach der Skizze von Wolfgang Winter (Winter, 1999: 5)

Abb. 1 Der Baum betriebswirtschaftlichen Denkens und Handelns

2. Auf der <u>Ebene des Stammes</u> will sie bisherige Wissenschaftsprogramme in Frage stellen und die Schaffung neuer Wissenschaftsprogramme ermöglichen.

3. Auf der <u>Ebene der Baumkrone</u> wirft sie – ausgehend von der Überwindung der ontologischen Grundhaltung – neue substanzwissenschaftliche Fragen aus epistemologischer Sicht auf.

4. Schließlich sollen auch neue Instrumente und Methodiken entwickelt bzw. bestehende so verändert werden, dass die gewonnenen Theoriemodelle in der betriebswirtschaftlichen Praxis angewendet werden – also <u>Früchte tragen</u> – können.

1.2 Die epistemologische Haltung im Forschungsprozess

Zwischen der ontologischen und der epistemologischen Forschung können nicht nur wesentliche Unterschiede in der inhaltlichen Betrachtung und Bearbeitung von Forschungsfragen beschrieben werden, sondern auch in der Haltung im und Gestaltung des Forschungsprozesses selbst. Während die epistemologische Forschung insgesamt vier Elemente wissenschaftlicher Arbeit unterscheidet (Kuhn, 1970: 182–197), verändert die ontologische Forschung Inhalt und Form dieser Elemente selbst und fügt dieser noch zwei weitere Elemente hinzu (Umpleby, 2003):

„'Leitfragen' belegen die grundsätzlichen Überlegungen, die zur Entwicklung einer Theorie führen. Beispielsweise stellte Warren McCulloch zu Beginn seiner Karriere die Frage, „Was ist eine Zahl, sodass der Mensch sie kennt, und wie kommt es dazu, dass der Mensch eine Zahl kennt? 'Techniken' sind Methoden, die vom Autor dazu verwendet werden, um den Leser von seinen Ansichten zu überzeugen. Techniken können verbal oder mathematisch dargestellt werden. Beispiele dafür finden wir in mathematischen Beweisen, in der Regressionsanalyse, in Computersimulationen, Laborexperimenten mit Tieren, in der Markt- und Sozialforschung, in Gedankenexperimenten und geschichtlichen Beispielen. Die größten Veränderungen in der Wissenschaft dürften jedoch durch die Formulierung neuer „Leitfragen" entstehen" (Umpleby, 2003: 29).

Genau darum geht es auch in dieser Arbeit: Es sollen neue Musterbeispiele entwickelt werden, die einen Paradigmenwechsel im grundlegenden Denken über Lernen und im weiteren Verlauf im „Managen" einleiten. Dabei sind die erarbeiten Ergebnisse keine „Wahrheiten" im Sinne des ontologischen Wahrheitsbegriffes, sondern sie sollen den Leser einladen, sich von ihnen überzeugen zu lassen, damit zu experimentieren bzw. die Ideen wiederum in Frage zu stellen.

Wenn der Beobachter in den Mittelpunkt der Beobachtung gestellt wird, dann ermöglichen einerseits die Forschungsergebnisse sehr viele Rückschlüsse auf den Beobachter (von Foerster, 2002), es wird aber auch das Beobachten selbst zum zentralen Teil der Forschungsarbeit:

Die Auswahl bestimmter Perspektiven auf Basis einer oder mehrerer Leitfragen (die selbst wiederum aus einer Relationalen Betrachtung resultieren), die Konzentration auf bestimmte Thematiken und die Vorgangsweise in der Generierung von neuen Erkenntnissen, die immer ein Ergebnis subjektiver Reflexion im Sinne der Verknüpfung von Wahrgenommenem mit eigenen Erfahrungen und Strukturen darstellen, rücken in den Vordergrund – und sie ersetzen das ontologische Bilden und (objektive) Überprüfen von Hypothesen sowie die Idee der Annahme bzw. Ablehnung dieser Hypothesen im Sinne der Verifizierung bzw. Falsifizierung Karl Poppers (von Glasersfeld, 1996).

In der vorliegenden Arbeit soll auch diesem Gedanken Rechnung getragen werden: Es soll eine Forschungsarbeit entstehen, die in einem epistemologischen

Prozess an die Erforschung eines aus betriebswirtschaftlicher Sicht interessanten Phänomens herangeht. Damit entsteht eine Kohärenz zwischen dem Inhalt der Arbeit und der Art und Weise, wie an das Thema herangegangen wird.

Aber es gibt noch einen weiteren Aspekt der vorliegenden Arbeit, der an dieser Stelle hervorgehoben werden soll: Der Aufbau der Arbeit spiegelt auch den laufenden Forschungsprozess beim Schreiben selbst wider; die Reflexion und Infragestellung, beginnend beim Allgemeinen und immer mehr ins Spezielle, in die Tiefe der Theorie eintauchend, dann aber wieder aus der Theorie entstehend und in die Details der Umsetzung in die Praxis eintauchend. So kann insbesondere am Ablauf der vorliegenden Arbeit der sich insgesamt spiralförmig sowie in einer Pendelbewegung (zwischen der Viabilität der Praxis und der Kreativität ihrer theoretischen Entschlüsselung) bewegende Forschungsprozess abgelesen werden.

2 Die zentrale Leitfrage im organisationalen Lernen

Die Betriebswirtschaftslehre analysiert als Institutionenlehre Aspekte des Wirtschaftens in einer Situation der Knappheit der zur Bedürfnisbefriedigung zur Verfügung stehenden Mittel (Schanz, 1988: 729). Zentrales Anliegen ist dabei letzten Endes immer das (erfolgreiche) (Über-)leben der betrachteten Unternehmen.

Die Lebensfähigkeit des Unternehmens ist relativ einfach festzustellen – während die Kriterien für erfolgreiches (Über-)leben von jedem Beobachter anders definiert werden. Daher soll im Folgenden immer von der Lebensfähigkeit des Unternehmens in Zeiten unablässigen Wandels die Rede sein, und die Definition der dieser zugrundeliegenden Erfolgskriterien bewusst jedem Unternehmen selbst überlassen werden.

Wie kann aber nun ein Unternehmen (über-)leben? Wie kann es dafür sorgen, dass es in einer komplexen, nicht steuerbaren Umwelt (Maturana, 2001d) kontinuierlich eine Passung erzeugt, die immer wieder einen erfolgreichen Umgang mit knappen Gütern ermöglicht?

Die wichtigste Voraussetzung für Passung und damit für das Überleben der Organisation ist das Lernen, m.a.W.: Lernen ist die Tätigkeit, die Passung zum Ergebnis hat.

Die zentrale Leitfrage, die in dieser Arbeit entsteht, lautet: Wann können wir von organisationalem Lernen sprechen?

Dabei werden an dieser Stelle vier grundsätzliche Problematiken geortet:

1. **Organisationales Lernen wird praktisch gleichgesetzt mit dem Lernen der Individuen in der Organisation**; oder noch deutlicher formuliert: Organisationales Lernen IST in der herrschenden Lehre individuelles Lernen bzw. baut substantiell darauf auf. Dabei wird es beschrieben als Weitergabe von Wissen (Erfahrung) von einem Menschen an andere Menschen (Nonaka, 1991; Meinsen, 2003; Vahs, 2005; Gronan, 2007; Wiesnet, 2007; Finth, 2008; Wühle, 2008;) oder als Verarbeitung „neuen Wissens von außen" durch das Individuum, die schließlich zu steigendem Erfolg der Organisation führt:

„Organizational learning can usually be traced through three overlapping stages. The first step is cognitive. Members of the organization are exposed to new ideas, expand their knowledge, and begin to think differently. The second step is behavioral. Employees begin to internalize new insights and alter their behavior.

And the third step is performance improvement, with changes in behavior leading to measurable improvements in results: superior quality, better delivery, increased market share, or other tangible gains" (Garvin 1993, S. 16).

Ähnlich argumentieren 5 Jahre später immer noch Probst/Raub/Romhardt, die nach wie vor im deutschsprachigen Raum laufend zitiert werden, wenn es um „organisationales Lernen" (im traditionell-bekannten Verständnis) geht:

„Die Fähigkeit, Daten in Wissen zu transformieren, macht das Individuum zum zentralen Träger der organisationalen Wissensbasis… das spezifische Wissen eines Unternehmens ist zu einem bedeutenden Anteil in den Köpfen seiner Mitarbeiter gespeichert" (Probst, Raub und Romhardt, 1998: 37f.).

In eine ähnliche Richtung gehen auch die Definitionen „organisationalen Lernens" von Willke (Willke, 1998, 64). Willke stellt den Begriff der lernenden Organisation jedoch zumindest in der Lehre gleich mit dem Wissensmanagement, das sich bei ihm jedoch ausschließlich in den Beziehungen nach außen in Produkt- bzw. Leistungsform manifestiert (Willke, 1998, 65) und nicht (auch und vor allem) in den Interaktionen innerhalb der Organisation.

Andere Definitionen geben Organisationen vergleichbare Attribute wie Menschen und tun so, als ob Organisationen tatsächlich von sich aus wie Menschen lernen könnten, was in der Praxis allerdings noch selten beobachtet werden konnte (Radatz, 2002b), sieht man einmal von der Beschreibung aus dem Umfeld des MIT in Boston ab, in der erste zarte Versuche einer eigenständigen Beschreibung organisationalen Lernens, unabhängig von den Systemmitgliedern, gemacht werden (Scharmer, 2009).

In all diesen Beschreibungen wird deutlich, dass sich organisationales Lernen immer auf das Lernen des Individuums bezieht; so unverhohlen deutlich, dass sich die Frage aufdrängt, welcher Unterschied hier überhaupt zwischen organisationalem und individuellem Lernen gemacht wird; bzw. wofür der Begriff organisationalen Lernens dort eingeführt wird, wenn doch nichts Neues beschrieben wird.

Nun könnte argumentiert werden, dass 1993 die Forschung zum organisationalen Lernen noch in den Kinderschuhen steckte; aber auch in den jüngsten Beiträgen, 15 Jahre später ist noch kein bedeutender Fortschritt in der Forschung erkennbar:

„Individuelles und organisationales Lernen sind aufeinander bezogen. Jedoch ist in der Wissenschaft umstritten auf welcher Ebene zwischen Individuum und Organisation tatsächlich organisationales Lernen stattfindet bzw. verortet werden kann. Auf welchen Aggregationsebenen – der individuellen, interpersonellen, der Ebene von Gruppen, zwischen Gruppen oder der ganzer Organisationen – ist es sinnvoll, von produktivem organisationalem Lernen zu sprechen?" (Sezer 2008, S. 8).

Sogar aktuell wird der Stand der Forschung nicht wesentlich anders gesehen als vor mittlerweile 15 oder 20 Jahren, wie bei Teia 2009 nachzulesen ist:

„Die Kernfrage des Konzeptes der Lernenden Organisation besteht darin, wie die Früchte aller individuellen Lernerfahrungen oder Lernzuwächse von Teams in die Unternehmung eingebracht werden und somit zur Steigerung der Problemlösungsfähigkeit beitragen können" (Teia 2009, S. 20).

2. Sehr unterschiedlich wird auch die Definition von „Lernen" selbst in der Literatur verwendet; auf die Frage, „An welchen Kriterien erkennen wir, dass gelernt wird?" gibt es grundverschiedene Antworten. Garvin definiert etwa das Lernen der Organisation lediglich als Verhaltensänderung:

„Eine lernende Organisation ist erfahren darin, Wissen zu schöpfen, zu erwerben und weiter zu geben, sowie ihr Verhalten im Lichte neuer Kenntnisse und Einsichten teilweise zu revidieren" (Garvin, 1994: 76).

Wieder andere Autoren betrachten Lernen als passives, vergangenheitsorientiertes Handeln, in dem Fehler entdeckt und korrigiert werden (Argyris, 1977) bzw. in dem es um den optimalen Umgang zwischen Mensch und Maschinen geht (Seely Brown, 1991).

In wieder anderen Fällen wird der Definition organisationalen Lernens behavioristisches Denken zugrunde gelegt, ohne dieses Konzept näher zu beleuchten (Leonard und Strauss, 1997) sodass die lernende Organisation über ein Beeinflussungsmodell (Drath, 2001) zustande kommt.

3. Lernen wird abstrakt betrachtet, als „Lernen an sich", im Sinne eines: „Hauptsache, wir lernen. Was, ist nebensächlich". Ein potenzieller Fokus des Lernens wird durchgängig ausgeblendet (Nonaka, 1991; Meinsen, 2003; Vahs, 2005) bzw. es wird dadurch implizit ein ganz bestimmter Lernfokus vorgegeben, der als erstrebenswert betrachtet wird (Garvin, 1993; Argyris und Schön, 1993 und 1996).

4. Organisationales Lernen lässt sich mit Hilfe der bestehenden Modelle nicht umsetzen, und darin besteht wahrscheinlich das größte Problem in der bisherigen wissenschaftlichen Auseinandersetzung bzw. in den bereits bestehenden Modellen.

So schreibt etwa Helmut Willke (und schließt damit gleichzeitig an den erstgenannten Punkt der Problematiken an):

„Organisationales Lernen sollte eigentlich als kontinuierlicher Prozess der Organisation verankert sein; er wird nur deshalb als kontinuierlicher Prozess auf personaler Ebene gesehen, weil sich in der Praxis der Unternehmenstransformation aus den unterschiedlichsten Gründen eine Ausdehnung des Lernens auf das Lernen der Organisation nur in den seltensten Fällen hat durchsetzen lassen" (Willke, 1998: 63 f.).

Auch Argyris und Schön bezeichnen ihr Modell selbst als idealisiertes Modell, das nie vollkommen erreicht werden kann und daher mehr ein Leitbild darstellt (Argyris und Schön, 1993).

Wird also an einer (Neu)definition des Begriffs der „lernenden" Organisation aufgrund eines bestimmten erkenntnistheoretischen, hier des Relationalen Fundaments gearbeitet, so muss zunächst dieses Fundament im Lichte des betrachteten Gegenstandes substanziell genomen analysiert werden. Erst dann kann eine für die vorliegende Arbeit viable Definition aus diesem Fundament heraus gebildet (konstruiert) werden. Daher geht es im Rahmen der vorliegenden Arbeit zunächst um die nähere Betrachtung der erkenntnistheoretischen Fundierung des „organisationalen" Lernens und der epistemologischen Lerntheorien, die einen Beitrag zur Definition „organisationalen" Lernens aus epistemologischer Sicht liefern können.

3 Forschungsstand zur epistemologischen Betrachtung organisationalen Lernens

„Wenn wir davon sprechen (. . .), dass die verschiedenen Sichtweisen gleicherma-ßen wahr und tauglich sind, dann verlieren Kampf und Konflikt an Bedeutung. Die Falsifikation erscheint nicht mehr als das zentrale Anliegen der wissenschaft-lichen Arbeit.

Es entsteht ein Panorama der Koexistenz, ein dialogischer Raum in der Welt und in der Wissenschaft, dessen fundamentaler Wert gerade im Eröffnen von Mög-lichkeiten besteht; man kann mit Freude und Spaß die Fülle möglicher Existenz-formen und die verschiedenen Auffassungen und Annahmen vergleichen, Ideen entwickeln, sich austauschen, debattieren, kontrollieren . . ." (Varela, 2001:123).

Wenn wir Themenstellungen aus epistemologischer Sicht betrachten, dann rückt das Beobachten, die Tätigkeit des Beobachters, in den Mittelpunkt der For-schungsfrage und der Forschung selbst. Es wird dann nicht mehr wie zuvor onto-logisch gefragt, wie Lernen „vor sich" geht, sondern eher, welches Lernen die einzelne, spezifische Organisation braucht; welche Prozesse jede Organisation spezifisch anwenden kann, um für sich selbst einen optimalen Lernprozess zu definieren (wie sie also das Lernen lernen kann).

Diese bewusste Miteinbeziehung des Beobachters schafft neue Erkenntnisse; sie betrachtet das im Rahmen dieser Arbeit in den Mittelpunkt gestellte Lernen von Individuen in Organisationen und dem Lernen von Organisationen in einem neuen Licht.

In der folgenden Darstellung des State of the Arts der epistemologischen For-schung als Grundlage des Lernens sowie der epistemologischen Lerntheorien selbst soll diesem Gedanken in zweierlei Hinsicht Rechnung getragen werden:

- Einerseits werden ausschließlich Theoriegrundlagen besprochen, die den Beobachter in die Theoriebildung miteinbeziehen.

- Andererseits folgt auch die Auswahl der Theoriegrundlagen der Entscheidung des „Beobachters".

3.1 Der Stand epistemologischer Forschung hinsichtlich der Gestaltung einer Theorie organisationalen Lernens

Der Konstruktivismus und die Systemtheorie haben nicht die gleichen Wurzeln; während der Konstruktivismus als eine Philosophie, eine Strömung angesehen wird, welche bestimmt, unter welchen Rahmenbedingungen (Schranken) ein Forschungsgegenstand betrachtet wird und hierbei alle bisherigen Leitdifferen-zen sowohl der traditionellen Erkenntnistheorie (Subjekt/Objekt), der Logik (wahr/falsch) und der Ontologie (Sein/Nichtsein) überwindet, entstand die

Systemtheorie ursprünglich als Lehre vom Regelkreis und diente u. a. bereits Heron von Alexandria (um 100 n.Chr.) der Beschreibung seiner Maschinen und technischen Geräte. Erst viel später wurden die dort konstruierte Gesetzmäßigkeiten auch auf soziale Systeme übertragen.

Die Systemtheorie fokussiert grundsätzlich auf die Betrachtung von Kausalitäten in trivialen und komplexen Systemen und untersuchte im Rahmen der Kybernetik 1. Ordnung noch deren Gesetzmäßigkeiten, um im Falle einer Soll-Ist-Abweichung gegensteuern zu können bzw. ein Konzept zur Selbststeuerung (zielgerichteten Stabilisierung) des zu steuernden Systems einzurichten (Wiener, 1948). Erst in der Überwindung der Kybernetik 1. Ordnung – dem Wiedereintritt des Beobachters (Winter, 1999; Pörksen, 2004) im Rahmen der Kybernetik 2. Ordnung – treffen Konstruktivismus und Systemtheorie aufeinander, um – ergänzt durch das Konzept der Autopoiesis – aus verschiedenen Blickwinkeln auf die Welt zu schauen, wenngleich immer durch das Auge eines Beobachters.

3.1.1 Konstruktivistische Grundlagen selbstgesteuerten Lernens

Streng genommen ist der Konstruktivismus – der hier gemeine „radikale Konstruktivismus" (von Glasersfeld, 1997; 2008) im Gegensatz zu den vielen anderen „Konstruktivismen„, wie dem sozialen Konstruktionismus, dem Laborkonstruktivismus, dem Erlanger Konstruktivismus und dem sozialen Konstruktivismus – nur eine „Wiederentdeckung" (Baecker, 1996: 19; 2008) des nahezu 3000 Jahre alten Problems der Erkenntnistheorie:

Bereits die Vorsokratiker, u. a. Demokrit, stellten fest, dass „wir nicht erkennen können, wie in Wirklichkeit ein jedes Ding beschaffen oder nicht beschaffen ist" (Capelle, 1953: 437). 500 Jahre später machte Pyrrhons von Elis´Schule klar, dass „die Vernunft und nicht die Unzulänglichkeit zu der Überzeugung führt, dass der Erlebende niemals erkunden kann, inwieweit oder ob überhaupt das, was er erlebt, mit einer von ihm unabhängigen Welt übereinstimmt" (von Glasersfeld, 1996: 59) – denn um das zu prüfen, müsste er ja das Erlebte mit der „Wirklichkeit" vergleichen und dieser Vergleich ließe sich nur dann machen, wenn Erlebtes noch nicht Erlebtem gegenübergestellt werden könnte (von Glasersfeld, 2008; Winter, 1999, 35). Allerdings würde man für einen solchen Vergleich einen Schiedsrichter benötigen, der das Objekt beobachten könnte, ohne selbst als Subjekt beteiligt zu sein. Das jedoch können wir nicht, denn wir können nicht aus den spezifisch menschlichen Weisen unseres Wahrnehmens und Begreifens heraustreten (von Glasersfeld, 2007; 2008).

Zwei der wichtigsten Vertreter des dieser Arbeit zugrundeliegenden Begriffs des Konstruktivismus sind einerseits Ernst von Glasersfeld auf der philosophischen Seite, der auch das zugehörige Präfix „radikal„ schuf (von Foerster, 2002; von Glasersfeld, 2008) und ganz wesentlich zu dessen Verbreitung beitrug, und Paul Watzlawick auf der kommunikationstheoretischen Seite (Watzlawick, 1981; 2006).

In dreierlei Hinsicht leistet der Konstruktivismus als Theoriegrundlage einer Betrachtung selbstgesteuerten Lernens einen wesentlichen Beitrag:

- Einmal in der Überwindung der realistischen (traditionellen) Erkenntnistheorie, indem die Trennung zwischen Subjekt und Objekt aufgehoben und damit ein direkter Zusammenhang zwischen den Handlungen von Individuen (in einem sozialen System) und den Auswirkungen dieses Handelns geschaffen wird – und diesbezüglich Verantwortung für das subjektive Handeln erzeugt wird.

- Dann in der Überwindung des metaphysischen Glaubens an „richtig" und „falsch", die dazu führt, dass Lernen nicht als Streben nach einem „richtigen", zuvor festgelegten Ziel aufgefasst wird, sondern der Gestaltung eines viablen Weges in bezug auf die erlebten Rahmenbedingungen dient, derer es unendlich viele gibt.

- Und schließlich in der Überwindung des ontologischen Realitätsbegriffes, welche die Wirklichkeit als subjektive Konstruktion definiert. Lernen wird auf diese Weise zur Konstruktion einer Wirklichkeit, die den Beteiligten als sinnvoll und gangbar (viabel) erscheint.

3.1.1.1 Die Überwindung der realistischen (traditionellen) Erkenntnistheorie

Die realistische (traditionelle) Erkenntnistheorie geht vom Akt der Beobachtung als „Erkennen" eines Objektes durch ein „erkennendes„ Subjekt und einer stetigen Suche nach einer Annäherung an die „Wahrheit" aus (Winter, 1999): Sie zielt darauf ab, „die Welt zu enthüllen, so wie sie wirklich ist" (von Glasersfeld, 2008). Dies würde bedeuten, dass wir etwas erkennen können, das unabhängig und außerhalb von uns – quasi unbeeinflusst von unserer Art der Wahrnehmung – stattfindet und das wir „entdecken" können. Nun sammelten aber bereits die Skeptiker unzählige Beispiele dafür, dass die menschlichen Sinnesorgane unzuverlässig sind und zeigten, dass Wahrnehmungen und die darauf gründenden Urteile durch die Umstände und durch menschliche Einstellungen beeinflusst waren, sodass man nicht vertrauen konnte, dass sie ein wahres Bild der realen Welt liefern würden (Gadamer, 2007).

Beispiele dazu:

- Kommen wir aus der Kälte in einen moderat geheizten Raum, so erscheint uns dieser ungleich wärmer, als wenn wir einem heißen Bad entsteigen und denselben Raum betreten.

- Oder ein Beispiel aus dem Bereich des Lernens in Unternehmen: Wissen ist etwas, was nicht absolut definiert werden kann, sondern immer nur relativ – aus den Sichtweisen der Beteiligten im Unternehmen, die dafür sorgen müssen, dass genau ihr Unternehmen unter ganz spezifischen, einzigartigen Rahmenbedingungen überlebt. Immer hängt diesem Gedanken zufolge unsere

Wahrnehmung von unserem Erfahrungszusammenhang ab (von Glasersfeld, 2008).

Etwa 200 Jahre vor der Gründung der Schule der Skeptiker formulierte bereits Xenophane, dass das wahre Wissen der realen Welt nie erreicht werden kann:

„Und das Genaue freilich erblickt kein Mensch, und es wird auch nie jemand sein, der es weiß (erblickt hat) in bezug auf die Götter und alle Dinge, die ich nur immer erwähne; denn selbst wenn es einem im höchsten Maße gelänge, ein Vollendetes anzusprechen, so hat er selbst kein Wissen davon: Schein (Meinen) haftet an allem" (Xenophanes, Fragment 34 in Diels, 1957).

Wenn wir Regeln für unsere Handlungen erstellen und uns über diese Regeln einigen, dann schaffen wir die Sicherheit eines erfundenen und vereinbarten Regelsystems; dieses Regelsystem sagt jedoch noch nichts über eine Regelwelt aus, die angeblich unabhängig von den sich daran haltenden Menschen existieren soll. Solche Regeln kennen wir etwa aus den Kennzahlensystemen der Betriebswirtschaftslehre, die ähnlich wie die vom Menschen erfundenen Naturgesetze lediglich als Erklärungsprinzipien betrachtet werden können, die all das erklären, was wir wollen, dass sie erklären (Bateson, 1972; Lutterer, 2008; Lutterer, 2009). Der radikale Konstruktivismus geht davon aus, dass jede Sicht der Welt notwendig die Sicht eines Menschen ist – dass also all das, was wir Wissen nennen (unsere Ideen oder Begriffe und die Beziehungen zwischen ihnen, unsere Bilder von uns selbst und der Welt) menschlich sind. Denn dieses Wissen wurde von uns auf unsere besondere Weise erzeugt und wir sind, ob uns das gefällt oder nicht, von unseren menschlichen Fähigkeiten her begrenzt (von Glasersfeld, 1996, 60).

3.1.1.2 Die Überwindung des metaphysischen Glaubens an „richtig" oder „falsch"

Die wissenschaftstheoretische Arbeit der letzten Jahrzehnte war sehr stark von der Anwendung des kritischen Rationalismus Karl Poppers (Popper, 1969) geprägt,

„der sich die objektive, d. h. vom erkennenden Subjekt unabhängige Wahrheit der empirischen Wissenschaft als Ziel setzte und die Annäherung an die Wahrheit über die Methode von Versuch und Irrtum als regulative Idee unseres wissenschaftlichen Tuns verwendete (. . .). Diese auf dem Prinzip der kritischen Prüfung basierende Approximationstheorie der Wahrheit ist eine der grundlegenden Thesen des kritischen Rationalismus Poppers." (Fischer-Winkelmann, 1971: 65f.).

Popper bietet dabei eine ausgezeichnete Beschreibung der instrumentalischen Auffassung der Wissenschaft und versucht zu zeigen, dass sie logisch falsch ist. Wer seine Bücher jedoch aufmerksam liest, wird bemerken, dass Poppers Kritik unter Verwendung der Begriffe der Falsifizierbarkeit und von Entscheidungstests auf nichts anderem beruht als auf seinem metaphysischen Glauben daran, dass wissenschaftliche Theorien einen Grad von Richtigkeit („Wahrheit") erreichen können, der über die instrumentelle Viabilität in konkreten Situationen hinausgeht (von Glasersfeld, 1996: 54 f.). Er besteht darauf, dass es unerlässlich sei, durch das „Aussieben" falscher Theorien der Wahrheit immer näher zu kommen, ohne jedoch jemals den Anspruch auf Sicherheit oder auch nur Wahrscheinlichkeit erheben zu können. Er betonte zwar auch die Notwendigkeit der Kreativität beim Aufstellen einer Theorie; wichtig für den Fortschritt sei allerdings vor allem die kritische Überprüfung, die nur von den „wahrheitsnächsten" Theorien bestanden wird (wikipedia, 2009).

Gerade die Auffassung von Regelmäßigkeiten in Kausalverbindungen und Korrelationen als „Wahrheit", wie sie der kritische Rationalismus bietet, wird zwar von vielen Menschen gewünscht, um deren Stabilität aufrecht zu erhalten, muss aber aus radikal konstruktivistischer Sicht abgelehnt werden (von Glasersfeld, 2008). Der radikale Konstruktivismus überwindet die Leitdifferenz der klassischen zweiwertigen Logik (wahr/falsch) (von Foerster, 1997: 51 f.) und ersetzt sie durch das Konzept der Viabilität (von Glasersfeld, 1996: 55 ff.) und den Kalkül der Form (Spencer Brown, 1994), der mit „zweiwertigen Unterscheidungen" (von Foerster, 2001: 34) operiert.

Wer also fragt, ob der radikale Konstruktivismus wahr oder falsch ist, hat die Pointe verpasst, denn dieser ist keine metaphysische Hypothese, sondern ein begriffliches Werkzeug, dessen Wert sich nur nach seinem Erfolg im Gebrauch misst: Unsere Methoden sind nie wahr oder falsch, sondern müssen nur für die Erreichung der Ziele, die wir uns setzen, taugen (von Glasersfeld, 2001: 57).

So gesehen erscheint aus radikal konstruktivistischer Sicht die in der Betriebswirtschaftslehre und hier vor allem in der Beratung sehr häufig gestellte Frage „Wie kann man sicherstellen, dass das System (das Unternehmen) die Realität „richtig" erkennt (also z. B. die „richtigen„ Strategien trifft)?", als widersprüchlich und metaphysisch. Widersprüchlich deshalb, weil ein richtiges Erkennen immer schon die Kenntnis dessen voraussetzt, was eben „richtig erkannt„ werden soll – man müsste also bereits wissen, was man im Erkenntnisprozess erst erfahren wollte. Metaphysisch ist die Frage deshalb, weil physio-chemische Systeme (etwa der Mensch) nur erkennen können, was ihnen aufgrund der eigenen wahrnehmungsbezogenen und kognitiven Erkenntnismöglichkeiten im Laufe ihres bisherigen Lebens zugänglich ist. „Die Realität" jedoch ist ein philosophisches Konzept, das alle bekannten Erkenntnismöglichkeiten in jedem Fall überschreitet.

Im Folgenden werden deshalb das Konzept der Viabilität und der Kalkül der Form als wesentliche Grundlagen für eine epistemologische Theorie „organisationalen" Lernens beschrieben.

a) Das Konzept der Viabilität

Der Begriff der Viabilität wird im Rahmen des radikalen Konstruktivismus durch Ernst von Glasersfeld geprägt und versteht sich als „Ersatz für den Begriff der Wahrheit" (von Glasersfeld, 2007; 2008) bzw. in einem ähnlichen Sinne als Ausdruck der selbständigen Überlebensfähigkeit (Beer, 2001):

„Das Wort „viabel" ist ein technischer Ausdruck, den ich aus der Embryologie entlehnt habe: Es bedeutet „selbständig überlebensfähig zu sein„ und wird von mir vornehmlich eingesetzt, um ein entsprechendes Verständnis für die Rolle der Autonomie von Systemen zu vermitteln" (Beer, Vortrag 2001).

Viabilität stellt bei Ernst von Glasersfeld ein mögliches Denkmodell für die einzige Welt dar, die wir „erkennen" können, die Welt nämlich, die wir als lebende Individuen konstruieren. Damit ist der radikale Konstruktivismus unverhohlen instrumentalistisch (von Glasersfeld, 1996: 55). Etwas wird als viabel bezeichnet, solange es nicht mit etwaigen Beschränkungen oder Hindernissen in Konflikt gerät (von Glasersfeld, 1998: 19), oder, mit anderen, sehr pragmatischen Worten: „Wahr" ist, was funktioniert; etwas ist nur dann „falsch", wenn es uns umbringt" (Varela, 2001: 122). Die Feststellung, ob nun eine Konstruktion viabel ist, hängt von den eigenen Werten ab: Sie enthält ein subjektives Moment und verlangt ein persönliches Urteil (von Glasersfeld, 2001; 2008). Ernst von Glasersfeld beschreibt dafür ein metaphorisches, sehr plastisches Beispiel:

„Ein blinder Wanderer, der den Fluss jenseits eines nicht allzu dichten Waldes erreichen möchte, kann zwischen den Bäumen viele Wege finden, die ihn an sein Ziel bringen. Selbst wenn er tausendmal liefe und alle die gewählten Wege in seinem Gedächtnis aufzeichnete, hätte er nicht ein Bild des Waldes, sondern das eines Netzes von Wegen, die zum gewünschten Ziel führen, eben weil sie die Bäume des Waldes erfolgreich vermeiden.

Aus der Perspektive des Wanderers betrachtet, dessen einzige Erfahrung im Gehen und zeitweiligen Anstoßen besteht, wäre dieses Netz nicht mehr und nicht weniger als eine Darstellung der bisher verwirklichten Möglichkeiten, an den Fluss zu kommen. Angenommen der Wald verändert sich nicht zu schnell, so zeigt das Netz dem Waldläufer, wo er laufen kann; doch von den Hindernissen, zwischen denen alle diese erfolgreichen Wege liegen, sagt es ihm nichts, als dass sie eben sein Laufen hier und dort behindert haben. In diesem Sinne „passt„ das Netz in den „wirklichen„ Wald, doch die Umwelt, die der blinde Wanderer erlebt, enthält weder Bäume noch Wald, wie ein sehender Beobachter sie sehen könnte.

Sie besteht lediglich aus Schritten, die der Wanderer erfolgreich gemacht hat, und Schritten, die von Hindernissen vereitelt wurden" (von Glasersfeld, Vortrag 2007).

Diese Metapher soll verdeutlichen, dass alles, was ein außen stehender Beobachter dem Wanderer als „Kenntnis des Waldes" zuschreiben möchte, vom

Gesichtspunkt des Wanderers aus nur aus den erfahrenen Folgen seiner Lauf-
handlungen bestehen kann:

*„Sein Begriff des Waldes besteht ausschließlich aus Elementen, die in seinem
Bezugsschema negativ sind (...) – er erlebt den Wald sozusagen als die Gesamtheit der Stellen eines Erlebensgebietes, die nicht begehbar sind"* (von Glasersfeld, Vortrag 2007).

Oder verallgemeinert: Unsere Sinnesorgane melden uns stets nur mehr oder
weniger hartes Anstoßen an ein Hindernis, vermitteln uns aber niemals Merkmale oder Eigenschaften dessen, woran sie stoßen; m.a.W.: Unsere Sinnesorgane nehmen Unterschiede wahr, nicht aber „Dinge", die sich als solche von
anderen unterscheiden ließen. Dinglichkeit ist ja, wie bereits Kant klargemacht
hat, von unserer räumlichen Anschauung abhängig und darum ein Produkt unserer ganz persönlichen Art und Weise, wahrzunehmen (Kant, 1787). Wir versuchen also in der Organisation unserer Erlebenswelt stets so vorzugehen, dass
das, was wir aus Elementen der Sinneswahrnehmung und des Denkens zusam-
menstellen – letztlich unser Weltbild – so beschaffen ist, dass es im weiteren Fluss
unserer Erlebnisse brauchbar zu bleiben verspricht. Brauchbar oder „viabel"
nennen wir in diesem Zusammenhang eine Handlungs- oder Denkweise, die an
allen Hindernissen vorbei zum gewünschten Ziel führt. Die Widerstände, die
unser Handeln behindern, sind keinesfalls „selbständige" Gegenstände, sondern stets Phasen unseres eigenen Handelns; und die Begriffe, die wir zur Deutung oder Beschreibung verwenden, sind ausschließlich Begriffe, die wir im
Laufe unseres Erlebens und Handelns aufgebaut haben. Die Welt der „objektiven Hindernisse", der „ontischen Schranken" zwischen denen wir handeln und
leben (und manchmal auch unsere gesetzten Ziele erreichen), bleibt grundsätzlich unzugänglich und unbeschreibbar. Von Glasersfeld hat in einer früheren
Publikation auch hier bereits eine sehr verständliche Metapher geliefert:

*„Wer meint, an den Grenzen seiner Bewegungsfreiheit die ontische Wirklichkeit
zu erkennen, ist ebenso irregeführt wie ein Autofahrer, der die Stelle, wo ihm das
Benzin ausgeht, für das Ende der Straße hält"* (von Glasersfeld, 1998: 31).

Dabei ist das Konzept der Viabilität keinesfalls neu; denn es ist zumindest implizit bereits in Bellarminos Warnung an Galilei sowie ganz offensichtlich in Darwins Evolutionstheorie enthalten. Darwins Theorie, die vielfach völlig missver-
standen wurde, illustriert den Begriff der Viabilität mit Hilfe der drei Faktoren
Variation, Selektion und Anpassung recht gut (vgl. von Glasersfeld, 2007).
Alles, was dazu dient, das Überleben zu sichern, ist recht und billig zu nutzen,
mit anderen Worten,

*„... bedingt der Begriff der Viabilität nie eine im Vorhinein bestimmte Art und
Weise, wie der Organismus dieses Überleben erreichen soll"* (von Glasersfeld,
1998: 25).

Das Wort „Selektion" täuscht vor, dass es so etwas wie eine Kraft oder eine
unsichtbare Hand gibt, die diese Selektion vornimmt. Tatsächlich geht der Pro-

zess viel einfacher vor sich; er passiert einfach, und „Selektion" ist eine Erklärung in der Form einer Geschichtsschreibung. Ein Prozess ist nicht etwas, das als Ergebnis entstehen soll, sondern etwas das jetzt passiert – und in lebenden Systemen passiert kontinuierlich die Erhaltung von Organisation und Anpassung (Maturana, in: Maturana und Pörksen, 2002). „Angepasst zu sein" heißt nichts anderes, als dass sich das Lebewesen bisher als lebensfähig erwiesen hat, also viabel handelt. Mit anderen Worten gilt stets der Grundsatz „Ich lebe, also bin ich angepasst." Übertragen wir den evolutionären Begriff der genetischen Anpassung in den individuellen oder ontogenetischen Kontext, so passiert hier Anpassung vornehmlich dadurch, dass der einzelne Organismus oder eine Organisation im Laufe des Lebens bzw. Bestehens alles Mögliche lernen kann, um seine Lebensfähigkeit zu fördern. Der entscheidende Unterschied zwischen diesen beiden Konzepten besteht ausschließlich darin, dass im Bereich der Evolution jeder „Fehler" zum Aussterben des Organismus oder zumindest zu einer Verminderung seiner Fortpflanzung führt, während im individuell-ontogenetischen Kontext Fehler gemacht werden können, die meist nicht tödlich sind, sondern aus denen angemessenere, auf mehr Erfolg ausgerichtete Handlungen abgeleitet werden können (vgl. von Glasersfeld, 2007).

Der sich auf Handlungen und Denkweisen beziehende Begriff der Viabilität verlangt Passung – eine Beziehung, die nicht auf gemeinsamen Berührungspunkten beruht – denn solche Berührungspunkte wären Reibungen oder Kollisionen: Viabilität entsteht immer dann, wenn dem Handeln des Organismus keine Hindernisse oder Beschränkungen zu den von ihm gewählten Zielen entgegenstehen. Lernen im Sinne von Anpassung bedeutet auf diese Weise nicht die Annäherung an eine „Außenwelt" voller absolut existierender Dinge an sich, sondern vielmehr die Verbesserung des Gleichgewichts des Organismus, das heißt seine Passung mit Bezug auf die erfahrenen Beschränkungen. Aus dem Blickwinkel der Viabilität sollte das „Anything goes" (Feyerabend, 1976: 23) daher nicht mit „alles schlechthin", sondern mit „alles, was nützlich scheint" übersetzt werden:

„*Unser Verständnis des Universums ergibt sich nicht daraus, dass wir seine gegenwärtige Erscheinung entdecken, sondern daraus, dass wir uns vergegenwärtigen, was wir ursprünglich getan haben, um es zu erzeugen* (Spencer Brown, 1969: 104)".

Unsere Erfahrungswirklichkeit, die im Idealfall zu einer Verbesserung des Gleichgewichts des Organismus führt, bauen wir Schicht für Schicht in einer Reihe von Schritten auf. Wiederholung ist in diesem Zusammenhang unerlässlich, denn dadurch entsteht der Begriff permanenter Dinge und Handlungsmuster.

Dies bedeutet:

„*Ohne Wiederholung gäbe es keinen Grund für die Behauptung, dass ein bestimmtes Element über den gegenwärtigen Erfahrungszusammenhang hinaus irgendeine Art von Permanenz besitzt. Permanenz erhält eine Erfahrung erst dann, wenn wir sie als das zweite Vorkommen eines Elements auffassen können, das wir schon früher einmal erfahren haben – und sie erzeugt darüber hinaus individuelle Identität"* (von Glasersfeld, 1996: 194).

Die Schlussfolgerung aus dem Konzept der Viabilität für die vorliegende Arbeit:
Betrachten wir das Lernen von Organisationen aus einer epistemologischen Perspektive, so sind folgende Kriterien von zentraler Bedeutung für eine Sicherung der Passung einer Organisation:

- Passung sichert das Überleben der Organisation, und diese ist auf vielfältige Weise zu erreichen.
- Laufende Viabilität und damit Anpassung durch laufendes Lernen entsteht entlang von Hindernissen, denen ausgewichen bzw. bezüglich der ein Weg gesucht werden muss, um zum Ziel zu gelangen.
- Um Erfahrungswirklichkeit mit den jeweils neuen Schritten zur Umschiffung von Hindernissen zu schaffen, muss Wiederholung entstehen.

b) Der Kalkül der Form

If there is no other, there will be no I. If there is no I, there will be none to make distinctions. (Chuang-tsu, 4th Cent., B.C., zit. nach von Foerster, 1993: 26).

Der von George Spencer Brown entwickelte, rein operativ angelegte „Kalkül der Form" stellt als „freischwebende Konstruktion" ausschließlich auf die internen Operationen eines Systems (z.B. eines autopoietischen Beobachters) ab und formalisiert auf diese Weise den Zusammenhang zwischen „Distinction" (Unterscheidung) und „Indication" (Bezeichnung), den basalen Operationen eines operationell und informationell geschlossenen, selbstreferentiellen Beobachters (Spencer Brown, 1969: 10; Baecker, 1993: 11; Brown, 2004). Im Zentrum des Kalküls der Form steht die Aufforderung von George Spencer Brown: „*Draw a distinction and a universe will come into being!*" (Spencer Brown, 1969: 84).

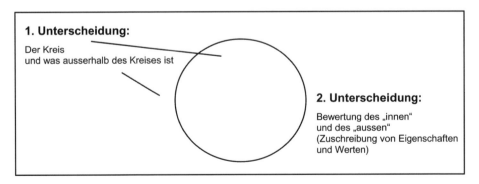

Abb. 2 Der Kalkül der Form – die zweiteilige Unterscheidung

Damit stellt er die Unterscheidung (distinction) vor die Bewertung (indication) – und schafft zwei Formen der Unterscheidung, wobei die erste Form die wesentlichere ist.

Zeichnen wir etwa einen Kreis, so trennen wir die Welt in den Kreis und alles, was außerhalb dieses Kreises – also „Nicht-Kreis" ist (siehe Abbildung). Erst dann bewerten wir, ob der Kreis selbst etwa besser ist als das außerhalb des Kreises (Radatz, 2006).

Auf die erste Unterscheidung richten wir unseren Fokus allzu selten. Wir nehmen diese als gegeben hin (als „objektive" Realität) und setzen in unseren Unterscheidungen meist erst bei der zweiten Unterscheidung, der Bewertung, an.

Ein Beispiel dazu:

Es gibt branchenweit, ja sogar weltweit definierte Qualitätskriterien der Management-Ausbildung. Nun wird beim Qualitätsvergleich immer nur geprüft, inwieweit diese Kriterien bei einem Anbieter als „erfüllt" einzustufen sind – während die Kriterien an sich nie oder nur selten in Frage gestellt werden. Ähnlich verhält es sich mit den Management-Moden: EFQM, ISO 9000, Lean Production, 360°-Feedback etc. werden nie an sich in Frage gestellt und auf deren Sinnhaftigkeit für das Unternehmen geprüft, sondern vielmehr darauf geachtet, diese Konzepte möglichst exakt in das Unternehmen zu übertragen.

„Klassen" oder „Einteilungen" von Menschen, Kennzahlen, Benchmarks, „Faustregeln des Erfolgs", ja sogar die Beschreibung, worin Erfolg besteht, sind demnach nichts als Unterscheidungen, die ein Beobachter trifft (er konstruiert bestimmte Sichtweisen, weil er spezifische Unterscheidungen vornimmt) und im Rahmen derer er bestimmte Bewertungen setzt (die Unterscheidungen bezeichnet).

Die eindeutigen, als „objektive Realität" wahrgenommenen Unterscheidungsformen zur Beurteilung des Unternehmenserfolges stellen jeweils eine wichtige Antwort für uns dar; und sie verhindern gleichzeitig, dass wir unseren Fokus auf die Suche nach weiteren Unterscheidungsformen richten: Je mehr Antworten wir zu haben glauben, desto grösser wird unsere Blindheit (Maturana, 2001e). Was ein Unternehmen erfolgreich macht, bestimmt demnach der Beobachter – und er bestimmt erst danach, ob das Unternehmen diese Kriterien erfüllt oder nicht:

„Bevor irgendetwas (...) benannt oder bezeichnet werden kann (und man etwa eine Kennzahl, Anm. der Autorin) näher zu beschreiben vermag, hat man die Welt in zwei Teile separiert: Sie besteht dann aus dem, was man benannt hat – und dem, was in der Benennung nicht auftaucht, dem Rest der Welt" (von Foerster, 2001: 35).

„Jede von einem Beobachter getroffene Beobachtung (Unterscheidung) impliziert demnach eine zweite Unterscheidung. Die erste ist die (...) Unterscheidung des jeweils beobachteten Gegenstands („Die Zahl der Brillenträger nimmt zu"), die zweite ist die implizit zugrundeliegende Unterscheidung, was man beobachtete und was nicht (hier etwa die Zahl der Blinden, der Hörgeräteträger, der Handybesitzer usw.)" (Baecker, 2009).

Der Kalkül der Form kommt ohne ontologische Vorgaben aus (Winter, 1999: 179): Das heißt er beschreibt nicht, sondern er schreibt vor. Diese Anweisung an den Beobachter – „Draw a distinction!" – ermöglicht erst das Beobachten von „Objekt" und „Hintergrund" (Luhmann, 1993: 201), die beide keinesfalls schon vor der Beobachtung vorhanden sind, sondern erst vom Beobachter konstruiert werden und erst nach seiner Unterscheidung sowie nur für ihn existieren (von Foerster, 1981). Der Akt der Unterscheidung wird dabei zur Grundlage aller Arten von Beziehungen gemacht, die überhaupt beschrieben werden können (von Glasersfeld, 2008).

Diesen Akt der Trennung nimmt der Beobachter jedoch niemals wertneutral vor:

„There can be no distinction without motive, and there can be no motive unless contents are seen to differ in value" (Spencer Brown, 1969: 1).

Anders ausgedrückt: Es ist stets der Beobachter als System, der festlegt, wo eine Unterscheidung und welche vorgenommen wird, niemals die Umwelt (Winter, 1999: 89; Riegas, 1990: 337; Simon, 1993: 44; Baecker, 2009). „Form" meint dabei nicht nur den einen Teil der durch die Unterscheidung geschiedenen Raums, sondern stets die Einheit der Differenz von „marked state" und „unmarked state", die von nichts anderem als Einheit zusammengehalten wird als von der Unterscheidung selbst:

„Hier liegt der Reiz und die ungeheure Möglichkeit von Spencer Browns Ansatz. Alle Operationen eines Beobachters lassen sich zurückführen auf Grenzziehungen (...). Beobachten heißt unterscheiden und bezeichnen" (Simon, 1993: 45).

Oder wie es Heinz von Foerster ausdrückt:

„Will ich etwas bezeichnen, muss ich mich zunächst für eine Unterscheidung entscheiden. Die Wahl der Unterscheidung bestimmt, was überhaupt gesehen wird und in den Fokus der näheren Betrachtung rücken kann" (von Foerster, 2001: 34).

Im Konstruktivismus und insbesondere für die Entwicklung einer Theorie der Lernenden Organisation aus dem konstruktivistischen Ansatz heraus ist der Kalkül der Form von spezieller Bedeutung, weil er sich nicht um Objekte oder Aussagen kümmert, sondern nur mit Unterscheidungen arbeitet und so die Leitdifferenz „wahr/falsch" der konventionellen Logik dekonstruiert und verabschiedet:

„If the weakness of the present-day science is that it centres round existence, the weakness of the present-day logic ist that it centres round truth. (...)

Throughout the essay, we find no need of the concept of truth (...) – it is, I am afraid, the intellectual block which most of us come up against at the points where, to experience the world clearly, we must abandon existence to truth, truth to indication, indication to form, and form to void...“ (Spencer Brown, 1969: 101).

Die Erkenntnistheorie, über die wir vor diesem Hintergrund nachdenken können, ist eine dynamische – und keine statische (von Foerster, 2001: 36): Die Objekte bleiben uns stets ein Rätsel, aber ihre Beschreibung enthüllt die Eigenschaften des Beobachters und des Sprechenden, den man auf diese Weise näher kennen lernt. Wir können aber auch erfahren, welche Unterscheidungen und Ansichten er reproduziert hat – etwa von seiner Ausbildung oder Familie – und welche er selbst gewählt hat (von Foerster, 2001: 39).

Welche Erkenntnisse können daraus für die Gestaltung einer Theorie lernender Organisationen abgeleitet werden?

Wir können weder auf Benchmarks und vergleichbare Definitionen organisationalen Lernens in anderen Organisationen und Branchen zurückgreifen, sondern sind gezwungen, die „lernende Organisation“ nach unseren eigenen Maßstäben in zweierlei Hinsicht selbst zu definieren:

- zu definieren, woran wir im konkreten Fall erkennen werden, dass die Organisation lernt (im Unterschied zu einer nicht lernenden Organisation) und

- zu definieren, wie diese lernende Organisation sich innerhalb dieser maßgeblichen Kriterien manifestiert.

3.1.1.3 Die Überwindung des ontologischen Realitätsbegriffes

Die Grundposition des Konstruktivismus besteht darin, dass Erkenntnis und Wissen nicht als „Entdeckungen“ oder Abbildungen“ einer Realität gesehen werden, von der man annimmt, dass sie unabhängig von den erkennenden Systemen wäre, sondern als Konstruktion: als Ergebnis früherer Erfahrungen und den aus ihnen gezogenen Folgerungen, und als Ergebnis der Eigendynamik des wahrnehmenden Systems (Backhausen und Thommen, 2007; Wüthrich, Osmetz und Kaduk, 2006). Die Leistung des radikalen Konstruktivismus liegt demnach (unter anderem) in seinem Angriff auf die Differenz Sein/Nichtsein (Weissmar, 1985; Luhmann, 1990: 70 ff.). Seine Stärke zeigt sich dort, wo er von der Illusion befreit, dass das mögliche Erkenntnisziel schon vorher da wäre und nur noch die Notwendigkeit besteht, die Leistung der Erkenntnis zu erbringen oder sie eben zu verfehlen (Glasersfeld, 1987: 411, Backhausen und Thommen, 2007: 10):

„Die zentrale Frage des radikalen Konstruktivismus lautet: „Wie funktioniert Erkennen als Prozess?" im Gegensatz zur traditionellen Frage „Wie kann „die Realität" richtig erkannt werden?" (Hejl und Stahl, 2000: 14).

Dabei sieht aber nicht jeder DIE (eine) Welt anders, sondern jeder sieht eine andere Welt – und damit handelt es sich beim radikalen Konstruktivismus nicht um eine Wiederauflage des Subjektivitätsproblems, sondern um eine Absage an die Existenz einer Gesamtsicht, m.a.W. der Möglichkeit einer „Multiperspektivität" und einer Einführung der Begriffe „Relativismus", „Pluralismus" oder „Postmoderne" (Luhmann, 1990a: 10; Baecker, 2008).

Im Zentrum des radikalen Konstruktivismus steht die Frage, „Welche Wirklichkeit konstruiert jemand (etwa ein Team, ein Unternehmen oder eine Einzelperson)?".

Dieses Zulassen verschiedener parallel funktionierender systemrelativer Wirklichkeiten, die kontingent sind, ermöglicht uns darauf aufbauend die Frage, „Welche Wirklichkeit würde konstruiert, wenn das Unternehmen anders funktionieren würde?", oder „Wie erfolgreich ist diese spezifische Konstruktion für dieses System zum gegebenen Zeitpunkt?"

Die Wirklichkeit im Konstruktivismus wird so zu einem historisch konditionierten und auf Handeln ausgelegten Entwurf in die Zukunft – ausgedrückt durch die Maxime:

„Sieh anders, und die Wirklichkeit ändert sich" (Hejl und Stahl, 2000: 16).

Zwei Konzepte, die im folgenden vorgestellt werden sollen, vermögen die Bedeutung der Wahrnehmung als Konstruktion für das Lernen im allgemeinen sehr gut darzulegen: Die Theorie des „Als ob" (Vaihinger, 1911; Watzlawick, 1998: 97ff) und die poststrukturalistische Erfindung lösungsorientierten Verhaltens als Konstruktion einer neuen Realität (de Shazer, 1996; de Shazer, 1997; Radatz, 2007).

a) Die Theorie des „Als ob"

Paul Watzlawick geht – ähnlich wie George Spencer Brown – von der Unterscheidung zweier Ordnungen von Wirklichkeit aus (Watzlawick, 1998: 91ff.): Der Wirklichkeit erster und der Wirklichkeit zweiter Ordnung. Während die Wirklichkeit erster Ordnung das (relativ stabile) Wahrnehmen (im Sinne von „Konstruieren") der Welt umfasst – ein Vorgang, der durchaus bei zwei oder mehreren Menschen ähnlich oder in gleichem Maße stattfinden kann, beschreibt die Wirklichkeit zweiter Ordnung alle Werte, Zuschreibungen und Bedeutungen, die von jedem Menschen subjektiv und einzigartig in Hinblick auf die wahrgenommene Welt festgelegt werden. Die Wirklichkeit zweiter Ordnung als Resultat von Kommunikation (Watzlawick, 1998: 95) ist wesentlich variabler als die Wirklichkeit erster Ordnung, hat aber rein gar nichts mit jener zu tun. So kann etwa ein hoher Gewinn als besorgniserregend oder als Erfolg betrachtet werden; das Eintreten eines Schadensfalles kann als „Glück" (etwa wenn eine hohe Versicherung dafür abgeschlossen wurde) oder als Katastrophe (etwa wenn man gar nicht versichert war) bewertet werden. Die Wirklichkeit zweiter Ordnung variiert im Zeitablauf und entlang von bisherigen Erfahrungen sowie bestehenden Zielen des Menschen – und sie bestimmt, wie die Wirklichkeit erster Ordnung zu betrachten und zu bewerten ist, sodass wir von der Wirklichkeit erster Ordnung bestenfalls wissen, was sie nicht ist (Watzlawick, 1998: 93). Wenden wir diese Betrachtung auf die Lösung menschlicher Probleme an, so bedeutet dies, dass wir uns

„mit unserem Leben (…) in Einklang fühlen, solange die von uns konstruierte Wirklichkeit zweiter Ordnung passt, d. h. nirgends schmerzlich anstößt. Fehlt dagegen dieses Gefühl des Passens, so stürzen wir in Verzweiflung (…)" (Watzlawick, 1998: 93).

In unserer Innenwelt bleiben aber alle Zuschreibungen, die wir in Bezug auf Bedeutung, Sinn und Wert von Wahrgenommenem haben, weiter bestehen; so gesehen leben wir also in einer imaginären Wirklichkeit, die sich jeden Tag aufgrund unserer Erfahrungen weiterentwickelt. Die Beziehung zwischen den Wirklichkeitsannahmen und ihren Resultaten sind zentraler Gegenstand der Theorie des Als Ob (Vaihinger, 1911), in der fiktive Annahmen, Zuschreibungen und Bewertungen genutzt werden, um die leidvollen Auswirkungen einer gegenwärtigen Als-Ob-Fiktion durch jene einer anderen Als-Ob-Fiktion zu ersetzen, die eine erträglichere Wirklichkeit konstruieren. Unter diesem Aspekt

„tritt an die Stelle von Wirklichkeitsanpassung im Sinne einer besseren Anpassung an die vermeintliche „wirkliche" Wirklichkeit die bessere Anpassung der jeweiligen Wirklichkeitsfiktion an die zu erreichenden, konkreten Ziele" (Watzlawick, 1998: 99).

Verfolgt man diesen Ansatz konsequent weiter, so ergibt sich, dass es auf Erklärungen als solche nie ankommt – und dass Hypothesen und Theorien nur insofern Bedeutung haben, als sie fiktive Brücken zu praktischen Resultaten schlagen: Es ist nicht notwendig (und häufig auch gar nicht zielführend!), Einsicht in die Natur eines bestehenden Problems zu gewinnen; es reicht schon aus, ein neues Verhalten anzuwenden, das zu einer Veränderung im Sinne einer subjektiven Verbesserung der Wirklichkeit zweiter Ordnung führt (Watzlawick, 1998: 106; Maturana in Maturana und Pörksen, 2002).

Heinz von Foerster hat diese Ergebnisse vor Jahren zum ästhetischen Imperativ verdichtet: Wenn du erkennen möchtest, lerne (anders) handeln (von Foerster, 2001 a).

Die Theorie des „Als ob" richtet also den Fokus der Aufmerksamkeit auf die gewünschten Ergebnisse und plädiert dafür, so zu handeln, „als ob der gewünschte Zustand schon erreicht wäre". Natürlich führt ein solches Verhalten zu einer veränderten Reaktion und Aktion der Umwelt, sodass „tatsächlich" ein neuer, vom Handelnden als „besser" bewerteter Zustand erreicht wird.

Wendet man die Theorie des „Als ob" konsequent auf das Lernen an, so sind zwei Punkte festzuhalten:

1. Wenn wir davon ausgehen, dass sich unsere Wirklichkeit stets mit unserer Erfahrung weiterentwickelt, so müssen wir Erfahrungen machen, um unsere Wirklichkeit weiterzuentwickeln oder zu verändern; und in sozialen Systemen müssen wir gemeinsame Erfahrungen machen, um eine gemeinsame, veränderte Wirklichkeit konstruieren zu können.

2. Zum zweiten stellen Problemdiagnosen keinen wichtigen Teil des Lernens dar; es geht beim Lernen um Verhaltensänderung und nicht um die Definition einer Ist- vs. Sollsituation, die als Grundlage für eine Neudefinition des Verhaltens dient.

b) Poststrukturalismus und die Konstruktion eines neuen Realitätsbegriffs

Steve de Shazer überträgt die Absage an den ontologischen Realitätsbegriff konsequent auf die Arbeit an Problemen und die Entwicklung von Lösungen:

„Probleme (…) werden in der Alltagssprache als draußen, in der so genannten realen Welt existierend angesehen. Und auch den Unterschied zwischen verschiedenen Klassen von Problemen (individuelle Probleme, Systemprobleme etc. – Anm. d. Verf.) können wir (er)kennen, weil dieser Unterschied in der „realen Welt" existiert. Unter der weiteren Annahme, dass die Lösungen von den Problemen abhängen, das heißt, dass die Lösungen für Systemprobleme im System und die Lösungen für individuelle Probleme im Individuum liegen, begrenzen und beschränken diese Sichtweisen Möglichkeiten" (de Shazer, 1996: 25).

In dieser Hinsicht bezeichnet er sich als „Post-Strukturalist" (de Shazer, 1991; de Shazer und Berg, 1992; Harland, 1987; Steve de Shazer und Dolan, 2008) und lehnt damit entschieden den Strukturalismus ab, dem die Annahme zugrunde liegt, dass es da draußen eine Realität gibt, die repräsentiert werden kann – dass es dort z. B. spezifische Dinge gibt, die „Probleme" genannt werden (de Shazer, 1997: 24). Das Konzept des Strukturalismus führt u. a. zur Idee, Sprache könnte „die Wahrheit" repräsentieren und es könnte eine Theorie der Bedeutung entwickelt werden, indem man hinter und unter die Worte blickt: nämlich eben den Strukturalismus (Chomsky, 1973; Chomsky 1981; de Saussure, 1967) – der explizit von Bandler und Grinder (Bandler und Grinder, 1975; Bandler und Grinder, 1981) benutzt wurde, um die Hypno- und Psychotherapie zu untersuchen und den Ansatz des Neurolinguistischen Programmierens (NLP) zu erfinden. Der Post-Strukturalismus hingegen geht davon aus, dass Sprache Realität IST: Jegliche Definition von Begriffen ist eine Konstruktion desjenigen, der diesen Begriff benutzt. Die Bedeutung dieser Begriffe ist sowohl beliebig als auch instabil, je nachdem, wer den Begriff benutzt und an wen er in einem spezifischen Kontext gerichtet ist. Gehen wir von dieser Definition aus, so rücken Überlegungen in den Mittelpunkt unserer Betrachtung, wie wir unsere Sprache geordnet haben, und wie unsere Sprache, die bereits vor uns kam, unsere Welt geordnet hat. Das erfordert aber „weder hinter noch unter die Sprache blicken zu müssen", sondern ein Eingehen auf die Sprache, die der andere benutzt (de Shazer, 1997: 26). Veränderung findet bei dieser Sichtweise innerhalb der Sprache statt: Worüber wir sprechen und wie wir darüber sprechen, macht einen Unterschied, und es sind solche Unterschiede, die genutzt werden können, um unser Gegenüber einen Unterschied wahrnehmen zu lassen; denn jedes Umdeuten macht sowohl einen Unterschied in der Art, wie wir über diese Dinge sprechen, als auch darin, wo wir nach Lösungen suchen (de Shazer, 1997: 26). Aus diesem Gedankengut heraus entwickelten Steve de Shazer und Insoo Kim Berg ein Theoriegerüst, das die Konstruktion einer neuen, in Zukunft gewünschten Welt unabhängig von der heute konstruierten Welt (gleichsam abgekoppelt von dieser) ermöglicht; und dieses Konzept lässt sich hervorragend auf den Wirtschafts- und insbesondere Unternehmenskontext übertragen (Kim Berg und Cauffman, 2002; Radatz, 2007).

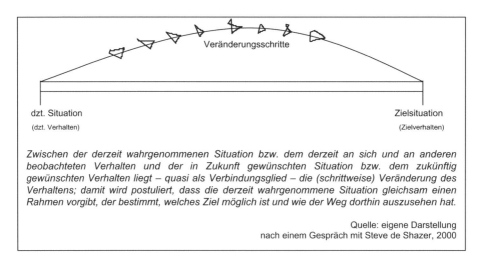

Abb. 3 Traditionelle Auffassung von „Entwicklung"

Die Konstruktion der neuen, präferierten Zukunft (siehe Abbildung 4), dieses „an ein Wunder grenzende oder das schlichte Wunder darstellende Verhalten" (de Shazer, 2000) stellt stets ein Wechselspiel zwischen dem eigenen (neuen) Verhalten und dem Reaktionsverhalten anderer dar: Das eigene Verhalten ermöglicht und begrenzt das Verhalten des Gegenübers, dessen Reaktionsverhalten wiederum die Begrenzung und Ermöglichung des eigenen Reaktionsverhaltens begründet etc.

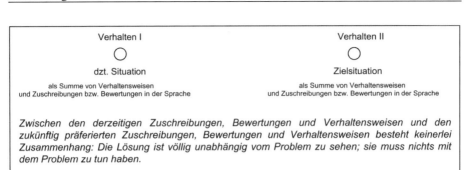

Abb. 4 Poststrukturalismus: Entwicklung als Konstruktion nach Steve de Shazer

Die Konsequenzen eines bestimmten inneren Zustandes haben immer Außenwirkung in Form von Verhalten – und jede Veränderung (Verbesserung) der subjektiv wahrgenommenen Situation setzt eine Veränderung des eigenen Verhaltens voraus – einen Unterschied im Verhalten, der als besser bewertet wird (Radatz, 2001: 262).

3.1.2 Die Theorie der Autopoiesis

Die Idee der Autopoiesis lässt sich bis in das Jahr 1960 zurückverfolgen, als Humberto Maturana gemeinsam mit seinem damaligen Schüler Francisco Varela begann, von der gewohnten biologischen Tradition abzuweichen, indem er versuchte, lebende Systeme nicht mehr durch ihre Beziehung zu ihrer Umwelt zu erklären, sondern als den Prozess zu verstehen, der sie verwirklicht. 1969 fand seine Arbeit erstmals schriftlichen Ausdruck in dem Buch „Der Baum der Erkenntnis" (Maturana, 1969; Maturana, 1970). Zwischen 1973 und 1980 setzten Maturana und Varela aufgrund der politischen Ereignisse in Chile ihre Forschungsarbeit getrennt fort (Maturana, 1978; Varela, 1979), um ab 1980 am Konzept der Autopoiesis weiterzuarbeiten (Maturana und Varela, 1984). Die Autopoiesis bietet eine andere, neue Sichtweise dessen, was das Menschliche ausmacht (Maturana und Varela, 1984: 10). Das Konzept beschreibt die grundlegenden Mechanismen des Lebendigen, die die biologischen Grundlagen des Erkennens zum Gegenstand der Untersuchung macht. Dadurch werden die Lebewesen selbst zum Gegenstand der eigenen Beobachtung (Ludewig, 1984). Das Theoriegebäude zeigt damit durchaus Parallelen zu Wittgenstein, Bateson oder Kant und hebt bewusst die Leitdifferenz Subjekt/Objekt auf, unterscheidet sich jedoch von den philosophischen Erkenntnistheorien dadurch, dass die biologischen Grundlagen des Erkennens zum Gegenstand der Untersuchung werden (Ludewig, 1984: 15).

Die Autopoiesis kennzeichnet Lebewesen als autonom; das heißt, dass diese fähig sind, ihre eigene Gesetzlichkeit bzw. das ihnen Eigene zu spezifizieren.

Sie sind mit anderen lebenden Systemen in struktureller Kopplung verbunden, was bedeutet, dass lebende Systeme in einem ständigen Prozess bei anderen Zustandsveränderungen auslösen (Maturana und Varela, 1984: 110). Lebende Systeme erzeugen sich nach dieser Definition unablässig selbst neu – darin besteht die autopoietische Organisation. Das Konzept der Autopoiesis wurde von Maturana und Varela ausschließlich hinsichtlich lebender Systeme konzipiert, wenngleich sich soziale Systeme aus ihrer Sicht zum Teil ähnlich verhalten wie lebende Systeme und Übertragbarkeiten der Autopoiesis daher hinsichtlich der Gemeinsamkeiten – aber nur hinsichtlich dieser – gegeben sind (Maturana und Bunnell, 2001).

Gandolfi (Gandolfi, 2001) z. B. geht noch einen Schritt weiter und spricht von „Autokatalyse", wenn in der Chemie ein Molekül die Reaktionsgeschwindigkeit anderer Moleküle beschleunigt, das wieder ein anderes Molekül beschleunigt, das schließlich (im Kreislauf) auch es selbst wiederum sein kann. Das besondere dabei ist, dass die Moleküle im Prozess nur gebraucht, aber nicht verbraucht werden. Der geschlossene Kreis, der auf diese Weise entsteht, führt dazu, dass die Zahl der katalytischen Moleküle sich durch den Prozess selbst vermehren. Die Gruppierungen und Prozesse erweitern so ihre Komplexität – es entsteht Selbstorganisation (Backhausen und Thommen, 2007: 114). In der Organisation erleben wir solche autokatalytischen Selbstorganisationssysteme laufend, wenn z. B. informelle Netzwerke funktionieren: Jeder kennt jemanden, der wieder jemanden kennt, der weiß, wie er den anderen unterstützen könnte…

Autopoiesis kommt von den griechischen Wörtern autos (selbst) und poiein (produzieren) und heißt Selbsterschaffung:

„Das Konzept der Autopoiesis liefert die Antwort auf die Frage, was ein lebendes System ausmacht (…), nämlich ein Netzwerk von Prozessen oder Molekülen, die auf eine Weise interagieren, die ihrerseits zur Produktion von Molekülen führt, die durch ihre Interaktion ebendies Netzwerk der Produktion von Molekülen erzeugen und in seinem Umfang begrenzen. Ein solches Netzwerk nenne ich autopoietisch" (Maturana, 2001: 103).

Das lebende System produziert sich also selbst. Es ist für die Zufuhr von Materie offen, jedoch – wenn man die Dynamik der Beziehungen betrachtet, die es hervorbringt, – in sich geschlossen. Autopoiesis beschreibt so das Schlüsselmerkmal des Lebendigen (Maturana, 2001: 103). Insofern stellen die Menschen im Konzept der Autopoiesis eine Besonderheit dar: Während andere lebende Systeme nicht verantwortlich handeln können, da sie keinen Zweck und kein Ziel haben und daher einfach im Fluss der Existenz dahinleben, existieren Menschen in Sprache,

„und besitzen daher die Fähigkeit, eine bestimmte Handlung als verantwortlich zu beschreiben, indem sie die Konsequenzen einer Handlung für andere Lebe-

wesen reflektieren und unterscheiden, d. h. sie als verantwortlich oder unverant-
wortlich bezeichnen.

Auf diese Weise wird die Sorge für den anderen präsent – und es entsteht die
Möglichkeit des verantwortlichen Handelns, indem die Menschen eine Metaper-
spektive einnehmen und auf Distanz gehen. Dieses Reflektieren auf Distanz
ermöglicht verantwortliches Handeln" (Maturana, 2001: 100; Maturana und
Bunnell, 2001).

Verantwortlich handeln wird damit zu einer Bewusstseinsfrage anstatt einer –
wie im bisherigen Sprachgebrauch durchaus üblichen – Verursachungsfrage.

Die Autopoiesis ist aus Sicht Humberto Maturanas weder ein Erklärungsprinzip,
noch ein Aspekt der Systemtheorie (Maturana, 1997: 164), sondern eine Organisationsform (Maturana, 1997: 158; Maturana und Pörksen, 2002): Während eine
strukturelle Veränderung, bei der die Organisation gewahrt bleibt, alles Grundsätzliche dieses Systems erhält, verliert das System alle Relationen, die es definieren, wenn sich neben der Struktur auch die Organisation des Systems verändert:

„Die Identität eines Systems folgt aus der Organisation – weshalb diese invariant
sein muss: Greift man in prägende Relationen irgendeiner Sache ein, so
bekommt man etwas anderes (...), die jeweiligen Strukturen können sich jedoch
beliebig im Laufe der Zeit verändern" (Maturana, 1997: 158f).

Es muss also die Organisation jeweils gewahrt bleiben, will man das System an
sich bewahren. Maturana vergleicht die strukturelle Veränderung bei überle-
bensnotwendiger Invarianz der Organisation mit einem Tennisclub: Die Mitglieder kommen und gehen, aber der Club selbst – seine Satzungen, seine Kultur, die
Art und Weise, wie man dort miteinander umgeht oder nicht umgehen darf –
bleibt unverändert (Maturana, 1997: 159). Die Theorie der Autopoiesis stellt
sich klar der Idee entgegen, die Zukunft „im Griff haben zu können" (Maturana,
1997: 164) und widmet sich der Idee des konspirativen Gestaltens im Gegensatz
zum Steuern:

„Wenn wir die Zukunft planen könnten, dann wäre sie gar keine, sondern nur ein
bloßer Abklatsch des Heute" (Maturana, 1997: 165).

Die Idee der Wahl und Entscheidung für bzw. gegen etwas steht laut Maturana
durchaus im Einklang mit der Strukturdeterminiertheit lebender Systeme: Denn
auch innerhalb seiner Wahlfreiheit handelt der Mensch strukturdeterminiert.

Die Theorie der Autopoiesis bietet wichtige Grundlagen für eine Relationale
Theorie des Lernens.

Hier werden drei dieser Aspekte angeführt:

- Einerseits die Erkenntnis, dass unsere Welt nur aus dem besteht, was wir selbst
  als Individuen (durch Lernen bzw. durch unsere (gemeinsame) Entwicklung)
  hervorbringen. Lernen in sozialen Systemen – wie etwa das „Lernen von
  Organisationen" – kann daher immer nur durch die Individuen im System her-

vorgebracht werden; Wissen und Lernen, das für die Organisation relevant ist, kann nicht von außen zugekauft werden, sondern wird – wie es Maturana ausdrückt – „in Liebe" gemeinsam entwickelt.

- Weiters wird durch die Ausführungen Maturanas deutlich, dass stets Wechselwirkungen im Lernen zwischen Individuum und Organisation stattfinden: Individuen lernen nicht unabhängig von anderen (streben also nicht nach einer von anderen unabhängigen „Selbstverwirklichung"), sondern lösen laufend Zustandsveränderungen bei anderen Systemen aus und werden ständig durch andere lebende Systeme verändert.

- Schließlich können wir aus den Theoriegrundlagen der Autopoiesis extrahieren, dass Lernen in sozialen Systemen stets sehr behutsam eingesetzt werden muss. Es muss dabei vermieden werden, in prägende Relationen einzugreifen, um die Invarianz der Organisation zu gewährleisten. Jedem Lernen in einem sozialen System muss daher die Reflexion über das invariant zu Haltende in der Organisation vorausgehen.

3.1.3 Die allgemeine Theorie der Kybernetik

Das Wort „Kybernetik" leitet sich aus dem Griechischen „kybernetes" ab – der sprachlichen Wurzel für Gubernator (Governor), die häufig als Ausdruck für den (Wagen)lenker oder den Steuermann verwendet wird. Bereits von Plato wurde das Wort für die Kunst der Lenkung und der Steuerung verwendet (Rosnay, 1996) – und Ampère gebrauchte es, um seinen Studien über die Prinzipien der Steuerung einen Namen zu geben (von Foerster, 1996: 72). Die klassische Systemtheorie jedoch verdankt ihren Namen „Cybernetics" Norbert Wiener, der im Jahr 1948 im Rahmen der Macy-Konferenzen die Kybernetik als die Wissenschaft von der Regelung und der Nachrichtenübertragung in Lebewesen und Maschinen definierte (Pias, 2003 und 2003a). Der Begriff wurde von jedem der damaligen Teilnehmer anders definiert – und die jeweilige Definition sagte viel darüber aus, was diese Person interessierte und was sie dachte: So übersetzte Stafford Beer den Begriff als die „Wissenschaft der Organisation", Warren Mc Culloch sprach von ihr als einer „Erkenntnistheorie, die sich mit der Erzeugung von Wissen durch Kommunikation beschäftigte", und in einer Erklärung der American Society for Cybernetics heißt es:

„Cybernetics is a way of thinking, not a collection of facts" (von Foerster, 1998: 106).

Jedenfalls sieht sich die Kybernetik angesichts der vielfältigen Verknüpfungen unterschiedlichster Wissensgebiete nur grob als „Meta-Theorie" (Joslyn, 1992), als

„metadisziplinäres (das heisst übergeordnetes) Gebiet, da sie Begriffe und Begriffsmuster entwickelt und klärt, die neue Erkenntniswege in einer Vielzahl von Erfahrungsbereichen eröffnen" (von Glasersfeld, 1996: 239).

Damals als „Wissenschaft zur Erforschung kreiskausal geschlossener und rückgekoppelter Mechanismen in biologischen und sozialen Systemen" beschrieben, benennt heute der Begriff der Kybernetik die „Wissenschaft der Regelung im allgemeinen Sinne" (von Foerster, 1993: 163). In ihrem Zentrum steht – im Gegensatz zu vielen anderen Gebieten, die gerade für die Wirtschaftswissenschaften und innerhalb dieser für die Betriebswirtschaft große Bedeutung erlangt haben – nicht die Kausalität, die „Wirkungen", sondern **einschränkende Bedingungen** (Bateson, 1972; von Glasersfeld, 1997: 12).

Von Beginn an liefen in der Kybernetik zwei grundlegende Theorien nebeneinander her: Während sich die eine (Kybernetik erster Ordnung) mit der Konzipierung und Planung technischer Systeme befasste (daraus ist das Gebiet der künstlichen Intelligenz entstanden, aber auch die Erforschung zwischen Regelndem und Geregeltem, Regierenden und Regierten; etwa in der Betriebswirtschaftslehre und in der Politik (Ashby, 1952; Conant, 1981; Powers, 1973)), konzentrierte sich die zweite Orientierung als Kybernetik zweiter Ordnung auf die allgemeine Frage des menschlichen Wissens, welche im Rahmen der Theorie der Selbstorganisation einerseits eine umfassende Biologie der Kognition für lebende Organismen (Maturana und Varela, 1980), andererseits eine Theorie der Wissenskonstruktion hervorbrachte, welche sowohl die Absurditäten des Solipsismus als auch die fatalen Widersprüche des Realismus erfolgreich entkräftete (von Foerster, 1973; McCulloch, 1970; von Glasersfeld, 1976, Maturana in Maturana und Pörksen, 2002, Ackoff und Addison, 2007; Pangaro und Geoghegan, 2002).

3.1.3.1 Grundprinzipien der Kybernetik

Kreiskausalität (Zirkularität), Rückkopplung, Gleichgewicht, Anpassung, Steuerung und Kontrolle, Funktion, Modell und System sind nur einige kybernetische Grundbegriffe, die sowohl in der Kybernetik erster wie auch zweiter Ordnung verwendet werden.

Die meisten dieser Begriffe sind weit verbreitet; jedoch wäre es ein Irrtum anzunehmen, dass der bloße Gebrauch des einen oder anderen Wortes schon ein Beweis für kybernetisches Denken wäre:

„Was der Kybernetik zugrunde liegt, ist die systematische Verknüpfung dieser Begriffe, die sie konstruiert und mit diesen Ausdrücken auch verknüpft hat, und zwar Verknüpfung in einer interdisziplinären Analyse, die auch heute noch keinesfalls an ihr Ende gelangt ist" (von Glasersfeld, 1996: 239).

Im Folgenden sind jene Grundprinzipien der Kybernetik angeführt, die wesentlich für den in dieser Arbeit zentralen Fokus des Lernens sind.

a) Zirkularität und Geschlossenheit

Das fundamentale Prinzip kybernetischen Denkens ist die Zirkularität:

„Von Kybernetik spricht man, wenn Effektoren wie z.B. ein Motor, eine Maschine, unsere Muskeln usw. mit einem sensorischen Organ verbunden sind, das mit seinen Signalen auf die Effektoren zurückwirkt" (von Foerster, 1993: 61).

Im Falle einer Soll-Ist-Abweichung dient das Konzept der Selbststeuerung der zielgerichteten Stabilisierung eines Systems (Backhausen und Thommen, 2007: 116); daher die Bezeichnung „negative Rückkopplung in Form einer Kurskorrektur" (Baecker, 1985: 82). Auf diese Art – wenn der „Steuermann" seinem „motorischen System" laufend mitteilt, wie und in welchem Ausmaß es das Steuer bewegen soll – werden immer wieder einzelne Verhaltensweisen und Handlungen korrigiert; eigene Handlungen werden somit zur Ursache eigener Handlungen oder – mit anderen Worten: die Ursache liegt in der Zukunft, die Handlung in der Gegenwart. Und genau so entsteht Zirkularität (von Foerster, 1998: 108 f.).

Da das System und seine Operationen stets geschlossen sind, kann sich der Experimentator als Teil seines Experiments verstehen – der Experimentator ist also in das Experiment einbezogen. Das bedeutet Geschlossenheit (von Foerster, 1993: 147).

b) Selbstregelung und das kybernetische Prinzip nach Bateson

Ein weiteres sehr wichtiges Grundprinzip der Kybernetik ist, dass Änderungen nicht kausal, sondern durch den Begriff der Einschränkungen erklärt werden, im Sinne von Widerständen oder Störungen, denen dauernd ausgewichen wird (von Glasersfeld, 1998a: 40). Selbstregelung wurde bereits mehrere hundert Jahre vor Christus in raffinierten Wasseruhren und sich selbst auffüllenden Öllampen verwirklicht und wurde im 18. Jahrhundert von Maupertuis übernommen, um das Gesetz des geringsten Widerstandes zu formulieren. Darin beschreibt Maupertuis den Ablauf von Vorgängen, die Handlungen von Organismen und schließlich auch das Denken von Gehirnen dadurch, dass es die Widerstände isoliert und bestimmt, die den Vorgang behindern und ihm gewisse Richtungen verschließen (von Foerster, 1993).

In die naturwissenschaftliche Erforschung lebender Organismen wurde der Begriff allerdings erst im 19. Jahrhundert durch Claude Bernard eingeführt.

Gregory Batesons Bemerkung, dass die Evolutionstheorie die erste kybernetische Theorie sei (Bateson, 1972: 399–410), weist ebenfalls eine Analogie zum Gesetz des geringsten Widerstands auf:

„. . . *weil sie Entwicklungen nicht kausal, sondern durch natürliche Auswahl – also durch Eliminierung des Unpassenden – erklärt"* (von Glasersfeld, 1998a: 40).

Entsprechend definiert auch Bateson sein Kybernetisches Prinzip: Die Kybernetik arbeitet nicht mit Kausalbeziehungen, sondern mit Beschränkungen.

Jeder muss sein Leben innerhalb der Beschränkungen führen und sollte die eigenen Pläne für die Erreichung eines Zieles nicht als die einzige Möglichkeit betrachten, die dann ohne Berücksichtigung der Beschränkungen verfolgt werden (von Glasersfeld, 2001: 59).

b) Autonomie

Dieser Begriff bezieht sich immer auf Eigenschaften des Organismus und wurde bereits in den Zeiten Spartas von Politikern und Potentaten benutzt. Das strukturelle und funktionale Gleichgewicht jedoch, das die Autonomie des Organismus erzeugt, ist erst seit jüngerer Zeit Gegenstand der Forschung (vgl. z.B. Maturana und Varela, 1980).

Der Begriff Autonomie impliziert, dass Organismen mit dem auskommen müssen, was (für sie) verfügbar ist (von Glasersfeld, 1996: 238).

Dieses Prinzip, das erstmals von Vico (Vico, 1710) und Kant (Kant, 1787) beschrieben wurde, steuert wesentlich die Konstruktion menschlichen Wissens und liegt daher aller Erkenntnistheorie zugrunde: Kein (organisationales) Wissen kann geschaffen werden, das außerhalb der beteiligten lebenden Systeme vorhanden ist. Wissen ist für das soziale System immer endogen; oder, mit anderen Worten: das gesamte Wissen des Unternehmens ist bereits im Unternehmen, es muss nicht von außen zugekauft oder angelernt werden.

c) Kontrolle

Von der kybernetischen Kontrolltheorie kommt die Einsicht, dass künstliche und natürliche Organismen auf Perturbationen im eigenen System reagieren und sie bestenfalls das Neutralisieren dieser Perturbationen lernen, aber nie etwas über die Außenwelt, in der ein Beobachter sie sieht.

„Auf uns und unser Wissen bezogen bedeutet das, dass wir wohl lernen können, Störungen und Unstimmigkeiten in unserem eigenen System zu neutralisieren oder zu verhindern" (von Glasersfeld, 1998a: 41).

In diesem Sinne können wir eine gewisse Form der „passiven Kontrolle" ausüben.

3.1.3.2 Prämissen kybernetischer Modelle

Kybernetische Modelle unterliegen Prämissen, die jeweils unterscheiden, ob lebende oder nichtlebende Systeme (triviale Maschinen) zum Gegenstand der Betrachtung werden.

Drei Prämissen erscheinen für das Funktionieren kybernetischer Modelle von zentraler Bedeutung (von Glasersfeld, 1996: 255f):

a) Begriffe und begriffliche Strukturen sind notwendigerweise hypothetische Elemente.

b) Die inneren Funktionen der lebenden Organismen sind schwarze Kästen.

c) Entwicklung unterliegt immer einer Bewertung durch den Beobachter.

a) Begriffe und begriffliche Strukturen sind notwendigerweise hypothetische Elemente.

Sie sind sogar doppelt hypothetisch, wenn sie anderen Menschen zugeschrieben werden. Wir können andere im besten Falle nur soweit verstehen, als der Eigentümer oder Benutzer uns über seine Denkmodelle berichtet oder sich auf eine Weise verhält, die es uns ermöglicht, diese Denkmodelle zu erschließen. In beiden Fällen besteht jedoch eine allgemeine Einschränkung: Immer wenn wir interpretieren, was andere Menschen sagen oder was sie tun, interpretieren wir, was wir selbst hören und sehen, und zwar auf Grund von Richtlinien, die aus unserer eigenen Erfahrung stammen; wir können nie die Erfahrung eines anderen Menschen machen.

b) Die inneren Funktionen der lebenden Organismen sind schwarze Kästen (black boxes); sie sind der Beobachtung nicht zugänglich.

Wenn wir Hypothesen formulieren wollten, wie beobachtbares Verhalten bei lebenden oder in sozialen Systemen zustande kommt, dann müssten wir den sich verhaltenden Organismus öffnen, um zu sehen, was in ihm vorgeht. Nun besteht jedoch die ärgerliche Eigenheit, „dass lebende Organismen ihre interessanteren Funktionen aufgeben, wenn man sie aufschneidet" (von Glasersfeld, 1996: 256). Und doch wollen Kybernetiker wie auch Psychologen noch einen Schritt weiter gehen und hypothetische Operationen konstruieren, welche die gleichen Ergebnisse liefern wie das Verhalten der beobachteten Organismen. Diese Modelle bleiben stets hypothetischer Art und können nie beanspruchen, das abzubilden oder widerzuspiegeln was tatsächlich geschieht; sie liefern lediglich *einen einzigen* Weg, auf dem ein bestimmtes Verhalten oder eine Antwort erzeugt werden (sein) könnte.

Dabei werden hypothetische Entitäten und deren hypothetische Eigenschaften postuliert, die nicht selten jenseits des Bereichs direkter Beobachtung liegen.

c) Entwicklung unterliegt immer einer Bewertung durch den Beobachter.

Der Beobachter stellt stets fest, welche Unterschiede zwischen dem besteht, was der Organismus jetzt tut und dem, was er früher an ihm beobachtet hat (oder was er zu einem späteren Zeitpunkt erwarten wird).

Solche Zusammenhänge und Unterschiede werden stets mit Bezug auf das ausgelegt, was aus Sicht des Beobachters entwickelt wird:

Der Beobachter hat eine leitende Idee des Endzustands oder des Zielprodukts, denn sonst könnte man hier lediglich von Veränderungen allgemein und nicht von Entwicklung (in Richtung eines bestimmten Zustandes) sprechen.

Genau diese Prämissen Ernst von Glasersfelds verdeutlichen die Relevanz des Beobachters im Rahmen der Kybernetik. Diese epistemologische Sichtweise führte dazu, dass durch die Einführung des Begriffes der Second Order Cybernetics (Kybernetik zweiter Ordnung) durch Heinz von Foerster am Biological Computer Laboratorium in den siebzieger Jahren (von Foerster, 1995) die Trennung zwischen Kybernetik erster und Kybernetik zweiter Ordnung entstand.

3.1.3.3 Die Kybernetik 1. Ordnung

Unabhängig vom Anwendungsgebiet der Ideen wie Geschlossenheit, Zirkularität, Feedback und Selbststeuerung befasst sich die Kybernetik 1. Ordnung immer mit Objekten, mit beobachter-externen, beobachter-unabhängigen Systemen und fertigt Verhaltensprognosen für deren Steuerung an: Der klassische Kybernetiker beschäftigt sich also mit beobachteten Systemen (Glanville, 1988: 100) und bedient sich dabei der Methode der Black Box (Glasersfeld, 1987a: 51). Die Black Box symbolisiert eine deterministische Maschine, die den Blick auf den sie determinierenden Operationsmodus im Inneren nicht freigibt. Sie bietet dem Forscher die konzeptionelle Basis für Beobachtungen und ermöglicht die Erforschung von Regelmäßigkeiten im Verhalten eines Objektes, dessen Inneres nicht zugänglich ist.

Aufgabe der Kybernetik 1. Ordnung ist es nun,

„den Kasten weiß zu machen (...) also funktionierende Beschreibungen von ihm anzufertigen" (Winter, 1999: 127),

mit dem Ziel, ihn kontrollieren und steuern zu können. Der Beobachter kommt in dieser Analyse jedenfalls nicht vor – einerseits, weil die Einbeziehung des Beobachters entsprechend des traditionellen Wissenschaftsverständnisses ohnehin verboten ist, zweitens weil es aus diesem Verständnis heraus auch keinen Unterschied machen würde zu überlegen, wie und von wem der Kasten beobachtet würde, und drittens weil es „nur" um das zu untersuchende „unabhängige" Objekt geht und nicht um das Subjekt (Otte, 1988: 124).

Der Beobachter ist also der blinde Fleck der Kybernetik, der verhindert, dass sie sich selbst sehen kann (Winter, 1999: 131) – „oder, mit der Logik des Kalküls gesprochen, die Distinktion der klassischen Kybernetik hat den Beobachter nicht miterfasst und ihn als „unmarked state" seiner Form als das Ausgeschlossene Dritte zurückgelassen (Winter, 1999: 131). Die Kybernetik erster Ordnung, wie sie etwa von Norbert Wiener definiert wurde und die Kybernetik zweiter Ordnung stehen nicht in direktem Widerspruch zueinander – solange die Kybernetik erster Ordnung weiterhin das betrachtet, für dessen Betrachtung sie gebildet wurde, nämlich triviale, nicht lebende Systeme wie etwa im Falle Norbert Wieners beispielsweise im Bereich der Regelung und der Nachrichtentechnikübertragung. Er richtete sein Augenmerk hauptsächlich auf seine Maschinen als unabhängige, sich selbst regulierende Geräte, und beachtete nicht die erkenntnistheoretischen Konsequenzen, die sich ergeben, wenn diese Geräte als solche unabhängigen Systeme betrachtet werden (siehe auch Abbildung 5).

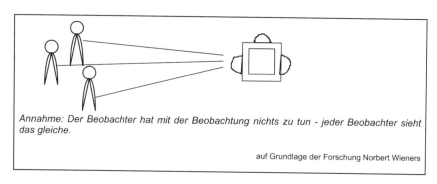

Abb. 5 Beobachten aus dem Blickwinkel der Kybernetik 1. Ordnung

Während nun das automatische Regelgerät das Ergebnis der Erfahrung des Technikers ist und dieses Ergebnis gleichzeitig eine Erweiterung seiner Erfahrung darstellt, lebt der Organismus in seiner eigenen subjektiven Erfahrungswelt, die nicht von Technikern oder anderen Menschen in eine bestimmte Richtung gesteuert und/oder kontrolliert werden kann (von Glasersfeld, 1996: 254).

Problematisch wird die Anwendung der Theorie der Kybernetik 1. Ordnung dort, wo angenommen wird, dass sich lebende oder soziale Systeme ähnlich wie (triviale) Maschinen verhalten und die Regeln der Kybernetik erster Ordnung – Kontrolle, Steuerbarkeit, negative Rückkopplung und Regelungsfähigkeit – ganz einfach auf diese lebenden bzw. sozialen Systeme übertragen werden können. Die teleologische Idee der Kybernetik ermöglichte die Wahrnehmung einer eventuellen Gemeinsamkeit zwischen lebenden und nicht lebenden Systemen, indem eine technische Sprache entwickelt wurde, welche die Operationen lebender Wesen zu erklären vermochte. Die Übertragung von Wissen über Maschinen (die bekannt sind und verstanden werden) auf Menschen (die stets unbekannt und unverstanden bleiben müssen, weil sie nichttrivial handeln (von Foerster, 1993) ist jedoch sehr gefährlich: Es wird zu leicht übersehen, dass es eben Systeme gibt, die prinzipiell nicht analysierbar sind.

Daher sollte man sich mit Maturana eigentlich zu Beginn mit den für relevant erachteten Phänomenen beschäftigen, die auftauchen, um sich erst danach zu fragen, ob sich diese genauer mit dem betreffenden Begriff erfassen lassen (Maturana, 2001: 106).

Wer Menschen oder das Funktionieren des Gehirns verstehen möchte, braucht ein Gehirn und muss sich vorrangig selbst beobachten. Und genau hier wird die Systemtheorie zu einem Gegenstand der Erkenntnistheorie: Wer sich selbst beobachten will, um mehr über sich selbst herauszufinden, bezieht sich unweigerlich selbst in die Schleife hinein, die ihn mit dem jeweiligen Gegenstand der Beobachtung verbindet (von Foerster, 1998: 114):

Der Übergang von der Kybernetik erster zur Kybernetik 2. Ordnung ist geschaffen.

3.1.3.4 Die Kybernetik 2. Ordnung im Lichte selbstgesteuerten Lernens

„Objectivity is a subjects delusion that observing can be done without him" (von Foerster, unveröffentlichte Unterlagen im Heinz von Foerster Archiv, Wien).

„Jeder Versuch zu erkennen wie wir erkennen, ist augenscheinlich selbstreferentiell" (von Glasersfeld, 2000, k. Seitenangabe).

„Nichts was außerhalb eines lebenden Systems liegt, kann innerhalb dieses Systems bestimmen, was in ihm oder ihr geschieht" (Maturana, 2001c: keine Seitenangabe).

Die Kybernetik zweiter Ordnung beschreibt – unter der Annahme, dass Epistemologie nicht als Theorie der Erkenntnis und des Wissens an sich, sondern als Theorie des Erkennntnis- und Wissenserwerbes verstanden wird (von Foerster, 1996: 50) – eine epistemologische Revolution, die mit dem radikalen Konstruktivismus und der Autopoiesis Hand in Hand das gleiche Ziel verfolgt (Winter, 1999: 140):

In der Kybernetik gabeln sich nämlich die Wege des radikalen Konstruktivismus, der Autopoiesis und der Systemtheorie; die drei Konzepte treffen – aus unterschiedlichsten Richtungen kommend – aufeinander, um gemeinsam einen neuen Weg der Erkenntnis einzuschlagen:

Der radikale Konstruktivismus bildet die Brille, durch die der Beobachter schaut, die Kybernetik bildet seinen Bezugsort (Pörksen, 1998: 115) und die Autopoiesis bestimmt die Art und Weise, wie der Beobachter sich selbst, seine Beziehung zur Umwelt und die Umwelt, aber immer auch seine eigene Beobachtung beobachtet.

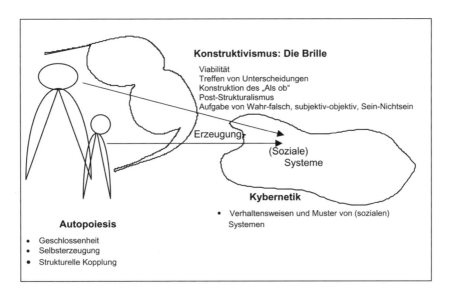

Abb. 6 Das Zusammenspiel in der Kybernetik zweiter Ordnung

Dieses Zusammentreffen dreier Konzepte wird im Rahmen der vorliegenden Arbeit als epistemologische, Relationale Sichtweise bezeichnet.

Von Foerster macht aus der Kybernetik zweiter Ordnung als „cybernetics of cybernetics" ein Erklärungsprinzip der gesamten konventionellen Erkenntnistheorie (Glanville, 1988: 111). Damit versteht sie sich weniger als Beitrag zur Kybernetik, denn als „Kybernetik einer Erkenntnistheorie" (von Foerster, 1996: 50 ff.):

„Die entscheidenden Charakteristiken der Formulierungen der Kybernetik zweiter Ordnung sind die Geschlossenheit des beobachteten/beobachtenden Systems innerhalb einer ganzen und untrennbaren Einheit und das Treffen von Unterscheidungen als das Mittel zur Konstruktion von Wirklichkeiten" (Glanville, 1988: 107).

In der Kybernetik zweiter Ordnung ändert sich die gesamte Sprache gegenüber der Kybernetik erster Ordnung. Die Referenzen auf eine beobachterunabhängige Welt werden durch die Verweise auf die eigene Person ersetzt – und Beschreibungen werden immer gleichzeitig zu Selbstbeschreibungen (von Foerster, 1998: 115):

„Der Beobachter in der Kybernetik 2. Ordnung spricht zu allererst über den, der die Welt hervorbringt. Er beginnt bei und beschreibt sich und schärft das Bewusstsein für das un-heimliche Wissen, dass er nicht sieht, was er nicht sieht.

Aber er sieht, dass – allein aus logisch-semantischen Gründen – ohnehin jeder nur über sich selbst sprechen kann" (Winter, 1999: 141).

Im Zentrum der Kybernetik zweiter Ordnung steht die Aufforderung: Beobachte den Beobachter!

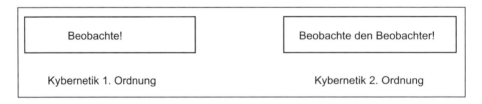

Abb. 7 Der zentrale Unterschied zwischen der Kybernetik 1. und 2. Ordnung

Während die Begriffe der Kybernetik erster Ordnung auf einer scheinbar objektiven Betrachtung der Welt basieren, die steuerbar zu sein scheint, lassen sich die Begriffe zweiter Ordnung auf sich selbst anwenden und heben die strikte Trennung zwischen Subjekt und Objekt (dem Beobachter und dem Beobachteten) völlig auf: Jede Beobachtung braucht dann einen Beobachter – und die Wahrnehmung der Welt verlangt nach einem Menschen, der diese wahrnimmt (von Foerster, 1998b: 116).

Die Kybernetik zweiter Ordnung kreiert Begriffe zweiter Ordnung: Begriffe, welche die erkenntnistheoretische Dimension berücksichtigen und die besonderen Interessen eines Beobachters sichtbar werden lassen (von Foerster, 1998: 118). Diese Begriffe schaffen Einsichten in den Prozess des Beobachtens, die auf der ersten Ebene gar nicht möglich sind – sie schaffen Selbstreflexion (Maturana und Bunnell, 2001b; Dievernich, 2007).

Im Gegensatz zur Beobachtung der „Black Box" in der Kybernetik 1. Ordnung stellt die Kybernetik 2. Ordnung die Frage, wie es überhaupt dazu kommt, dass ein bestimmter Beobachter hier eine Black Box sieht – mit anderen Worten: Während die Kybernetik 1. Ordnung „das bestehende Problem" analysiert, fragt die Kybernetik 2. Ordnung danach, wer wann mehr und wann weniger wie und unter welchen Rahmenbedingungen welches Problem sieht (also erzeugt, konstruiert hat) – und welche Unterschiede es bezüglich dieses Wahrnehmens des Problems z. B. zu anderen Beobachtern gibt (Schmidt, 2002).

Wer also verstehen will, wie eine Black Box, ein beobachtetes System, funktioniert, muss untersuchen, wie das beobachtende System, das sie erzeugt hat, vorgeht. Er muss also der zuvor „verbotenen" Frage nach dem Beobachter nachgehen:

„Alles was gesagt wird, wird von einem Beobachter zu einem anderen Beobachter gesagt – wobei der andere Beobachter eine andere Person oder der Beobachter selbst sein kann" (Maturana, 1985: 240).

Und weiter:

„Der Beobachter als lebendes System kann konstitutiv keine Erklärungen oder Behauptungen aufstellen, die irgendetwas unabhängig von den Operationen, durch die er seine Erklärungen oder Behauptungen erzeugt, offenbaren oder konnotieren" (Maturana, 2000: 322).

Anstelle der ontologisch fundierten Vorgabe „Erkenne, was Sache ist", tritt die Anweisung der Kybernetik zweiter Ordnung „Beobachte den Beobachter!" (Winter, 1999: 180).

Als Beobachter leben wir

„in einem Gesprächsbereich und interagieren mit Beschreibungen unserer Beschreibungen auf rekursive Weise. So erzeugen wir fortlaufend neue Interaktionselemente. Wir sind jedoch als lebende Systeme geschlossene Systeme, moduliert durch Interaktionen, durch welche wir selbständig Gegenstände definieren, deren Realität einzig und allein in den Interaktionen liegt, welche die Beschreibungen festlegen" (Maturana, 2000: 67).

Heinz von Foerster unterscheidet bezüglich dieser Beschreibung der Realität zwischen „entscheidbaren und unentscheidbaren Fragen" (von Foerster, 1993), mit denen wir als Individuen und auch in unserer Funktion als Mitglieder eines Unternehmens täglich konfrontiert sind.

- **Entscheidbare Fragen** sind solche, auf die wir (mehr oder minder eindeutige) Antworten akzeptieren – etwa die Frage „Wieviel ist 2×2?" (von Foerster, 1999).

- **Unentscheidbare Fragen** sind solche, auf die es keine eindeutige Antwort gibt: Diese Fragen müssen vom Einzelnen (z. B. vom Mitarbeiter, von der Führungskraft oder vom Vorstand) selbst entschieden werden – und für diese Antwort muss stets Verantwortung übernommen werden (von Foerster, 1993: 157).

Solche Fragen, deren Beantwortung u. a. von der Situation, den eigenen Zielen, dem (Unternehmens)Umfeld, persönlichen Vorlieben, Emotionen und bisherigen Erfahrungen gleichermaßen abhängen, können etwa im Unternehmenskontext folgendermaßen lauten:

- Zahlt sich eine zukünftig geplante Investition aus?
- Welche Unternehmensform macht uns aktuell erfolgreich?
- Ist die eingeschlagene Strategie die richtige?
- Ist der Cashflow-Wert hoch genug?
- Wie hoch ist unsere „ideale" Mitarbeiterzahl? etc.

Für unentscheidbare Fragen gibt es keine „richtige" oder „falsche" Antwort, sondern nur viable Antworten (von Glasersfeld, 1996) – Antworten, die dem Antwortenden als passend erscheinen – die der Betreffende aber auch selbstverantwortlich (mit allen Konsequenzen) wählen muss.

Der Mensch ist auf diese Weise frei aus Zwang, ob er will oder nicht (Ortega y Gasset, 1952: 71 f.); oder, in den Worten Heinz von Foersters:

„*Wir sind verdammt, frei zu sein, wenn wir nicht die Ontologie als auch die Objektivität als Notausgänge benutzen, um (unsere) Freiheit der Wahl verschleiern (zu können), um uns dadurch der Verantwortung (unserer) Entscheidungen zu entziehen*" (von Foerster, 1993: 157).

Wir sind also stets der Romandichter unserer selbst:

„*. . . denn der Mensch hat nicht Natur, sondern er hat Geschichte . . . Er ist kein Ding, sondern ein Drama (. . .). Aber der Mensch muss nicht nur sich selbst schaffen, sondern das Schwierigste was er tun muss, ist zu entscheiden, was er will*" (Ortega y Gasset, 1952: 71 f.).

Die Kybernetik 2. Ordnung oder die Kybernetik der Kybernetik ist also selbst zirkulär: Man lernt sich als einen Teil der Welt zu verstehen, die man beobachten will – und man muss plötzlich für all seine Beobachtungen die Verantwortung übernehmen. So treten an Stelle der Kontrolle die Kontrolle der Kontrolle (Baecker, 1994: 82), und die neuen Begriffe der Selbstreferenz (Umpleby, 1994) und der Rekursion (Baecker, 2008) rücken in den Vordergrund. Damit stellt die Kybernetik zweiter Ordnung einen sehr bescheidenen Ansatz des Gegenparts zur gegenwärtig immer noch sehr stark vertretenen Kontroll- und Steuerungseuphorie in der Betriebswirtschaftslehre sowie auch zahlreiche Sozialwissenschaften dar (Winter, 1999: 139).

Eine sehr plastische Übersicht über die Anwendung der Unterscheidung „Draw a distinction!" nach George Spencer-Brown auf (soziale) Systeme aus dem Blickwinkel der Kybernetik zweiter Ordnung im Gegensatz zur linearen Betrachtungsweise stammt von Gordon PasK (Pask, 1962). Diese Aufstellung vermittelt sehr kurz und prägnant, welche Möglichkeiten im Denken der Kybernetik zweiter Ordnung vor allem für das soziale System Unternehmen verborgen sind (siehe Abbildung 8).

Festgesetzte, unterschiedsbildende Eigenschaften	Linear-kausales, ontologisches Denken	epistemologisches Denken
Gründung	Gründung/ Schaffung von Teilen Abschneiden von Beziehungen	Gründung/ Schaffung von Beziehungen Isolierung der Teile
Theoretischer Ansatz	Reduktionismus	Holismus
Aufmerksamkeitsfokus	Teile	Beziehungen
Paradigma	Festsetzen des Eigentums an Teilen	Zusammenfügen des Eigentums an Prozessen
Kausalität	linear	zirkulär
Struktur	offen	geschlossen
Organisation	Allopoiesis	Autopoiesis
Regulierung	Heteronomie	Autonomie
Beobachterrolle	von außen (extern)	als Teil des Systems (intern)

Quelle: Gordon Pask, 1962
(nicht veröffentlichtes Manuskript-Blatt aus dem Heinz von Foerster Nachlass in Wien)

Abb. 8 Die unterschiedlichen Eigenschaften (sozialer) Systeme
auf Grundlage des linear-kausalen vs. epistemologischen Denkens

Nehmen wir diese Übersicht ernst, so entsteht durch die Kybernetik zweiter Ordnung eine grundsätzlich neue Erklärung für die Ordnung der Wirtschaft, des

Wirtschaftens, des Zusammenlebens und der Kooperation in sozialen Systemen. Damit wird auch der Fokus unserer Aufmerksamkeit auf neue Aspekte gerichtet, die bislang keine oder untergeordnete Bedeutung hatten (Maturana, 2001c).

3.2 Forschungsstand der radikal konstruktivistischen, autopoietischen und systemtheoretischen Lerntheorien

„Der Imperativ der Veränderung und des Lernens: Wenn Du erkennen möchtest, lerne handeln!" (von Foerster: 1993: 68).

Aus Relationaler Sicht kann Wissen nicht als das Bild einer objektiven Realität aufgefasst werden, sondern muss als eine besondere Weise der Organisation unserer Erfahrungen betrachtet werden (von Glasersfeld, 1996: 243). So kann Wissen nicht „vermittelt" werden, sondern nur in einem Individuum im Rahmen von dessen Strukturen und Erfahrungen entstehen – durch Reflexion.

Die Idee, dass es „da draußen" Wissen gibt und dass die Informationen unabhängig von der wissensgenerierenden Person existieren („information is independent of the originator" (Sveiby, 1997: 40)), muss unter diesem Gesichtspunkt also widerrufen werden – ja, es gibt nicht einmal ein „Rauschen", das wir da draußen wahrnehmen; wir bekommen von außen keine Informationen, sondern konstruieren das, was wir wahrnehmen. Diese Annahme steht im Gegensatz zur Auffassung des Lernens und Wissensaufbaues, die traditionell in Schulen oder Universitäten vertreten wird.

Die im Rahmen der soziologischen systemischen Theorie entwickelte Definition von Wissen, das sich durch Einbindung in einen zweiten Kontext von Relevanzen, nämlich bedeutsamen Erfahrungsmustern, aus der Information entwickelt und „durch den Einbau von Informationen in Erfahrungskontexte entsteht" (Willke, 1998: 11), muss aus Relationaler Sicht – hier aus dem autopoietischen Konzept heraus – im Rahmen dieser Arbeit abgelehnt werden:

Denn das Wissen, das in einem lebenden System entsteht, hat nur mit dem zu tun, was dieses als Perturbation wahrgenommen hat, nicht aber mit der Perturbation an sich (Maturana und Bunnell, 2001b: 34). Wissen und der Aufbau von Wissen spielen u.a. auch im Rahmen der Theorie des radikalen Konstruktivismus eine entscheidende Rolle.

Demnach formuliert Ernst von Glasersfeld mit Hilfe von Piagets Theorie der kognitiven Entwicklung (Piaget, 1974) die Grundprinzipien des radikalen Konstruktivismus (von Glasersfeld, 1998: 96f.):

1. (a) Wissen wird nicht passiv aufgenommen, weder durch die Sinnesorgane noch durch Kommunikation.
   (b) Wissen wird vom denkenden Subjekt aktiv aufgebaut.

2. (a) Die Funktion der Kognition ist adaptiver Art, und zwar im biologischen
       Sinn des Wortes, und zielt auf Passung oder Viabilität
   (b) Kognition dient der Organisation der Erfahrungswelt des Subjekts und
       nicht der „Erkenntnis" einer objektiven ontologischen Realität.

Der Aufbau von Wissen erfolgt ohne Unterlass: Denn Wandel in Form von Veränderungen, die das lebende System wahrnimmt, findet immer statt – und daher passiert auch kontinuierlich die Erhaltung von Organisation und Anpassung (Maturana und Bunnell, 2001: 37). Im Rahmen dieser Gedanken, ergänzt durch die zentrale Bedeutung der Reflexion („Beobachte das Beobachten!" – Wie entsteht unser Wissen überhaupt?) sowohl aus dem Blickwinkel der Autopoiesis als auch aus jenem der Kybernetik 2. Ordnung heraus müssen für das Entstehen von Wissen eine neue Theoriegrundlage sowie – darauf aufbauend – neue Definitionen, sowohl im persönlichen also auch im Unternehmenskontext gebildet werden. Erkenntnis ist kein reales Bild der Welt (Piaget, 1974), sondern ein Instrument der Anpassung, „also ein Werkzeug, mit dem wir uns in die Welt unserer Erfahrung einfügen" (von Glasersfeld, 1996: 42; 2008). Im Gegensatz zum Alltagsbegriff der „Wahrheit", der hier als getreuliche Wiederholung oder Beschreibung einer Erfahrung definiert wird (von Glasersfeld: 1996: 35), wird Wissen vom denkenden Subjekt aktiv aufgebaut.

Dabei ist „Wissen" eine Umschreibung für insgesamt vier Wörter, die bereits von den Griechen benannt wurden, aber in unserer heutigen Zeit mehr und mehr in Vergessenheit geraten sind (von Glasersfeld, 1997:198):

- doxa   – Meinung oder Erfahrungswissen
- episteme – rationales Verstehen
- gnosis   – wahres Wissen, wie es von den Metaphysikern beansprucht wird
- sophia   – Weisheit

Die radikal konstruktivistische Denkweise beschäftigt sich nun mit Wissen im Sinne von Erfahrungswissen und lehnt die nach wie vor im Alltag häufig angetroffene Idee ab, dass Erfahrungswissen in wahres, metaphysisches Wissen von der Welt umgewandelt werden könnte (Vico, 1710): Wenn unsere Begriffe durch Abstraktion von der Erfahrung entstehen, dann gibt es keinen Grund für die Überzeugung, dass damit etwas erfasst werden könnte, das jenseits unserer Erfahrung liegt (von Glasersfeld, 1997: 199f.). Wissen repräsentiert eine Landkarte dessen, was die Realität uns zu tun erlaubt; es ist jenes Repertoire an Begriffen, begrifflichen Beziehungen, Handlungen und Operationen, die sich in der Verfolgung unserer Ziele als viabel erwiesen haben (von Glasersfeld, 1997: 202). Die Funktion der Kognition ist dabei adaptiv und dient jeweils der Organisation der eigenen Erfahrungswelt (von Glasersfeld, 1989). Ähnlich argumentiert Piaget: Der Wert des Wissens bestimmt sich jeweils durch seine Funktion – die individuelle, subjektiv wahrgenommene Funktion legt also fest, ob ein weniger zufrieden stellendes, ein angemessenes oder ein höheres Wissen vorliegt

(Piaget, 1973: 12; Lutterer; 2008). Die im Rahmen der Kybernetik zweiter Ordnung angenommene Autonomie des Organismus bedeutet, dass die Organismen mit dem auskommen müssen, was (für sie) verfügbar ist (von Glasersfeld, 1996: 238); dieses Prinzip steuert die Konstruktion menschlichen Wissens und erlangt im Rahmen der vorliegenden Arbeit daher auch eine wesentliche Bedeutung.

3.2.1 Radikal konstruktivistische Aspekte der Lerntheorie

Die radikal konstruktivistische Lerntheorie wird ganz besonders stark von den Arbeiten Piagets und Ernst von Glasersfelds (in teilweiser Weiterentwicklung der Piagetschen Arbeit) geprägt. Piaget betrachtet dabei die Grundlagen des personalen Lernens, ausgehend von seinen Beobachtungen des Lernens von Kindern, während in Ernst von Glasersfelds Fokus der Aufmerksamkeit die Entstehung von Wissen steht. Beide greifen dabei auf die gleichen Theoriegrundlagen zurück, wobei sich Ernst von Glasersfeld an vielen Stellen seiner Bücher und Aussagen explizit auf Piaget bezieht (von Glasersfeld, 1997; von Glasersfeld, 2000).

Die im Folgenden beschriebene Theorie der Kognition und die instrumentelle Lerntheorie von Piaget stellen aus einem radikal konstruktivistischen Ansatz heraus dar, wie wir uns den Vorgang des Lernens erklären können; die Viabilitätstheorie von Ernst von Glasersfeld verbindet die Erklärung von individuellem Lernen hin zum Lernen der Organisation.

3.2.1.1 Die Theorie der Kognition und die instrumentelle Lerntheorie nach Piaget

Piaget – der als der Pionier der konstruktivistisch ausgerichteten Kognitionsforschung angesehen werden kann (von Glasersfeld, 1996: 100; Arnold und Siebert, 1999: 45) – erklärt an vielen Stellen, dass Wissen seiner Auffassung nach aus der physischen oder mentalen Aktivität eines Individuums entsteht (instrumentalistische Wissenstheorie) und dass diese zielgerichtete Aktivität dem Wissen seine besondere Organisation verleiht:

„Alles Wissen ist an Handeln gebunden, und das Erkennen eines Objekts oder eines Ereignisses besteht in seiner Assimilation an ein Handlungsschema" (Piaget, 1974: 14f).

bzw.

„Einen Gegenstand zu erkennen bedeutet, ihn in ein Handlungsschema einzugliedern, und dies gilt auf der untersten sensomotorischen Ebene ebenso wie auf allen anderen bis zu den höchsten logisch mathematischen Operationen" (ebd.: 17).

Die kognitiven Strukturen, Handlungsschemata, Begriffe, Regeln, Theorien und Gesetze in dieser Theorie werden vor allem nach dem Kriterium des „Erfolgs" bewertet – hinsichtlich der Bemühungen des Subjekts, in den erlebten

Perturbationen stets sein inneres Gleichgewicht zu erreichen, zu halten oder aus-
zuweiten.

Die für Piaget zentralen Begriffe:

a) Assimilation
b) Akkomodation
c) Äquilibration und
d) (Lern-) Schematheorie und der Übergang zu einer instrumentellen Lerntheorie werden hinsichtlich derer Relevanz für die Theorie des Lernens und die
   Ableitung der Theorie organisationalen Lernens im Folgenden dargestellt.

a) Assimilation

Unter „Assimilation" versteht Piaget gerade eben nicht, dass Material aus der
Umwelt in den Organismus transportiert wird (von Glasersfeld, 1996: 113), sondern dass ein Organismus ein Erlebnis in eine ihm bereits verfügbare begriffliche
Struktur einpasst (Piaget 1981: 17). Die Struktur bestimmt also, wie das Erlebnis
eingepasst wird, d. h. wie und als was der Organismus das Erlebte wahrnimmt.

Ein konkretes Beispiel dafür liefert Ernst von Glasersfeld mit Hilfe der inzwi-
schen veralteten Sortiermaschinen, die mit Lochkarten arbeiteten: Diese
Maschinen sortieren alle Karten aus, die (zum Beispiel) nicht jene drei ganz
bestimmten Lochungen aufweisen wie das Muster in der Sortiermaschine. Weisen Karten nun aber die drei festgelegten Lochungen auf und darüber hinaus
noch ganz verschiedene andere Lochungen, dann nimmt die Sortiermaschine die
Karte als „passend" wahr: Sie bemerkt die anderen Lochungen nicht – und daher
sind für sie alle Karten, die über die 3 Lochungen hinaus noch andere aufweisen,
mit der Originalkarte identisch. Sie hat diese Karten assimiliert (von Glasersfeld, 1996: 113). Auf diese Art und Weise nehmen Kinder etwa zunächst alles was
fliegt als Vogel wahr oder glauben alles was Eltern sagen. Ein ähnliches Phänomen ist bemerkbar, wenn Erwachsene lernen – beispielsweise Mitarbeiter oder
Unternehmen zu führen oder einen Markt zu bearbeiten. Piaget hat den Begriff
der Assimilation der Biologie entnommen. So könnte man beispielsweise sagen,
jemand assimiliert einen Apfel, wenn er ihn isst. Das bedeutet nun nicht, dass
dieser Apfel in irgend einer Weise modifiziert wird, um in die Struktur des Organismus zu passen, sondern lediglich, dass nur bestimmte chemische Komponenten des Apfels als nützlich erkannt und vom Organismus benützt werden, während alle anderen ignoriert und wieder ausgeschieden werden. In diesem biologischen Modell verwertet die Assimilation daher in der Tat Elemente der Umwelt
– etwa Nährstoffe oder andere chemische Substanzen. In Piagets Theorie der
Kognition jedoch trifft dies nicht zu – denn es handelt sich dabei nicht um physi-
sche Verarbeitung, sondern um Prozesse der Wahrnehmung und Begriffsbil-
dung. Hier gilt: Der Organismus nimmt nur das wahr (assimiliert nur das), was er
in die Strukturen, die er bereits besitzt, einpassen kann. All das, was der Organismus nicht einpassen kann, bemerkt er gar nicht oder vernachlässigt er

bewusst. Damit übertragen laut diesem Konzept nicht mehr Sinnesorgane „Informationen" oder Daten in den wahrnehmenden Organismus, sondern der Mensch gestaltet diese aufgrund seiner situativen Struktur (von Glasersfeld, 1996: 114), oder, wie Maturana es ausdrückt, aufgrund seiner bestehenden Nische (Maturana und Bunnell, 2001b: 34ff).

Anpassung funktioniert – legen wir unseren Überlegungen die Theorie der Kognition zugrunde – genau umgekehrt zur üblichen Verwendung des Begriffs:

„*Während die natürliche Auslese im biologischen Sinn die Struktur der Organismen modifiziert, damit sie innerhalb der in der Umwelt vorhandenen Beschränkungen überleben können, modifiziert die Wahrnehmung Dinge, um sie in die begrifflichen Strukturen des Organismus einzupassen*" (von Glasersfeld, 1996: 114).

Die Assimilation reduziert so neue Erfahrung stets auf bereits vorgegebene sensomotorische oder begriffliche Strukturen – und damit entsteht die Frage, wie Lernen in diesem Kontext überhaupt stattfinden kann. Dies kann durch die Schematheorie (Punkt d) erklärt werden.

b) Akkomodation

Während wir uns bei der Assimilation die Umwelt „passend" machen, verstehen wir unter „Akkomodation" unsere Anpassung an die Umwelt (Arnold und Siebert, 1999: 47). Auf die Assimilation folgt für gewöhnlich die Akkomodation: Das Gleichgewicht der beiden Vorgänge sichert unsere Überlebensfähigkeit (Piaget und Inhelder, 1974: 38).

Wie kommt es nun zu einer Akkomodation? Die jeweils gesetzte Handlung erzeugt ein Ergebnis, das der Organismus gerne als vorteilhaft wahrnehmen möchte. Entsteht diese Vorteilhaftigkeit jedoch einmal nicht, so folgt eine Perturbation – eine Enttäuschung, Überraschung, Freude oder ähnliches (Piaget, 1974a: 264). In so einem Fall kann – falls die Ausgangssituation wieder hergestellt werden kann – die Handlung erneut geprüft werden.

Eine solche Prüfung kann dreierlei Ergebnisse bringen:

1. Sie kann – wenn das Ergebnis als negativ erlebt wurde – bestimmte Merkmale zutage fördern, die bei der Assimilation vernachlässigt wurden; und bestimmte der neu erlebten Merkmale können zu einer Veränderung des Erkennungsmusters und so zur Veränderung der Bedingungen führen, welche die assoziierte Aktivität in Zukunft auslösen werden.

2. War jedoch das Resultat angenehm, dann kann ein neues Erkennungsmuster gebildet werden, welches das neue Merkmal einschließt und daraus ein neues Schema formt.

3. Schließlich kann auch die Form der Ausführung der Aktivität verändert werden, um ein besseres „Passen" des Resultats zu erzeugen.

In allen drei Fällen findet Lernen statt – in drei unterschiedlichen Formen von Akkomodation.

Akkomodation ist aus dieser Sicht daher nicht – wie häufig bezeichnet – die Umkehrung von Assimilation, sondern kann immer nur dann stattfinden, wenn ein Schema – aus welchem Grund auch immer – nicht das gewünschte Ergebnis liefert (von Glasersfeld, 1996: 118).

Eine sehr häufige Quelle für Perturbationen und darauf folgende Akkomodationen stellen Interaktionen mit anderen Menschen dar (Piaget, 1974: 52 ff.): Dies bedeutet aber nicht, dass in der Interaktion mit anderen Menschen Wissens vermittelt werden kann, wie etwa im Lehrer – Schüler – Verhältnis immer noch angenommen wird (von Glasersfeld, 1996: 119), sondern dass die Wahrscheinlichkeit für Perturbationen erhöht wird, je höher die Zahl der Interaktion mit möglichst vielen unterschiedlichen Menschen ist.

c) Äquilibration

Unter Äquilibration wird eine kontinuierliche Eliminierung von Perturbationen verstanden (Piaget, 1974: 102 f), sodass der Organismus jeweils eine gewisse Homöostase (ein Gleichgewicht) erreicht. So gesehen kann ein Organismus sein Äquilibrationsvermögen erhöhen, wenn es ihm gelingt, eine konstante Beziehung zwischen sich verändernden Werten (etwa das Gleichgewicht Halten auf einem Fahrrad) herzustellen oder den regelmäßigen Verlauf einer Funktion zu entwickeln.

Das Interessante an dieser Vorgangsweise ist, dass wenn immer ein Individuum eine neuartige Perturbation eliminieren kann, die Möglichkeit, ja teilweise sogar die Wahrscheinlichkeit besteht, dass die Akkomodation, die diese Äquilibration schaffte, Begriffe oder Operationen einführt, die mit früher entwickelten Begriffen oder Operationen unvereinbar sind.

Das Enstehen einer solchen Inkonsistenz erzeugt eine neuerliche Perturbation, und zwar diesmal auf einer höheren begrifflichen Ebene – auf einer Metaebene, auf welcher die Reflexion verfügbare Schemata prüft und miteinander vergleicht (von Glasersfeld, 1996: 120). Die Perturbationen auf dieser höheren Ebene erfordern dann häufig eine Rekonstruktion (Akkomodation) auf der niedrigeren Ebene, um das gewünschte Gleichgewicht wiederherzustellen. Äquilibrationen eliminieren also Perturbationen mit dem Ziel der Schaffung eines Gleichgewichts zwischen den begrifflichen Strukturen.

Ein Sonderfall der Äquilibration entsteht jedoch, wenn diese Perturbationen eliminieren, die aufgrund von sozialen Interaktionen entstanden sind: Dann erzeugen sie nicht nur ein Gleichgewicht zwischen den begrifflichen Strukturen des Individuums, sondern darüber hinaus auch noch ein Gleichgewicht zwischen den sozialen Interaktionen.

d) Piagets „Schematheorie" und deren Übergang zu einer instrumentellen Lerntheorie

Piagets Begriff des Schemas wurzelt ebenfalls in der Biologie, genauer gesagt im Begriff des Reflexes. Reflexe, die bereits bei Neugeborenen in der allerersten Stunde nach ihrer Geburt vorliegen, müssen ein Ergebnis natürlicher Auslese sein, sodass Organismen, die (aufgrund zufälliger Mutationen) eine Reflexreaktion zeigten, einen kritischen Vorteil gegenüber anderen hatten, die diese Reaktion nicht besaßen. Reflexe konnten daher nicht auf Aktionen, sondern nur auf deren Ergebnisse zurückzuführen sein (von Glasersfeld, 1996: 116). Für Piaget bestand daher der Reflex aus drei Teilen: einer wahrgenommenen Situation, einer damit verknüpften Aktivität und dem Ergebnis dieser Aktivität, die mit Vorteilen für den Organismus verbunden war. Um dieses dreiteilige Reflexionsmodell nun auf die Entwicklung der Kognition anwenden zu können, musste die genetische Determiniertheit ausgeschieden werden – und dies gelang durch die Beobachtung, dass zumindest bei den höheren Säugetieren die Handlungskoordinationen durch neue ersetzt werden, sobald sich die angewandten Methoden – etwa die der Nahrungsaufnahme – verändern. Damit konnte das Reflexionsmodell auch als Erklärungsinstrument für all jene kognitiv entwickelten Muster des Handelns und Denkens angewandt werden, die in keiner Weise genetisch determiniert sind – und wurde damit letztendlich zum Aktionsschema und zum Grundprinzip des sensomotorischen und allgemeinen Lernens (von Glasersfeld, 1996: 116).

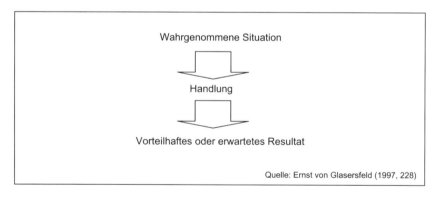

Abb. 9 Struktur des Handlungsschemas

Das Funktionieren der „Schematheorie" setzt folgende Merkmale bei kognitiven Organismen voraus (von Glasersfeld, 1996: 121):

1. Die Fähigkeit und die Neigung, im Strom der Erfahrungen Wiederholungen festzustellen, daher auch die Fähigkeit, Erfahrungen zu erinnern und sie wiederaufzurufen (zu re-präsentieren)

2. Die Fähigkeit, Vergleiche und Urteile in Bezug auf Ähnlichkeit und Unterschiedlichkeit vorzunehmen

3. Die Annahme, dass der Organismus gewisse Erfahrungen anderen vorzieht und daher bestimmte (elementare) Wertkriterien besitzt.

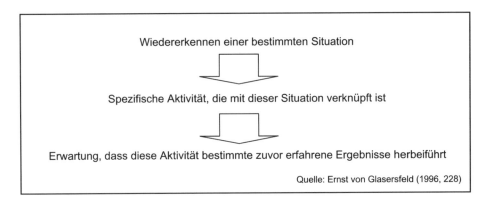

Abb. 10 Struktur der allgemeinen Lern-Schematheorie

Da diese Voraussetzungen bei erwachsenen Individuen für gewöhnlich gegeben sind, kann die Schematheorie als Theorie des Wissenserwerbs im Rahmen dieser Arbeit herangezogen werden.

Ersetzt man nun die Begriffe aus Piagets „Schematheorie" durch eine neue Terminologie, so lässt sich daraus ein Muster entwickeln, das allgemeingültig auf das Lernen angewandt werden kann. Dabei ist das „Wiedererkennen" stets das Ergebnis von Assimilation – und erfolgt dann, wenn die Erfahrungssituation jene Bedingungen erfüllt, die auch in der Vergangenheit maßgebend waren. Vom Gesichtspunkt eines beliebigen Beobachters kann sie alle möglichen Unterschiede zu vergangenen Auslösersituationen aufweisen, aber der assimilierende Organismus beachtet diese Unterschiede nicht:

„*Wenn die Erfahrungssituation gewisse Bedingungen erfüllt, dann löst sie die damit verknüpfte Aktivität aus*" (von Glasersfeld, 1996: 117).

Kognitive Strukturen sind so an Handlungen und ihren Gebrauch gebunden – und Handlung und Gebrauch finden im Zusammenhang mit Aktionsschemata statt. Damit unterscheidet sich der Ansatz radikal von der behavioristischen Stimulus-Response – Theorie und von der linearen Ursache-Wirkungs-Kette, denn Handlungsschemata sind ausdrücklich zielorientiert.

Piaget beschreibt Handlungsschemata etwa als Rückkopplungsschleifen, in denen die Mechanismen der Assimilation und der Akkomodation zu zirkulären Prozessen im Sinne der Kybernetik werden (Piaget, 1974).

Die Lerntheorie, die sich aus Piagets Arbeiten ergibt, besagt, dass kognitiver Wandel und Lernen instrumenteller Art dann stattfinden, wenn

1. Ein Schema ein erwartetes Ergebnis nicht herbeiführt
   und
2. die dadurch hervorgerufene Perturbation ihrerseits zu einer Akkomodation führt, die das Gleichgewicht wiederherstellt (von Glasersfeld, 1996: 121).

Dabei unterscheidet Piaget 2 Wirkungsmechanismen der operativen Schemata (von Glasersfeld, 1996: 121 ff):

1. **Sensomotorische Instrumentalität:** Das Lernschema dient – auf einer sensomotorischen Ebene – dazu, dem Organismus in der Interaktion mit seiner Erfahrungswelt bestimmte Ziele erreichen zu helfen – sensorisches Gleichgewicht und Überleben.

2. **Reflexive Abstraktion:** Auf der Ebene der reflexiven Abstraktion ermöglichen die operativen Schemata den Organismen ein relativ kohärentes begriffliches Netzwerk von Strukturen aufzubauen. Diese Strukturen spiegeln jeweils jene Handlungsverläufe und Denkprozesse wider, die sich soweit als viabel erwiesen haben. Dabei können unterschiedliche Kriterien eingeführt werden (etwa Effizienz, Wirtschaftlichkeit oder Machbarkeit), die sich unter denselben Rahmenbedingungen gleichermaßen als viabel erwiesen haben.

Die Viabilität von Begriffen wird auf dieser höheren Ebene nicht an ihrem praktischen Wert gemessen, sondern an dem Grad ihrer widerspruchs- und reibungslosen Einpassung in das größtmögliche begriffliche Netzwerk. „Der Schritt, der die Viabilität anstelle der Korrespondenz mit einer ontologischen Realität setzt, gilt für alles Wissen, das sich aus induktiven Schlüssen und Generalisierungen ableiten läßt – außer für die deduktiven Schlüsse der Logik und der Mathematik" (von Glasersfeld, 1985; Beth und Piaget, 1961).

3.2.1.2 Die Viabilitätstheorie Ernst von Glasersfelds als Grundlage individuellen und organisationalen Lernens

Die Viabilitätstheorie Ernst von Glasersfeld bildet gleichzeitig das Zentrum des radikalen Konstruktivismus: Der (radikale) Konstruktivismus hat nichts darüber zu sagen, ob etwas existiert oder nicht; denn er versteht sich nicht als Theorie des Seins, sondern als Theorie des Wissens (von Glasersfeld, 1987a). Dieses Wissen wird stets als etwas betrachtet, das im Subjekt entsteht – es liefert immer nur innerhalb der Erfahrungsbereiche der Beobachter Resultate, die dann für das Subjekt relevant sind, wenn sie „viabel", also passend sind.

Wenn sich Erfahrungssituationen für einen Menschen als viabel erweisen, kann dieser aus seinen eigenen Operationen Regelmäßigkeiten und Regeln abstrahieren, die ihm helfen können, zukünftige Erfahrungen zu bewältigen. Die Elemente, die der Mensch dabei koordiniert, sind stets bereits in seinem System vorhanden – sie stammen ja aus seiner Erfahrung. Jede Koordination ist daher immer eine „interne Angelegenheit" (von Glasersfeld, 1996: 128): Schließlich hat das System ja keinen Zugang zu Elementen, die vom Gesichtspunkt eines

Beobachters als externe, umweltunabhängige Ursachen angesehen werden könnten, und daher ist jede Koordination für den Koordinator subjektiv. Und alle denkenden Organismen ziehen ihre Schlüsse aus ihren eigenen sensomotorischen und begrifflichen Erfahrungen.

Eine Koordination versagt dann, wenn sie nicht zu dem Ergebnis führt, das der Handelnde erwartet hat. Dies kann dann passieren, wenn eine bislang erfolgreiche Koordination auf eine Umwelt trifft, in der sie nicht erfolgreich ist: Sie stößt auf ein Hindernis. Die Beziehung des Wissens zur Umwelt des Subjekts ist daher eine reziproke; denn jede begriffliche Struktur wird voraussichtlich modifizert, wenn sie mit einem Umwelthindernis kollidiert. Und „die Welt" zeigt sich dem Subjekt nur insofern, als sein Verhalten (das angewandte Aktionsschema) viabel war oder auf ein Hindernis gestoßen ist. Dabei beschreiben wir die Welt stets mit Hilfe von aus unserer Sicht viablen begrifflichen Strukturen – Strukturen, die selbst nicht mit den Hindernissen in Berührung gekommen sind. Aus der Viabilität kann keine Schlußfolgerung über eine „reale" Welt mit „realen" Hindernissen und dem „richtigen" Schema für deren erfolgreiche Bewältigung abgeleitet werden. Denn zum einen hätten zahllose andere Schemata genausogut funktionieren können. Zum anderen stehen sowohl der Weg, der zur Überwindung des Hindernisses geführt hat als auch die Wahrnehmung eines Hindernisses als solches in unmittelbarem Zusammenhang mit der handelnden Person; sie können nicht von dieser isoliert betrachtet werden.

Insbesondere für eine vollständige Darstellung des State-of-the-Arts radikal konstruktivistischer Aspekte der Lerntheorie wird nun auf folgende Detailperspektiven eingegangen:

a) Die Prinzipien der Viabilitätstheorie des Wissens
b) Die induktive Basis instrumentellen Lernens
c) Die „Viabilität zweiter Ordnung".

a) Die Prinzipien der Viabilitätstheorie des Wissens

Im Zentrum der Wissenstheorie von Ernst von Glasersfeld stehen zwei Prinzipien (von Glasersfeld, 1996: 187):

1. Kognitive Organismen erwerben Wissen nicht (nur) zum Spaß. Sie entwickeln Stellungnahmen zu ihren Erlebnissen, denn manche gefallen ihnen, andere nicht.

Menschliches Handeln ist also in dem Sinne zielstrebig, als es positive Erlebnisse zu wiederholen und negative zu vermeiden versucht. Dies erfolgt unter der Annahme, dass der Erfahrungswelt eine bestimmte Ordnung innewohnt:

„Ein lebendes System ist aufgrund seiner zirkulären Organisation ein induktives System und funktioniert vorhersagend: Was einmal geschehen ist (und aus Sicht des Handelnden im Nachhinein als positiv bewertet wird) ist, wird sich wieder ereignen. Die Organisation des Menschen ist konservativ und wiederholt nur das, was in der Vergangenheit funktioniert hat". (Maturana, 1970: 39).

Oder mit anderen Worten formuliert:

„Menschen bleiben nie passiv, sie verfolgen ständig irgendein Ziel oder reagieren auf Perturbationen, indem sie durch ihre Regulierungshandlungen aktiv kompensieren.

Daraus folgt, dass jede Handlung aus einem Bedürfnis gesetzt wird, das mit dem System als Ganzes verbunden ist – und dass Werte in gleicher Weise vom System als Ganzes abhängig sind. . .“ (Piaget, 1970: 38).

2. Wissen stellt aus konstruktivistischer Sicht kein Bild der Welt dar, ja es bildet die Welt überhaupt nicht ab, sondern umfasst Handlungsschemata, Begriffe und Gedanken, die gemäß ihrer Brauchbarkeit voneinander unterschieden werden:

Es ist

„die Gesamtheit der Kenntnisse und Fähigkeiten, die Individuen zur Lösung von Problemen einsetzen“ (Falk, 2007: 20).

Wissen besteht also aus den Mitteln und Wegen, die vom Subjekt selbst entworfen wurden, um sich an jene Welt anzupassen, in der es augenblicklich lebt. „Tatsachen" sind aus diesem Blickwinkel heraus Elemente der Erfahrung eines Subjekts – entsprechend ist das lateinische Wort „factum" das Partizip Perfekt des lateinischen Wortes facere, „machen". So kann also formuliert werden, dass Menschen nur das erkennen können, was sie selbst gemacht haben, also aus Elementen zusammengesetzt haben, die ihnen zugänglich waren (siehe auch im Buch von Vico, 1710).

In diesen Handlungsschemata spielen nun Erfahrungen eine zentrale Rolle, wie dies etwa bei der Definition des Ablaufs einer „naturwissenschaftlichen Methode der Konstruktion von Wissen" (Maturana, 1988: 34f.) deutlich wird:

1. Die Situation (die einschränkende Bedingung), in der das Phänomen beobachtet wird, muss explizit beschrieben werden, sodass die Beobachtung wiederholt werden kann.

2. Es wird ein hypothetischer Mechanismus vorgeschlagen, der erklären könnte, wie die interessanten oder überraschenden Aspekte des beobachteten Phänomens entstehen.

3. Aus diesem hypothetischen Mechanismus wird die Vorhersage eines Ereignisses abgeleitet, das noch nicht beobachtet worden ist.

4. Der Wissenschaftler sucht dann die Bedingungen zu schaffen, unter denen der Mechanismus die Beobachtung des vorhergesagten Ereignisses herbeiführen sollte; auch diese Situation muss wieder explizit beschrieben werden.

Im übertragenen Sinn können wir davon ausgehen, dass auch Organisationsmitglieder Wissenschaftler sein können, die Wissen bewusst konstruieren.

Beobachtung als eine besondere Form der Erfahrung muss dann folgende 2 Anforderungen erfüllen:

1. Die Hypothesen, die zur Verbindung der Beobachtungen dienen, verbinden Erfahrungen und nicht die Dinge an sich:

Diese Formulierung steht in einem krassen Gegensatz zu der Hypothesenformulierung im Rahmen des kritischen Rationalismus wie auch zum „klassischen" Vorgehen in der vielfach praktizierten, leider auch systemisch genannten Organisationsberatung, in der in der Hypothesenformulierung Aussagen über das gemacht wird, was „in Wirklichkeit" beim beobachteten System vorliegen dürfte – und darauf aufbauend Interventionen entwickelt werden. Es handelt sich also um ein Konstatieren der Situation aus Sicht eines „externen Beobachters", dem die Kybernetik erster Ordnung zugrunde liegt. Dagegen fokussieren die konstruktivistischen Hypothesen auf die Beobachtung des Beobachters, und sagen ausschließlich etwas über diesen Beobachter aus. Wird dies berücksichtigt, so ist es nur für die beteiligten Systemmitglieder sinnvoll, (konstruktivistische) Hypothesen zu bilden; nicht aber für die Berater, die sich als externe Beobachter fühlen.

2. Auch die Vorhersagen betreffen das, was wir erwarten zu erfahren und nicht Ereignisse irgendeiner „von uns unabhängigen Welt" jenseits unseres Erfahrungsfeldes.

Unter diesen beiden Voraussetzungen bezieht sich die naturwissenschaftliche Methode weder auf eine ontische Realität, noch setzt sie so eine „Realität" voraus; sie funktioniert und liefert ihre Ergebnisse immer nur innerhalb der Erfahrungsbereiche der Beobachter:

„(Damit) liefert naturwissenschaftliches Wissen mehr oder minder verlässliche Arten des Umgehens mit Erfahrungen, also mit der einzigen uns bekannten Wirklichkeit; und jeder Umgang mit unseren Erfahrungen bedeutet, mehr oder minder erfolgreich zu sein in Bezug auf die von uns gesteckten Ziele. Wissenschaftliches Wissen wird (so) als verlässlicher angesehen als unser Alltagswissen, (...) weil es in expliziter und wiederholbarer Weise zustande kommt" (von Glasersfeld, 1996: 192f.).

Sein Wert hängt jeweils von seiner Viabilität ab – davon, inwieweit das Wissen imstande ist, einen Beitrag zu den subjektiv formulierten Zielen des Forschenden zu leisten.

b) Die induktive Basis instrumentellen Lernens

Schemata, wie sie Piaget als „Handlungsschema" entwickelt hat, dienen nicht nur dem biologischen Überleben, sondern auch kognitiven Zielen des Organismus, deren Nichterreichen nicht unbedingt tödlich ist.

Dazu formuliert Maturana:

„Das lebende System ist aufgrund seiner zirkulären Organisation ein induktives System und funktioniert stets in voraussagender (nicht voraussagbarer!) Weise: Was einmal aufgetreten ist, wird wieder auftreten.

Seine Organisation (die genetische wie die sonstige) ist konservativ und wiederholt nur das, was funktioniert" (Maturana, 1970a: 39).

c) Die „Viabilität zweiter Ordnung"

Glasersfeld unterscheidet in seinem Ansatz das Wissen, dem wir vertrauen wollen, als ob es „objektiv" wäre, von jenen Konstrukten, die wir für fragwürdig, wenn nicht völlig illusorisch halten. Das „objektive" Wissen, also die zuverlässigste Erfahrungsrealität, bezeichnet er als intersubjektiv (von Glasersfeld, 1986). Es entsteht durch die bekräftigende Unterstützung anderer denkender und erkennender Subjekte – wobei natürlich die anderen Subjekte jeweils eine Konstruktion des beobachteten Subjekts sind, die dennoch Bekräftigungen leisten können; wir erschaffen gewissermaßen die Mitmenschen nach unserem Bilde (Kant, 1787: 223).

Dabei wird auch die Konstruktion der anderen Menschen jeweils kontinuierlich durch Hindernisse, welche diese Konstruktion einschränken, behindert und orientiert – aber nicht bestimmt (von Glasersfeld, 1996: 197). Wir können diese Viabilität als Viabilität zweiter Ordnung betrachten. Sie spielt eine wesentliche Rolle in der Stabilisierung und Festigung unserer Erfahrungswirklichkeit: Wenn wir unsere Eindrücke, Erfahrungen, Gefühle und Gemütsbewegungen mit anderen teilen, erscheinen sie uns „realer" als all das, was nur wir selbst erleben. Auf dieser Ebene sprechen wir von „bestätigten Tatsachen", von „Gesellschaft" und von „gemeinsamem (etwa organisationalem) Wissen".

3.2.2 Autopoietische Aspekte der Lerntheorie

Aus Sicht Humberto Maturanas sind lebende Systeme strukturdeterminierte Systeme – und als solche lassen sie keine instruktiven Interaktionen zu: Alles was ihnen geschieht, geschieht als eine strukturelle Veränderung, die in jedem Augenblick in ihrer Struktur begründet ist – sei es nun im Rahmen ihrer inneren Dynamik oder ausgelöst (nicht aber spezifiziert) durch die Umstände ihrer Interaktionen (Maturana, 2000: 322). Oder mit anderen Worten: Nichts, was außerhalb eines lebenden Systems liegt, kann innerhalb dieses Systems bestimmen, was darin geschieht.

Was versteht Humberto Maturana dann unter Wissen?

„Wissen wird von einem Beobachter als eine operationale Fähigkeit konstituiert, die er einem anderen lebenden System oder sich selbst zuschreibt, indem er dessen Handlungen in irgendeinem unter diese Beschreibung fallenden operationalen Bereich als angemessen akzeptiert" (Maturana, 2000: 323).

Daher gibt es genau so viele kognitive Bereiche, wie es Bereiche „angemessener Vorgehensweisen" (also etwa Unterscheidungen, Operationen, Verhaltensweisen, Gedanken, Reflexionen etc.) gibt, die von Beobachtern akzeptiert werden. Jeder Beobachter wendet also zur Bewertung von Wissen jeweils ein bestimmtes Kriterium an: das so genannte „Kriterium der Angemessenheit" (Maturana, 2000: 323). Maturana betrachtet Wissen und Lernen naturgemäß aus (neuro)biologischer Sicht – im Gegensatz zu Piagets psychologischer und Ernst von Glasersfelds erkenntnisphilosophischer Betrachtung. Seine Ergebnisse können jedoch auch sehr gut auf den Umgang mit Organisationen bzw. wirtschaftlichen Betrieben übertragen werden.

3.2.2.1 Grundannahmen des Lernens in der Theorie der Autopoiesis

Lernen stellt aus autopoietischer Sicht die zentrale Handlung des lebenden Systems dar und geschieht in der kontinuierlichen Veränderung und Entwicklung, die sich auf das Überleben im weitesten Sinne des Wortes richtet. Dabei definiert Maturana einige Grundannahmen der autopoietischen Betrachtung des Lernens (Maturana, 2000: 63 ff.):

a) Lernen entsteht in der Transformation von Verhalten.
b) Lernen entsteht durch Einverleibung einer Repräsentation der Umwelt.
c) Das lernende System ist deterministisch
d) Die Transformation des Nervensystems muss kontinuierlich erfolgen.
e) „Erinnerung" und „Gedächtnis" müssen Ausdruck für die Bereitschaft der Synthetisierung neuen Verhaltens sein.
f) Lernen ist die Relation zwischen aufeinander folgenden Handlungen.

a) Lernen entsteht in der Transformation von Verhalten

Lernen als Prozess entsteht in der Transformation des Verhaltens eines Organismus durch Erfahrung – und zwar auf eine Art und Weise, die direkt oder indirekt der Aufrechterhaltung seiner lebensnotwendigen Zirkularität dient (Maturana, 2000: 63). Dabei stellt jede Verhaltensweise wiederum eine Grundlage dar, auf der sich neue Verhaltensweisen entwickeln – einerseits durch Veränderung in den möglichen Zuständen, oder durch eine Veränderung der Übergangsregeln von einem Zustand zum nächsten. Der Organismus lebt also in einem kontinuierlichen Entwicklungsprozess, der durch eine endlose Abfolge von Interaktionen mit unabhängigen Gegenständen spezifiziert wird.

b) Lernen entsteht durch Einverleibung einer Repräsentation der Umwelt

Lernen erfolgt in der Form, dass dem Beobachter (der der Handelnde selbst sein kann) das gelernte Verhalten des Organismus in der Vergangenheit gerechtfertigt erscheint. Es entsteht also stets durch Einverleibung einer Repräsentation der Umwelt, die durch Erinnerung modifizierend auf sein gegenwärtiges Verhalten wirkt. Lernen läuft dabei für das System als atemporaler Prozess der Transformation ab: Das System arbeitet in der Gegenwart und kann nicht im Vorhinein determinieren, wann es sich im Fluss der Erfahrung verändert (oder nicht), noch kann es im Vorhinein festlegen, welchen optimalen funktionalen Zustand es erreichen soll. Sowohl die Vorteilhaftigkeit eines Verhaltens als auch die Verhaltensform selbst können daher nur a posteriori festgestellt werden – als Ergebnis des tatsächlichen Verhaltens des Organismus im Dienste der Aufrechterhaltung seiner Zirkularität.

c) Das lernende System ist deterministisch

Das (Nerven-)system muss imstande sein, kontinuierliche Transformationen durchzumachen, so dass jede Interaktion es effektiv in die eine oder andere Richtung modifiziert (Lernkurven). Da diese Transformation als ein kontinuierlicher Entwicklungsprozess ohne vorhergehende Festlegung eines Endzustandes ablaufen muss, kann sich die endgültige Spezifizierung und Optimierung einer Verhaltensweise nur aus der kumulativen Wirkung vieler gleichgerichteter Interaktionen ergeben.

d) Die Transformation des Nervensystems muss kontinuierlich erfolgen

Die Transformation des Nervensystems erfolgt in Form von Veränderungen, die von den Zellen solange stabilisiert werden können, bis die nächste Modifikation eintrifft.

e) „Erinnerung" und „Gedächtnis" müssen Ausdruck für die Bereitschaft der Synthetisierung neuen Verhaltens sein

Die Begriffe Erinnerung und Gedächtnis müssen Ausdruck eines modifizierten Systems sein, das bereit ist, ein für seinen gegenwärtigen Aktivitätszustand relevantes neues Verhalten zu synthetisieren. Sie bilden daher einen Prozess, in dem der Organismus jede neue Erfahrung mit einer gespeicherten Repräsentation der „Nische" (Maturana und Bunnell, 2001b: 33)) konfrontiert, bevor er eine Entscheidung trifft.

f) Lernen ist die Relation zwischen aufeinander folgenden Handlungen

Lernen kann als Relation zwischen verschiedenen aufeinander folgenden Handlungen eines Organismus aufgefasst werden. Dabei ergibt sich das jeweils gegenwärtige Verhalten aus der Transformation eines vergangenen Verhaltens. Um in dieser Form zu lernen benötigt der Organismus einen störungsfreien Ablauf dieser Relationen.

3.2.2.2 Die Wechselwirkung zwischen innerer und äußerer Dynamik als Voraussetzung des Lernens

Lebende Systeme existieren als Gesamtheit in einer kontinuierlichen Wechselwirkung zwischen der inneren Dynamik und der Dynamik der Umwelt. Beide Systeme sind dabei autopoietisch; sie verhalten sich also geschlossen in der Dynamik und offen in Bezug auf den Materienfluss. Dabei bewahrt die innere Dynamik die Beziehungen innerhalb des Systems aufrecht, während die äußere Dynamik die Beziehungen zur Außenwelt erhält.

„Die beiden Begriffe sind etwa vergleichbar mit der Beschreibung eines Autos und seiner Interaktion mit der Außenwelt: Da gibt es auch zunächst den Motor, der die innere Dynamik aufrechterhält – und es gibt die Beziehung zur Straße, also der Bodenkontakt: Das ist die externe Dynamik" (Maturana, 2001 d).

Nun müssen wir bei der Betrachtung lebender Systeme beim Lernen immer gleichzeitig beide Systeme ins Auge fassen: Denn es besteht eine Wechselwirkung zwischen der inneren (physiologischen) Dynamik des Menschen und der Verhaltensdynamik, die seine Beziehung zur Außenwelt aufrechterhält. Lernen entsteht so als Wechselwirkung zwischen diesen beiden Dynamiken: Die innere Dynamik bewirkt Veränderungen nach außen und umgekehrt:

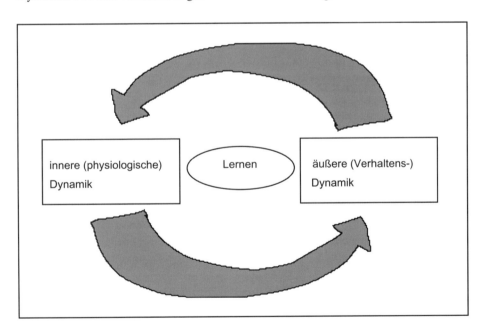

Abb. 11 Die Wechselwirkung zwischen innerer und äußerer Dynamik als Voraussetzung des Lernens

Erst durch den Austausch und die gegenseitige Beeinflussung zwischen der Innen- und der Außenwelt entsteht Lernen (Maturana, 2001 e).

3.2.3 Aspekte einer systemischen Lerntheorie in der Kybernetik zweiter Ordnung

Die Kybernetik 2. Ordnung lenkt naturgemäß die Aufmerksamkeit auf den Zusammenhang zwischen Beobachter und Beobachtungsobjekt und stellt die erkenntnistheoretische Frage nach dem subjektiven Tun des Tuns – im vorliegenden Fall danach, wie denn ein Beobachter oder ein soziales System das Lernen lernt.

Damit wird aus der Kybernetik zweiter Ordnung heraus immer nach dem Lernen zweiter Ordnung gefragt, wie es Bateson definiert. Die Aufmerksamkeitsfokussierung auf den Beobachter führt dazu, dass es zu einer Neudefinition des „Lehrenden" aus der Kybernetik zweiter Ordnung heraus kommt – und Heinz von Foerster definierte aufbauend darauf den zentralen Gedanken der Lethologie (von Foerster in: von Foerster und Pörksen, 1998).

Insbesondere Batesons Definition von Lernen II und III, die Neudefinition der Rolle des Lehrenden aus der Perspektive der Kybernetik zweiter Ordnung sowie die Grundgedanken der Lethologie erscheinen mir zum State-of-the-Art systemischer Lerntheorien interessant mit Fokus auf organisationales Lernen interessant, sodass ich darauf im Folgenden kurze eingehen möchte.

a) Lernen zweiter und dritter Ordnung (Lernen II und III)

Der Begriff des Lernens zweiter und dritter Ordnung stammt ebenso wie das Lernen nullter und erster Ordnung von Gregory Bateson (Bateson, 1972: 362; Bateson, 1985; Lutterer, 2009).

Bateson definiert zunächst Lernen allgemein als „eine Veränderung irgendeiner Art" (Bateson, 1972: 365).

- **Lernen nullter Ordnung**, das Lernen auf der einfachsten Ebene, entsteht etwa wenn wir eine Werksirene hören und daraus lernen, dass es zwölf Uhr ist. Aber es fällt auch jegliche Wiederholung einer Handlung, die zum erwarteten Ergebnis führt, darunter („perturbationsloses Handeln" im Sinne der Kognitionstheorie Piagets).
- **Lernen I** wird demgegenüber definiert als „Veränderung in Lernen 0" (Bateson, 1972: 371). Beide Lerntypen sind am Verhalten messbar: Bei Lernen 0 erfolgt ein stereotypes Verhalten. Lernen I dagegen setzt einen wiederholten Kontext voraus, über den der Organismus „lernen" kann – also sein Verhalten gemäß dem Resultat seiner Handlung variiert, um ein besseres Ergebnis zu erlangen. Lernen I kann bei Wiederholung derselben Situation mit dem immer gleichen Ergebnis zu Lernen 0 führen: So kann etwa das Führen von Mitarbeitergesprächen zunächst ein Lernen I darstellen und – wenn dieses zur immer gleichen Routine wird – auf Lernen 0 abgleiten.
- **Lernen II:** Während Lernen I eine Veränderung IM System bewirkt, begründet Lernen II eine Veränderung DES Systems (Lutterer, 2002: 19). Lernen II

bezeichnet die Veränderung im Prozess des Lernen I (z. B. eine korrigierende Veränderung in der Menge von Alternativen, unter denen die Auswahl getroffen wird, oder es ist eine Veränderung der Art und Weise des Lernens. Lernen II entspricht der Bildung von Gewohnheiten und beschreibt die Art und Weise der Transaktionen zwischen einem Individuum (oder einer Gruppe von Menschen) und der Umwelt (Lutterer, 2002: 34); es erzeugt eine stabile Erwartungshaltung gegenüber der Welt.

- **Lernen III** schließlich bedeutet die Veränderung im Prozess des Lernen II, z. B. eine korrigierende Veränderung im System der Mengen von Alternativen, unter denen eine Auswahl getroffen wird (Lutterer, 2009). Es verändert also die Prämissen, unter denen im Lerntypus II gelernt wird. Und damit verändert es Gewohnheiten. So ist Lernen III im Prinzip einer Neudefinition des Selbst gleichzusetzen und stellt damit nach dem Lernen IV, das selten zur Anwendung kommen dürfte (Lutterer, 2009) die radikalste aller vier Lernformen dar. Gerade bei Veränderungen von außen, die von der Organisation als großes Hindernis wahrgenommen werden, bedarf es in seltenen Fällen eines Lernens dritter Ordnung, eigentlich eines Entlernens und der Bildung neuer Prämissen, ja, der Schaffung einer neuen Identität eines Unternehmens.

b) Neudefinition der Rolle des Lehrenden in der Kybernetik 2. Ordnung

Die Relationale Theorie des Lehrens sieht sich insbesondere in krassem Widerspruch zur behavioristischen Denkweise, der es hauptsächlich darum geht, dass beim Lernen ein bestimmtes Verhalten hervorgerufen wird – und nicht um die Erkenntnis, warum dieses Verhalten überhaupt gesetzt werden sollte. Belohnungen und Bestrafungen im Behaviorismus lenken das Verhalten; aber sie verstärken nicht das Verstehen des Menschen, und sie können nicht den Wunsch der Individuen erfüllen, neue, selbst gewählte Probleme mit Hilfe des eigenen Denkens und eigenständigen Vorgehens zu bewältigen, um die Ordnung in der eigenen Erfahrungswelt und damit auch die persönliche Nische zu verändern (Simon, 1999a; Arnold, 2007).

Es geht also um einen grundsätzlich anderen Modus des Umgangs mit Wissen – dem Umgang mit Konstruktivität (Arnold, 2007: 72). Unter der Annahme, dass Menschen grundsätzlich nur das wahrnehmen, was sie wahrnehmen können, gelangen wir im Lehren von einer „Erzeugungsdidaktik" zu einer „Ermöglichungsdidaktik" (Arnold und Siebert, 2006: 44).

Das „Ermöglichen von Lernen" bedeutet aus dem Blickwinkel der Kybernetik zweiter Ordnung

- das Bereitstellen von Erfahrungsräumen,
- das Gestalten von Kontexten, die das Lernen begünstigen
- das Vermeiden dessen, was lernbehindernd wirkt
- und somit die Unterstützung des Aufbaues einer Lernkultur und einer Kontextualisierung der Lehr-Lern-Situation, welche wiederum die individuelle Entwicklung fördert.

Als „Lehrer" oder „Lehrende" werden im Sinne der Kybernetik zweiter Ordnung im Rahmen dieser Arbeit all jene Individuen bezeichnet, die den „Lernenden" dabei unterstützen, seine persönliche Nische zu vergrößern. Der Lehrende
kann so von der Person des Lernenden verschieden oder aber auch die gleiche
Person sein – etwa im Fall der Selbstreflexion.

**Die Kunst des Lehrens besteht dann darin, dem Lernenden zu ermöglichen,
selbständig Probleme zu formulieren, welche jeweils jene Denkweisen fördern,
die gelernt werden sollen (von Glasersfeld, 1997: 209).**

Damit verlangt die Kybernetik zweiter Ordnung ein verändertes Verständnis des
Lehrenden (Personalentwicklers, Trainers, internen Beraters):

*„Systemisch-konstruktivistische Lehrende verzichten auf den Anspruch des Bes-
serwissens; denn sie wissen es anders – und jede Anmerkung, Kritik, Rückfrage
des Lernenden deuten sie als Unterstützung für das eigene Lernen und das der
Mitlernenden (…) Lehrende beobachten, wie sie beobachten und was sie dabei
ausblenden. Sie ermuntern die Lernenden in der Metakommunikation und
reden mit ihnen über das Reden. Konstruktivistische Lehrende sind daran
erkennbar, dass sie sich von ihrer Expertenrolle verabschiedet und eine Mittler-
rolle entwickelt haben.*

Sie sind in der Lage einen Lernkontext zu gestalten,

- *der die selbständige Erschließung und Aneignung von Wissen ermöglicht,*
- *in dem kreative Denkprozesse Raum haben,*
- *in dem Neues an vorhandene Erwartungen anschließen kann*
- *und sinnvolle Verknüpfungen für die Lernenden möglich sind."* (Neumann-
  Wirsig, 2002, 46).

Und Arnold bringt es auf den Punkt:

*„Lehrende müssen (…) mit dem Vermittlungslehren aufhören, um mit einem
„Verknüpfungslehren" und „situativem Lehrhandeln" überhaupt beginnen zu
können".* (Arnold, 2007: 79).

Die so erlebte Wirklichkeit ist das Ergebnis von Kommunikation, eine Wirklichkeit, in der die subjektiven Sicht- und Erlebnisweisen kommuniziert und miteinander verschränkt werden: So konstituiert sich soziale Realität.

c) Lethologie

Heinz von Foerster nennt die Lehre des Nicht-Wissens, in dem der Lehrer als
Forscher auftritt, Lethologie (von Foerster und Bröcker, 2002: 305 ff.):

*„Mein Punkt war, dass Wissen nicht wie ein Gegenstand übertragen werden
kann, wie in diesem schönen Bild vom Nürnberger Trichter, in dem man oben das
Abc und das Einmaleins durch einen Trichter einfüllt; wo Wissen sozusagen als
ein Gegenstand, als ein Objekt aufgefasst wird. (…) Das heißt, ich möchte eine
Lehre des Nichtwissens; jedoch nicht in einer negativen Form. (…) Daher habe
ich gesagt: „Ich möchte die Lehre des Nichtwissens Lethologie nennen, weil das*

eine Lehre ist, die das Negative positiv betrachtet. Lernen ist Verwandlung des Unwissens in Wissen und nicht der Prozess, bei dem man den Schülern ein Loch in den Kopf bohrt und dann dort die Weisheit hineinschüttet. Es sind die Schüler, die etwas lernen wollen und es sich selber erarbeiten." (von Foerster/Bröcker, 2002: 306f.).

Es geht also für Heinz von Foerster um die Verwandlung des Lehrers, der alles weiß, in einen Menschen, der sagt: „Ich weiß es noch nicht. Warum finden wir es nicht zusammen heraus?" Gehen wir von der Nichttrivialität des Handelns und den Grundlagen der Autopoiesis aus, so kann das Ermöglichen von Lernen auf individueller Ebene einzig und allein darin bestehen, Rahmenbedingungen und kontinuierliche Perturbationen zu setzen, welche noch am ehesten mit dem bestehenden „Lochmuster" des Lernenden kollidieren – ohne Vorhersehbarkeit des Erfolgs oder Erfolgsgarantie.

4 Lücke in der bisherigen Forschung und Zielsetzung der Arbeit

Die bisherige Forschung in der systemisch-konstruktivistischen Epistemologie des Lernens betraf weitgehend philosophisch-allgemeine Problemstellungen (von Glasersfeld, 1996; von Foerster und Bröcker, 2002; Lutterer, 2009) bzw. sehr pointiert pädagogisch-didaktische Problemstellungen (Arnold und Siebert, 1999; Reich, 2002; Arnold, 2007; Endres, 2007), während der Bereich des Managements bzw. der Organisation immer nur im Sinne der Gestaltung von „Wissensmanagement" (Willke, 1998; Denning, 2001; Meinsen, 2003; Falk, 2007; Kilian et al., 2007), aber nie im Sinne der „lernenden" Organisation aus dem epistemologischen Blickwinkel betrachtet wurde. Insbesondere die Beschäftigung mit dem metatheoretischen Fundament der Epistemologie im speziellen Fall des Lernens des sozialen Systems Organisation aus wurde – so scheint es – bisher aus der Forschung weitgehend ausgeklammert.

4.1 Problemfelder bzw. Lücken in der bisherigen Forschung

Die Frage, wie organisationales Lernen ermöglicht werden kann, wurde bislang nicht zufriedenstellend diskutiert: Organisationales Lernen wurde meist gleichgesetzt mit individuellem Lernen oder es wurde zumindest ein sehr enger Zusammenhang mit diesem gesehen (Argyris und Schön, 2002). Allein, dass überhaupt eine Parallelität zwischen dem Wissen der Mitarbeiter und dem Wissen der Organisation hergestellt werden kann, ist umstritten:

„Kollektive Fähigkeiten lassen sich nicht allein durch die Summe der Fähigkeiten aller Mitarbeiter erklären" (Probst, Raub und Romhardt, 1998: 114).

Die traditionellen Modelle der lernenden Organisation (Probst, Raub und Romhardt, 1998; Willke, 1998), insbesondere das Organisationale Lernen nach Chris Argyris und Donald A. Schön entstammen den 70er und 90er Jahren des letzten Jahrhunderts und wurden seither kaum substantiell verändert (Argyris, 2006; 2008). Das Modell des Organisationalen Lernens nach Argyris und Schön steht bis heute im Zentrum betrieblicher Anwendungsversuche.

Argyris und Schön stellen darin ein Kausalitätsbasiertes Grundmodell für Handlungstheorien auf, das Situationen (S), Handlungsstrategien (A), Ergebnisse/Ziele (E) und Leitwerte (L) enthalten. Bestimmte Handlungstheorien beeinflussen dabei die Auswahl der Handlungsstrategie A, um in einer Situation S zum Ergebnis E zu gelangen, und die Leitwerte L erklären in diesem Zusammenhang das Ergebnis E als lohnenswert zu erreichen.

Lernende Organisationen sind laut Argyris Schön (im Gegensatz zu 0-I-Lernen, nach Argyris und Schön das so genannte „Einschleifenlernen", das lediglich zu anderen Strategien/Handlungen – letztlich zur Vermeidung und Umgehung von

Situationen –, nicht aber zu anderen Leitwerten führt) sogenannte 0-II-Lernsysteme: Diese praktizieren ein „Doppelschleifenlernen", indem sie ihre Leitwerte reflektieren, untersuchen und eventuell korrigieren, seien es die eigenen oder auch die anderer. Ziel ist dabei immer die Verbesserung der Produktivität und das Erreichen „nachhaltiger" Lösungen.

Daraus werden an dieser Stelle zumindest sieben Problemfelder und Lücken im Organisationsmodell von Argyris und Schön besprochen:

a) Den Ausgangs- und Ansatzpunkt „Individuum"
b) Die Verharrensfalle „Einschleifenlernen"
c) Das Dilemma zwischen Partizipation und Vorgabe
d) Die Zielproblematik „Produktivität"
e) Die fehlende Anleitung zur Umsetzung in der Praxis
f) Den Problemfaktor Garantie der Bereitschaft aller Beteiligten
g) Die Orientierung in Richtung „Vermeidung, Verhinderung und Korrektur"

a) Problemfeld Ausgangs- und Ansatzpunkt „Individuum"

Die Gleichsetzung individuellen Lernens mit organisationalem Lernen und der daraus folgende Schritt, dass in der Schaffung einer lernenden Organisation am Individuum anstatt an der Organisation angesetzt wird, schaffen ein besonders gravierendes Problem im Modell von Argyris und Schön: Es wird einfach übersehen, dass die Organisation eben nicht lernt, wenn das Individuum lernt – und schon gar nicht „automatisch"! – und dass die Erfahrungen der Organisation in Form von Geschichten, Regeln und Rahmen auch eine ganz andere Entstehungsgeschichte, Speicherungslogik und Lebensdauer aufweisen als die Erfahrungen bei einem Individuum.

b) Verharrensfalle „Einschleifenlernen"

Die bei Argyris und Schön angesprochene Falle des „Einschleifenlernens" in Form von dort so genannten „unproduktiven" Lernens, weil es in einer reinen Veränderung der Handlungsstrategien besteht (es wird etwas getan, damit eine Situation vermieden oder umgangen wird), erscheint hier als nicht sinnvolles Unterscheidungskriterium. Damit entsteht die Idee, es gäbe an sich „gutes" im Gegensatz zu „schlechtem" Lernen.

c) Dilemma zwischen Partizipation und Vorgabe

Wenn im Modell von Argyris und Schön im Idealfall die Leitwerte verändert werden können, dann bleibt unklar, wer das kann. Wenn wir davon ausgehen, dass Unternehmen von Eigentümern oder Geschäftsführern geführt werden, dann würden diese entsprechend ihrer Aufgaben verantwortungslos handeln, wenn sie Mitarbeitern und Führungskräfte ermöglichen würden, an den Leitwerten zu arbeiten – außer, diese Leitwerte haben keinen eindrücklichen Einfluss auf das tatsächliche Tun in der Organisation. In welchem Fall auch immer wird die Idee im Modell zur Farce, weil sie entweder nicht umgesetzt oder gar nicht erst erlaubt wird. Und daran scheitern viele Unternehmen, die das Modell umsetzen wollen.

d) Zielproblematik „Produktivität"

Im Modell von Argyris und Schön besteht das erklärte Ziel der lernenden Organisation darin, die Produktivität zu verbessern. Damit sind wir allerdings inhaltlich sehr rasch bei den Themen der Einsparung, des Cost-Cuttings, der Effizienz-Themen.

Auf diese Weise scheint das Modell allerdings zu kurz zu greifen: Denn es geht nicht per se immer um Produktivitätsoptimierung, sondern es muss der Organisation überlassen werden, in welchem Bereich und vor allem zu welchem Zweck sie lernen will.

e) Fehlende Anleitung zur Umsetzung in der Praxis

Das „Modell II handlungsleitender Theorien" von Argyris und Schön, in dem das Doppelschleifenlernen beschrieben wird, wird dort als idealisiertes Modell bezeichnet, das nie vollkommen erreicht werden kann und damit mehr ein Vorbild darstellt als eine konkrete Handlungsanleitung zu liefern, die auf einer breiteren Basis angewendet werden kann.

f) Problemfaktor Garantie der Bereitschaft aller Beteiligten

Die größte und bislang ungelöste Problematik des Modells besteht in der hochgradigen Abhängigkeit des Erfolgs der lernenden Organisation von der Bereitschaft aller Beteiligten, sich in der lernenden Organisation zu engagieren. Dieses Problem entsteht durch die Gestaltung des Modells, das von Beginn an individuelles Lernen als Grundlage organisationalen Lernens sieht; aber dieser Punkt wird im gesamten Modell explizit fortgeführt. Wenn das Lernen der Organisation für ein nachhaltiges Überleben der Organisation (und nicht seiner Mitglieder!) unverzichtbar ist, und im Modell von Argyris und Schön das Gelingen der Lernenden Organisation letztlich einer Entscheidung durch die Mitarbeiter überlassen wird, dann scheint dieses Modell zum Scheitern verurteilt.

g) Die Orientierung in Richtung „Vermeidung, Verhinderung und Korrektur"

Das Modell von Argyris und Schön richtet sich stets auf die Vermeidung, Verhinderung und Korrektur von Handlungsstrategien (Einschleifenlernen) bzw. Leitwerten (Doppelschleifenlernen).

Dabei wird jedoch übersehen, dass

- es im Lernen nicht immer nur um „Anpassung" im Sinne eines Lernens IM System geht, sondern sehr häufig und vor allem auch um echte Neugestaltung, indem DAS System geändert wird – und das dann ganz sicher nicht auf Basis des Bestehenden (Lernen II nach Gregory Bateson). Diese oft notwendige „Erfindungsarbeit" wird hier völlig vernachlässigt.

- das Lernen mit negativen Begriffen einher geht und daher zu einem negativen Erlebnis für die Organisation werden kann. „Fehlervermeidung" ist eine der Ausprägungen dieses Denkens. Es könnte daher für den Prozess wie auch für das Ergebnis einen großen Unterschied machen, ob etwas Bestehendes korrigiert wird oder ob etwas „viables Neues" erschaffen/geschaffen wird, das zur aktuellen Situation passt.

Die mit den Begrifflichkeiten und mit der Orientierung verbundene „Ursachenforschung", die im Modell propagiert wird, beschreibt zudem soziale Systeme als triviale Systeme, in denen man einzelne Probleme auf bestimmte Ursachen zurückführen kann. Diese Grundannahme ist in einer Relationalen Arbeit nicht haltbar.

4.2 Die Zielsetzung der vorliegenden Arbeit

Um die vorangehend angeführten Lücken zu schließen, wird hier bewusst nicht der Weg der Anpassung, sondern der Weg der Neugestaltung einer nachhaltigen Organisationssteuerng verfolgt. Es geht dabei um die Beantwortung der Leitfragen,

1. Wie kann ein epistemologisches, Relationales Modell aussehen, das Anleitung zur Anregung eines organisationalen Lernens geben kann?
2. Wie kann darin gezielt organisationales Lernen gefördert werden, so dass Unternehmen in Wechselwirkung mit ihrer Umwelt stets viabel handeln und so jeweils ihre Überlebenschancen maximieren?
3. Welche Aufgaben entstehen darin für den Umgang mit lebenden Systemen, die Mittel zum Zweck des Lernens sind, ihre Aufmerksamkeit hier aber vorrangig auf die viable Erweiterung der Möglichkeiten in der Organisation richten sollten?
4. Wie kann dieses Modell organisationalen Handelns umgesetzt werden und Früchte tragen?

5 Das Projekt: Form und Aufbau der Arbeit

Die vorliegende Arbeit hat eine deskriptive Form. Es werden darin kaum explizite Hypothesen aufgestellt, überprüft oder falsifiziert bzw. verifiziert. Es ist keine Arbeit, deren Ergebnis, Prozess oder Form dem Postulat der Wertfreiheit unterliegen soll und es ist keine Arbeit, die glaubt, auf den Beobachter verzichten zu können.

Wenn wir davon ausgehen, dass die der Arbeit inhaltlich zugrunde liegenden metatheoretischen Annahmen auch für die Form, den Aufbau und die Ergebnisse gelten sollen – kann diese Arbeit lediglich dazu verwendet werden, um den Leser durch die eigenen Ansichten, Erfahrungen und Ergebnissen anzuregen.

Die Arbeit sollte daher in Form einer Beantwortung von Leitfragen dazu anregen, eigene Sichtweisen in Frage zu stellen, die persönliche „Nische" (Maturana im Maturana und Bunnell, 2001a) zu vergrößern, mit den Ergebnissen der Arbeit zu experimentieren und neue Antworten zu finden (Lernen I), die vorliegende Arbeit aber auch selbst wiederum in Frage zu stellen, um Lernen II zu ermöglichen. Auf diese Weise folgt der Aufbau der Arbeit den Grundgedanken systemisch-konstruktivistischen Denkens, indem er den Blick der Beobachterin auf Bestehendes lenkt, das Wahrgenommene mit eigenen Erfahrungen und (Denk-) Strukturen verknüpft und so Neues entstehen lassen kann.

Der folgende zweite Teil dieser Arbeit widmet sich zunächst dem Entwurf eines epistemologisches, Relationales Modells des Unternehmens, das uns einen neuen Blick auf die Möglichkeiten für das maßgeschneiderte Erzielen organisationalen Lernens ermöglicht.

In Hinblick auf dieses Modell werden erste Ansatzpunkte zur gezielten Initiierung und Förderung organisationales Lernens entwickelt.

Im Anschluss daran wird auch die Frage nach dem Umgang mit den „lebenden Systemen" zur Schaffung im organisationalen Lernprozess untersucht.

Im Teil 3 der Arbeit werden aufbauend auf dem im Teil 2 vorgestellten epistemologischen Unternehmensmodell zwei neue Ablaufmodelle entwickelt: Eines zur Errichtung der lernenden Organisation und eines zur konkreten Ausgestaltung der Umsetzung der lernenden Organisation.

Im Teil 4 dieser Arbeit werden die beiden Modelle zusammen geführt, die Auswirkungen einer Anwendung des Modells betrachtet und weiterführende Fragen zum Diskurs aufgeworfen.

Teil 2:
Entwurf eines
Relationalen Theoriemodells
zum maßgeschneiderten
Erzielen organisationalen Lernens

Wir können mit Maturana ein soziales System Unternehmen nicht ohne die
Umstände betrachten, in denen es existiert – Umwelt, lebende Systeme und die
kohärente Entwicklung zwischen den beiden bilden eine untrennbare Einheit
der Wahrnehmbarkeit (Maturana, 2001d), wie in der Abbildung 12 verdeutlicht
wird.

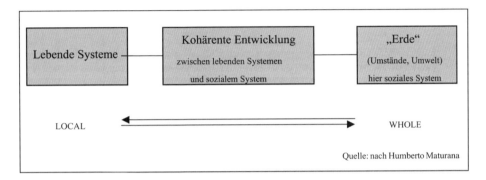

Abb. 12 Der Zusammenhang zwischen sozialem System und lebenden Systemen

Für jedes lebende System stellt das soziale System, in dem es verankert ist, seine
Rahmenbedingungen (Umstände, Umwelt) dar – und es entwickelt sich entlang
diesen Rahmenbedingungen weiter, verändert sich also mit diesen Rahmenbedingungen. Andererseits schafft auch das Verhalten der Systemmitglieder wiederum auf das gelebte soziale System (soweit dies zugelassen wird) die Voraussetzung, dass die Organisation in einem bestimmten vordefinierten Umfang,
Form und Inhalt lernen kann, sodass eine Wechselwirkung kohärenter Entwicklung entsteht.

Interaktion und Kommunikation schaffen im Lernprozess eine Wechselwirkung
zwischen Individuum und sozialem System: Das soziale System bestimmt mit seinen Rahmenbedingungen, ob überhaupt und in welche Richtung Interaktionen
stattfinden können, die schließlich Lernen beim Individuum bewirken – und das
Lernen beim Individuum bewirkt wiederum, dass dieses innerhalb der Rahmenbedingungen neue Verhaltensmöglichkeiten beim sozialen System sieht:

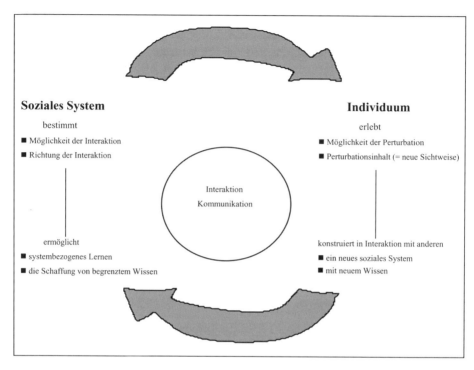

Abb. 13 Wechselwirkungsprozess im Lernen zwischen Individuum und Organisation

Dabei ist das entstehende organisationale Wissen stets untrennbar verbunden (Maturana, 2001d: 34)

• mit den Rahmenbedingungen, die das Unternehmen vorsieht

• und mit den Erfahrungen, die auf organisationaler Ebene im Laufe des Beste- hens des Unternehmens gebildet wurden.

1 Entwurf eines Relationalen Modells des Unternehmens (Relationsmodell)

Unternehmen können als soziale Systeme betrachtet werden (Baecker, 1999), die wie alle Systeme als Ganzheiten definiert werden; Ganzheiten, die aus Teilen bestehen, aber anders als die Summe ihrer Teile sind (Luhmann, 1991: 56; Lazarsfeld und Rosenberg, 1955); und als Gebilde, wie Maturana soziale Systeme definiert:

„You distinguish a system by if you act on one you act on all of them" (Maturana, 2001c).

Denn wenden wir hier das epistemologische Fundament an, so müssen wir zunächst feststellen, dass Organisationen soziale Systeme sind – und dass Systeme nicht selbst-organisierend sind (von Foerster, 1999a:115). Sie bedürfen einer Störung, um Ordnung zu (er)halten. Und diese Störung kommt innerhalb der erlaubten funktionellen Voraussetzungen („Wer darf stören?") immer durch die spezifischen Wahrnehmungen der entsprechenden Mitglieder im System zustande, die eine veränderte Umwelt (Rahmen)oder verändertes Handeln im System (Interaktion) wahrnehmen.

Damit rücken

- der Rahmen und die Voraussetzungen für seine Veränderung
- und die Menschen, die innerhalb des Rahmens ein gemeinsames „organisationales Bild malen"

in den Mittelpunkt der Betrachtung.

An diesen Punkten muss also angesetzt werden, um Ansätze für „organisationales" Lernen zu entwickeln und es für die Praxis nutzbar zu machen.

Unternehmen sind Systeme, die auf die Erfüllung bestimmter Zwecke ausgerichtet sind. Die Systemstruktur oder jedenfalls die „formale" Struktur dient als Mittel zum Zweck (Luhmann, 1991: 55). Zu jedem Unternehmen gibt es darüber hinaus Rahmenbedingungen, die sich als die Summe der Beschränkungen verstehen, die auf das System sowie dessen Pläne und kontinuierlichen Veränderungspotenziale einwirken (von Glasersfeld, 2001: 59); die „Organisation" des Unternehmens (Maturana, 1997: 159): Verändert sich diese Organisation, so verändern sich die Möglichkeiten, die das Unternehmen und die einzelnen Mitglieder darin haben, grundsätzlich. Diese Rahmenbedingungen stellen ebenfalls Möglichkeiten und Grenzen hinsichtlich der Beliebigkeit der Summe an Verhaltensweisen des Unternehmens und jeder seiner Mitglieder dar (an dieser Stelle sei angemerkt, dass hier entgegen Luhmann und mit Maturana nicht davon ausgegangen wird, dass Sozialsysteme nur aus Kommunikationen bestehen und die Menschen lediglich als „zu motivierende Persönlichkeiten und Teil der Umwelt dieses Systems" betrachtet werden: Aus autopoietischer Sicht sind Menschen eben gerade nicht in eine bestimmte, (nur) von außen gewünschte Richtung „motivierbar", also bewegbar, weil sie als geschlossene Systeme stets gemäß ihrer eigenen Struktur und gemäß ihrer Erfahrungen handeln).

Das Potenzial Relationalen Denkens für unternehmenspraktische Zusammenhänge wird gegenwärtig gar nicht bzw. nicht voll ausgeschöpft (Winter, 1999: 12). Dies ist zum einen auf die nachhaltige Verankerung der Kybernetik 1. Ordnung im St. Gallener Systemansatz zurückzuführen (Winter, 1999: 142 ff) und zum anderen darauf, dass die Wende in der Kybernetik zur Kybernetik 2. Ordnung in der Betriebswirtschaftslehre bislang weitgehend übersehen wurde (Winter, 1999: 11) – während der Kalkül der Form in seiner Relevanz für eben diese bis heute noch nicht einmal entdeckt wurde (Baecker: 1996: 19; Dievernich, 2007a; Baecker, 2008).

Mangels anderer verwendbarer Konzepte und im Vertrauen darauf, dass ein solches Konzept wesentliche Dienste für organisationales Handeln bieten kann, entstand bereits 2000 ein neues epistemologisches Modell sozialer Systeme (Radatz, 2002; 2007; 2008; 2009). Dieses Modell muss die Forderungen der Kybernetik 2. Ordnung erfüllen (also die Leitdifferenz zwischen Subjekt und Objekt aufgeben), den Forderungen des radikalen Konstruktivismus entsprechen (und damit die Leitdifferenz Sein/Nichtsein und Wahr/Falsch aufgeben) und die autopoietischen Grundgedanken mit einbeziehen (nämlich dass die Menschen explizit in das Modell des sozialen Systems integriert werden und dort als geschlossene, selbst erzeugende lebende Systeme in einer Beziehung struktureller Kopplung mit den anderen lebenden Systemen sowie mit den Komponenten des sozialen Systems stehen).

Das hier vorgestellte Relationale Modell sozialer Systeme (Abb. 14) wurde 2000 entwickelt (Radatz, 2000) und später als Relationsmodell bezeichnet (Radatz, 2007a; Radatz, 2009a).

Das Modell berücksichtigt die Rahmenbedingungen dieser Konzepte, indem es

- den jeweils subjektiv erlebten Rahmen auf jeder Ebene des (sozialen) Systems als zentrales beschränkendes Element für die aktuelle Viabilität einführt
- die Menschen als notwendige Konstrukteure und Aufrechterhalter des sozialen Systems identifiziert und in das soziale System bewusst integriert
- das Unternehmen als ein dynamisches soziales System betrachtet, dessen Strukturen in struktureller Kopplung beeinflussend auf die Handlungsvielfalt der Menschen wirken und das gleichzeitig von diesen Menschen unablässig neu konstruiert wird
- die autopoietische Betrachtung lebender Systeme als geschlossene, selbst gestaltende Systeme berücksichtigt
- dem Konzept der Autopoiese zufolge zwischen (invariabler) Organisation und (variabler) Struktur unterscheidet

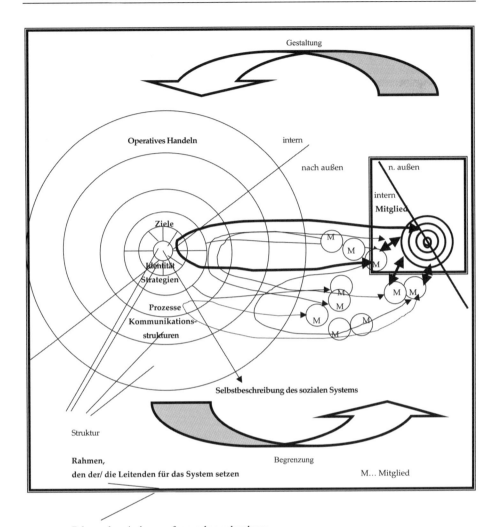

Abb. 14 Das Relationsmodell

- die Beziehung zwischen den Subjekten und dem von ihnen erzeugten („konstruierten") Struktur herstellt und deutlich macht

- die Vornahme von Veränderungen in der Struktur bei gleichzeitig unverändert bleibender Organisation im Sinne der Viabilität ermöglicht

- und gleichzeitig den Fokus potenziell notwendiger Anpassung weg von den Menschen im System und hin zu den Strukturen und vor allem zur Organisation lenkt (Letzteres bei der Veränderung DES Systems).

Das Modell lässt sich auf jedes soziale System anwenden und beschreibt den Zusammenhang zwischen subjektiv erlebten Gegebenheiten von außen (äußerer Rahmen), der Vorgaben nach innen von Seiten des Leiters des sozialen Systems (innerer Rahmen), der Struktur des sozialen Systems und den einzelnen Mitgliedern des sozialen Systems:

- Das soziale System wird in seinem Denken und Handeln vom erlebten äußeren und inneren Handeln begrenzt.

- Innerhalb dieses begrenzenden Rahmens entwickeln die Systemmitglieder ein gemeinsames Bild, die Struktur, die sie verbindet und in ihrem Handeln „ident" macht (und von anderen unterscheidet und sowohl nach innen als auch nach außen wirkt.

- Diese Struktur des sozialen Systems unterscheidet sich von der Struktur jedes einzelnen Systemmitglieds: Denn jedes Systemmitglied hat eine eigene persönliche Identität, eigene persönliche Ziele und Handlungsstrukturen.

- Die sozialen Systemstrukturen wirken auf das Verhalten der einzelnen Systemmitglieder (Ausrichtung; Art, bestimmte Dinge zu tun; Sprache; etc.) und die einzelnen Systemmitglieder gestalten immer wieder aufs Neue eine für sie passende Struktur, ein gemeinsames Bild innerhalb des sich im Zeitablauf verändernden Rahmens.

- Die einzelnen Systemmitglieder spielen im sozialen System unablässig „Billard über Bande", d. h. ihre Interaktionen verlaufen immer entsprechend des gemeinsamen Bildes.

1.1 Die zentralen Gedanken des Relationsmodells

Das Relationsmodell soll in diesem Kontext ausschließlich im Unternehmenskontext angewendet und betrachtet werden. Unternehmen als soziale Systeme sind strukturdeterminiert. Sie funktionieren also gemäß ihrer eigenen Struktur (Maturana und Bunnell, 2001: 36). Im sozialen System sind die Systemmitglieder und die systemeigenen Komponenten gleich bedeutend; beide Kategorien bilden notwendige Bestandteile, damit von einem „sozialen System" gesprochen werden kann. Die Menschen – frühere und gegenwärtige Systemmitglieder – schaffen die und sind gleichzeitig unterworfen den nach außen bzw. nach innen gerichteten Strukturen – und gleichzeitig wird ihr Verhaltensspielraum durch die Organisation des Systems in Form des Rahmens begrenzt. Es besteht jedoch stets die Möglichkeit und grundsätzliche Freiheit für die Systemmitglieder, das System zu verlassen (von Foerster, 2001: 40).

Varela vergleicht in diesem Zusammenhang relationale Identität eines sozialen Systems mit einer Ameisenkolonie, einem Ameisenhaufen,

„bei dem sich die lokalen Regeln in der Interaktion zahlloser einzelner Ameisen manifestieren und der gesamte Ameisenhaufen gleichzeitig eine eigene Identität auf einer globalen Ebene (eben die Struktur) besitzt. Die Frage ist nun, wo ist

der Ameisenstaat? Wenn man hineingreift, hat man nur einzelne Ameisen in der Hand, welche die Verkörperung lokaler Regeln darstellen. Eine zentrale Steuerungseinheit lässt sich jedoch nicht lokalisieren. Die Ameisen bestehen an sich, aber es sind ihre Beziehungen, die eine reale, konkret erfahrbare, emergierende Identität geben. Damit bildet ein soziales System einen neuen Modus der Existenz: Man nimmt eine kompakte Identität wahr, aber ohne eine fixierbare Substanz, ohne einen lokalisierbaren Wesenskern. Auch lässt sich aus dem System keine Substanz herauspräparieren: Alles zusammen ergibt das System und nicht bestimmte Teile" (Varela, 2001: 128 f.).

Das, was zwar überall im sozialen System erkennbar ist und in herkömmlichen Darstellungen des sozialen Systems – etwa Organigrammen – nicht geortet werden kann, wird bewusst im Relationsmodell dargestellt: die lokalen Regeln in der Interaktion und die eigene Identität des sozialen Systems, wie sie Varela beschreibt. Im Folgenden werden die einzelnen Aspekte des Relationsmodells dargestellt.

1.1.1 Der Rahmen – „Organisation" des Systems

Der Rahmen trennt das Benannte vom Nicht-Benannten und daher auch nicht vorstellbaren Feld, das dann buchstäblich „außerhalb des Denkrahmens" liegt – im Sinne der Feststellung von Hein von Foerster, der bemerkte: *„Nicht nur, dass wir nicht wissen. Wir wissen nicht einmal, dass wir nicht wissen."* (von Foerster, in: von Foerster und Bröcker, 2002: 43).

Das Element „Rahmen" im Relationsmodell wird entsprechend des von Maturana geprägten Begriffes „Organisation" gesetzt:

*„Das Wort „Organisation" kommt vom griechischen organon („Instrument"); es bezieht sich … auf die **Relationen** zwischen den Bestandteilen, die ein System als zusammengesetzte Einheit einer bestimmten Klasse definieren und seine **Eigenschaften** als derartige Einheit festlegen. Die Organisation einer zusammengesetzten Einheit bestimmt daher die Klasse der Entitäten, zu der diese Einheit gehört. … Die Organisation eines Systems definiert dieses als eine zusammengesetzte Einheit und legt seine Eigenschaften als Einheit durch die Bestimmung eines Bereichs fest, in dem es als unanalysierbares Ganzes interagieren… kann, das mit konstitutiven Eigenschaften ausgestattet ist. Die Eigenschaften … ERZEUGEN einen Raum, in dem die Einheit als einfache Einheit operiert"* (Maturana, 2000: 99 f.).

Damit ist alles gesagt, worum es geht: Der Rahmen erzeugt das System und macht es zu „etwas Bestimmten", einer Klasse von Entitäten. Eine Veränderung des Rahmens erzeugt etwas grundsätzlich anderes, mit anderen Worten: eine andere Organisation „ist" etwas anderes.

Dem Rahmen fallen laut Definition von Maturana zwei Aufgaben zu:

1. Die Definition von Relationen und
2. Die Festlegung von Eigenschaften

Die Festlegung von Eigenschaften bezieht sich im Relationsmodell sozialer Systeme auf die Entscheidung für bestimmte konstituierende Merkmale, welche das soziale System grundlegend von anderen unterscheidet. Die Definition von Relationen bezieht sich auf die Entscheidung, wie, von wem und wann die Eigenschaften jeweils verändert werden dürfen. Peter Senge nennt diese Entscheidung „Design" und den Rahmen „Leitprinzipien" oder „Basis" des Unternehmens und führt dazu und zum Verhältnis zwischen Relationen (bei Senge: „lebenserhaltende Effektivität") und Eigenschaften (bei Senge: „pragmatische Effektivität") aus:

„*Es braucht ein klar festgelegtes Design, das immer dann angewandt wird, wenn es um die Veränderung der Leitprinzipien, also um die Veränderung der Basis des Unternehmens, des Unternehmens an sich geht. Ohne dieses Design gibt es auch keinen Prozess, der den Mitgliedern des Unternehmens unabhängig von einzelnen Personen an deren Spitze ermöglicht, über das Unternehmen und seine Zukunft zu reflektieren. Aber dieses Design wird erst durch seine Anwendung zum Leben erweckt – und die jeweils Beteiligten bestimmen, ob das Ergebnis des Prozesses gut oder schlecht ist. . .Ohne das, was die beteiligten Individuen im festgelegten Design erarbeiten, ist das Design wertlos; es stellt dann nur noch eines von vielen Leitprinzipien dar, die zwar formal festgeschrieben sind, aber nicht gelebt werden.*

Es gibt also eine Wechselwirkung zwischen Gestalten und Entstehen" (Senge, 2002: 10ff.).

Außerhalb des Rahmens eines sozialen Systems existiert in diesem Modell nichts; denn der Raum außerhalb des Rahmens hat keine Relevanz für das soziale System. Ideen, die das „außerhalb" betreffen, müssen daher ins Leere gehen – denn sie finden keine für die Mitglieder der Organisation vorstellbare und funktionierende Entsprechung. Das System handelt ähnlich wie das lebende System in der Autopoiesis in sich geschlossen und erzeugt sich immer wieder in seinem eigenen Denken neu.

Im Unterschied zu den lebenden Systemen ist jedoch das soziale System nicht von der Erweiterung genau einer bestimmten Nische abhängig, um seinen Rahmen zu vergrößern, sondern kann bewusst die Erweiterung der Nischen aller Systemmitglieder nutzen, um seinen Rahmen zu erweitern und damit die grundlegenden Handlungsmöglichkeiten des sozialen Systems zu vergrößern. In diesem Fall sprechen wir von einer sozialen Nische (Maturana und Bunnell, 2001b).Im umgekehrten Fall kann eine Überschreitung des organisationalen Rahmens durch ein lebendes System verhindert bzw. nicht toleriert werden. Damit wird an diesem Punkt organisationales Lernen II (Veränderung des Systems) und Lernen III (Veränderung der Art der Rahmenbildung) verhindert.

Nicht toleriertes individuelles Überschreiten des Rahmens wird als „Fehler" bezeichnet (Maturana und Bunnell, 2001b).

Der Rahmen ist nicht aus einer ontologischen Perspektive einfach „da". Er wird aus konstruktivistischer Sicht völlig individuell von jedem Systemmitglied aufgrund dessen Position, persönlicher Disposition und damit Perspektive beschrieben und manifestiert auf diese Weise die Handlungsmöglichkeiten jedes einzelnen Organisationsmitglieds. Auf diese Weise können wir in einem sozialen System nicht „einen Rahmen" beschreiben, sondern erleben individuell ganz unterschiedliche Rahmen zu ein und demselben System. Rahmen können ganz unterschiedliche Elemente enthalten – quantitative wie qualitative. Die Wahl der Rahmenelemente bestimmen dabei maßgeblich Lernfokus und Lernausmaß des sozialen Systems mit (Maturana und Bunnell, 2001: 38): Denn nur was nicht festgelegt ist, kann sich verändern – Organisationen lernen also entlang der Variablen, die nicht festgelegt sind.

Im Relationsmodell wird der äußere und den innere Rahmen unterschieden: Der äußere Rahmen wird von den jeweiligen Systemmitgliedern als gesetzt erlebt, der innere Rahmen wird von der Leitung des betreffenden sozialen Systems selbst gesetzt – als persönliche Vorgabe für das soziale System. Überschreitungen des Rahmens werden regelmäßig mit Konsequenzen gegenüber den überschreitenden Systemmitgliedern „geahndet" und führen gegebenenfalls auch zur Kündigung im Unternehmen, also zum Ausschluss aus dem System. Im Gegensatz zu den auf Freiwilligkeit der Einzelnen beruhenden Prämien- und anderen Belohnungs- und Erfolgssystemen bildet die Einhaltung des äußeren und des inneren Rahmens eines Systems die Voraussetzung für die Systemmitgliedschaft. Eine Überschreitung des Rahmens wird nicht toleriert.

1.1.1.1 Der äußere Rahmen

Der äußere Rahmen im Relationsmodell beschreibt, welchen Rahmen wir individuell als von außen gesetzt wahrnehmen (Radatz, 2008). Das können Zielerreichungsvorgaben eines Mutterkonzerns sein, der State-of-the-Art in der Technik, bestimmte Gesetze, ein spezifischer Marktreifegrad oder andere Ausprägungen. Der Rahmen definiert die Grenzen für das, was gedacht werden darf und damit auch die Rahmen für die Selbstbeschreibung, die Identität, die Ziele und Strategien des betreffenden sozialen Systems und damit auch für die unmittelbar sicht- und erlebbaren Handlungsmuster in den Prozessen, Kommunikationsstrukturen und operativen Handlungen, die für die Beschreibung des Lernens der Organisation relevant sind.

Wissen entsteht – folgen wir diesem Modell – immer nur innerhalb des äußeren Rahmens: Denn wenn dieser begrenzt, was sich das soziale System „vorstellen" kann und gleichzeitig bewusste Begrenzungen in Bezug auf dessen Verhalten schafft, dann gibt es für das soziale System außerhalb des äußeren Rahmen „nichts": Es bewegt sich mit all seinem Wissen, definiert als Erfahrungen, als

Unterschiede, die einen Unterschied machen, immer innerhalb der Grenzen des äußeren Rahmens.

1.1.1.2 Der innere Rahmen

Ebenso wie der äußere Rahmen wird auch der innere Rahmen von den einzelnen Systemmitgliedern als nicht überschreitbar und damit als Grenze des Handelns erlebt. Er wird vom Leiter des Systems gesetzt und kann von diesem jederzeit verändert werden.

Der innere Rahmen muss stets innerhalb der Grenzen des äußeren Rahmens bleiben und damit der Einhaltung des äußeren Rahmens dienen.

Werden z. B. im äußeren Rahmen eine bestimmte Servicequalität, eine bestimmte Produktpalette und ein bestimmtes Verhalten intern wie auch in Zusammenhang mit den Kunden eines Unternehmens vorausgesetzt und/oder die Erzielung bestimmter quantitativer Resultate, so muss im inneren Rahmen entsprechend gehandelt werden. Der für das soziale System Verantwortliche beantwortet dabei die Frage, „Was bedeutet das für uns? Was müssen wir gewährleisten, damit wir dem äußeren Rahmen entsprechen?" Auf diese Weise leitet er ab, was Servicequalität, das Leisten einer bestimmten Produktpalette, ein bestimmtes Verhalten gegenüber einem Kunden und der Beitrag quantitativer Art auf dieser Ebene zum Gesamtergebnis bedeutet.

Obgleich der innere Rahmen immer vom äußeren abgeleitet werden sollte und sich daher immer innerhalb des äußeren Rahmens „bewegen" sollte, heißt dies noch nicht, dass das in der Praxis so gehandhabt wird: In vielen Fällen bisheriger Praxis in Unternehmen, Vereinen, Gesellschaften, Gemeinden etc. wird der innere Rahmen weitaus großzügiger als der äußere ausgelegt, oft auch ohne negative Ahndung (z. B. wenn dem EU-weite Rauchverbot in Österreich nur teilweise oder in Ansätzen nachgekommen wird; wenn die Konstruktionsabteilung bei BMW in den siebziger Jahren unerlaubter Weise Budgetmittel abzweigte, um im Geheimen den Prototyp des BMW Cabrio zu bauen (der sich später als wirtschaftlicher Erfolg entpuppte!) oder wenn in Gemeinden Budgetmittel nicht entsprechend der staatlichen Vorgaben verwendet und ausgewiesen werden).

1.1.2 Elemente der Struktur auf Rahmen-, Einheits- und persönlicher Ebene

Während der Rahmen der von Maturana so genannten „Organisation" entspricht und die Eigenschaften des Systems festlegt, die seinen Raum erzeugen,

„... legt die Struktur eines Systems den Raum fest, in dem dieses als eine zusammengesetzte Einheit EXISTIERT, die durch Interaktionen ihrer Bestandteile beeinflusst werden kann; die Struktur determiniert jedoch nicht seine Eigenschaften als Einheit" (Maturana, 2000: 99)

Das Wort „Struktur" kommt vom lateinischen „struere" und bedeutet „bauen":

„ . . . (es) bezieht sich auf die Prozesse der Bildung einer zusammengesetzten Einheit wie auch deren Bestandteile. Es bezeichnet somit die konkreten Bestandteile und Relationen, wie diese beim Aufbau einer konkret zusammengesetzten Einheit zusammenwirken müssen" (Maturana, 2000: 100).

Damit beschreibt die Struktur eines Systems, was es KANN – in zweierlei Hinsicht, nämlich in der Bedeutung von „fähig sein" und von „tun" (also „erfahren sein").

Die Struktur wird im Gegensatz zum Rahmen von allen Systemmitgliedern gemeinsam gebaut. Sie ist in Form von Bestandteilen und Relationen ein Abbild dessen, was zwischen den Systemmitgliedern, auch in deren Beziehung zu anderen Systemen (z. B. Kunden, Lieferanten, Geschäftspartnern) gelebt wird.

- Was gelebt wird, kann etwas sein, das die Systemmitglieder „passiv bauen" – also jeden Tag aufs Neue leben, ohne darüber nachzudenken, dass es auch anders, vielleicht für alle optimaler, ginge
- bzw. etwas, das von allen Systemmitgliedern bewusst „gebaut" wird, im Sinne eines „aktiv Bauens" am für die Beteiligten als optimal empfundenen Wunsch.

Jedes System hat also eine Struktur, egal ob diese bewusst oder unbewusst, gewollt oder „passiv" entsteht. Das Bewusstsein und der Fokus unserer Strukturerzeugung hat Auswirkungen darauf, welches Strukturbild innerhalb des Rahmens entstehen kann.

Die Struktur eines Systems vereinigt stets zwei Ausrichtungen: Sie wirkt nach innen UND nach außen – in der Interaktion mit anderen Systemen, z. B. dem Markt oder Lieferanten.

Im Relationsmodell werden – ausgehend von der im konzentrischen Kreis zuinnerst liegenden Selbstbeschreibung – von innen nach außen folgende Bestandteile („fähig sein") und Relationen („untereinander und nach außen tun") abgebildet (s. Abbildung):

Bestandteile (fähig sein):
a) Selbstbeschreibung
b) Identität

Relationen (untereinander tun):
c) Ziele und Strategien
d) Prozesse und Handlungsmuster
e) Kommunikationsstrukturen
f) Operative Handlungen

Diese Beschränkung auf gesamt 6 Qualitäten von Kriterien wurde vom Modell der Autopoiesis von Humberto Maturana (Maturana, 2000; Maturana und Varela, 1984) und den Überlegungen von Meg Wheatley (Wheatley et al., 1998) und werden auf den folgenden Seiten näher beschrieben.

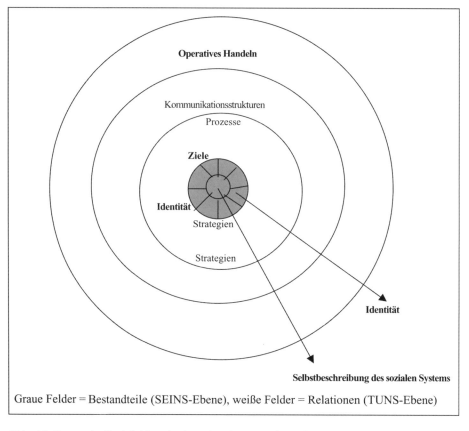

Graue Felder = Bestandteile (SEINS-Ebene), weiße Felder = Relationen (TUNS-Ebene)

Abb. 15 Bestandteile („fähig sein") und Relationen („tun") im Relationsmodell

a) Selbstbeschreibung

Die Selbstbeschreibung eines sozialen Systems erfolgt in Beantwortung folgender Fragen aus 2 Perspektiven:

1. Wie beschreiben wir uns (in optimaler Weise) gemäß unserem Rahmen selbst?
2. Wie wollen wir (optimaler Weise) gemäß Rahmen von anderen beschrieben werden?

Die Selbstbeschreibung steht im Zentrum der von den Systemmitgliedern gemeinsam gebauten Struktur; von ihr geht wie bei einer kreisförmigen Welle alle Kraft aus, die auf die anderen Strukturkomponenten wirkt, unabhängig davon, ob sie „positiv" oder „negativ" formuliert ist. Ähnlich wie die Selbstbeschreibung formulieren Whitney und Cooperrider in ihrem Appreciative Inquiry Ansatz den „positiven Kern":

Dieser positive Kern stellt

„eine der größten und bislang weitgehend unentdeckten Ressourcen (...) dar; er besteht aus dem gesamten kreativen Potential des Unternehmens, dessen ganz spezifischen Qualitäten, Fähigkeiten und Ressourcen. Er bildet die Essenz des Allerbesten, das in dieser Organisation verborgen ist: in deren Vergangenheit, Gegenwart und potenzieller Zukunft. Alles, was die Menschen in der und rund um die Organisation als eine Stärke, einen Vermögenswert, ein spezielles Know How oder Wissen, eine Ressource oder als einzigartigen bzw. essenziellen Faktor (etwa den USP) bezeichnen, kann Ausdruck des positiven Kerns sein. Der positive Kern einer Organisation muss ähnlich wie eine tief verborgene Quelle erst einmal entdeckt und bearbeitet werden, bevor er Nutzen stiften kann ..." (Whitney und Cooperrider, 2001: 7).

b) Die Identität

Aus der Selbstbeschreibung des Systems ergibt sich – in mehreren Ausprägungen und verfeinert gedacht – die Identität. Das Relationsmodell definiert insgesamt 8 Identitätsfacetten, die sich in der Vergangenheitspraxis als Fraktale der Selbstbeschreibung als geeignet erwiesen haben (siehe Abbildung 16).

Facetten der Identität	Definition
Vision	langfristig gelebte Ausrichtung des Systems innerhalb des Rahmens und in Erfüllung der Selbstbeschreibung, die jeden Tag in einer anderen Ausprägung umgesetzt werden kann
Mission	Der Antrieb für die und Sinn der gelebten Selbstbeschreibung innerhalb des Rahmens
Grundannahmen und Glaubenssätze	Grundlagen des Denkens und Handelns des Systems, auf denen die Selbstbeschreibung basiert
Kernkompetenzen	Zentrale Fähigkeiten des Systems (nicht der einzelnen Systemmitglieder), die das System braucht, um die Selbstbeschreibung im Rahmen zu leben
Leitlinien des Handelns	Leitsätze, die das Handeln des Systems grundsätzlich und maßgeblich definieren, um die Selbstbeschreibung innerhalb des Rahmens zu leben
Geschichten & Mythen	(immer wieder) erzählte Begebenheiten zur Stabilisierung und Intensivierung der Selbstbeschreibung; innerhalb des Systems und nach außen
Do´s und Don´ts	unbedingt zu befolgende Regeln und Tabus, die das System lebt, um die Selbstbeschreibung zu erfüllen
Werte	beschreiben, was dem System etwas Wert ist (bzw. sein muss), um die Selbstbeschreibung innerhalb des Rahmens durchgängig zu leben

Abb. 16 Die 8 Identitätsfacetten eines sozialen Systems

Die Identitäts-Komponenten verstehen sich als Fraktal-Facetten der Selbstbeschreibung. Sie machen diese greifbarer und verdeutlichen den Raum, in dem das System tatsächlich existiert.

c) Ziele und Strategien

Erst gemeinsam festgelegte Ziele sorgen dafür, dass die weiter außen liegenden Handlungen auf einen bestimmten Fokus gerichtet sind, den das System leben will, um die Selbstbeschreibung zu einem gegebenen Zeitpunkt zu erfüllen. Ziele werden definiert durch Inhalt, Ausmaß und Zeitbezug, um sie quantifizierbar zu machen und damit den Zielerreichungsgrad messen zu können (Sellien und Sellien, 2009). Dabei geht es in der Struktur des Relationsmodells auf der Ebene des sozialen Systems um die gemeinsam tatsächlich gelebten Ziele und nicht um „Zielvorgaben" (diese sind im Rahmen zu finden) – und auch nicht um die Ziele, die einzelne Systemmitglieder als lebende Systeme verfolgen.

Während die Ziele grob das „WAS" beschreiben, definieren die Strategien des Systems das „WIE": Welche Ausrichtung wird grundsätzlich eingeschlagen, welcher Weg gewählt, um die gesetzten Ziele zu erreichen?

d) Prozesse und Handlungsmuster

Die Prozesse und Handlungsmuster eines Systems können intra- oder interpersonell ablaufen und dienen dazu, die Selbstbeschreibung zu leben und die Ziele mit den gesetzten Strategien zu erreichen. Somit folgt die Gestaltung der Prozesse den zuvor gesetzten Zielen und nicht umgekehrt: Denn Prozesse sind stets Mittel zum Zweck der Zielerreichung.

e) Kommunikationsstrukturen

Ein System manifestiert sich nach innen und außen durch die Kommunikationsstrukturen, die entsprechend der Selbstbeschreibung und Identität, der Ziele/Strategien und gewählten Prozesse einen Spiegel des Systems darstellen. Kommunikationsstrukturen wirken intern (innerhalb des Systems) und nach außen in der Interaktion mit der Systemumwelt. Durch sie werden Organisation und Struktur verdeutlicht und sie grenzen sich neben den operativen Handlungen am deutlichsten von anderen Systemen ab.

Zu den Kommunikationsstrukturen zählen im Relationsmodell

- Die Sprache
- Die Kommunikationsformen
- Die Kommunikationsgelegenheiten und Teilnehmer

f) Operative Handlungen

Jede operative Handlung eines Systems spiegelt die Selbstbeschreibung des Systems wieder. Unter „operativer Handlung" wird hier jede konkrete Handlung verstanden, die systemintern bzw. nach außen gesetzt wird.

1.1.3 Der Aufbau des Modells mit den konzentrischen Kreisen

Jedes Grundelement im Relationsmodell – Rahmen, Struktur und letztlich auch die lebenden Systeme, welche die Struktur bauen und auf die gleichzeitig die Struktur als Begrenzung des persönlichen Handelns innerhalb des sozialen Systems wirkt, lässt sich in den gleichen (gedachten) konzentrischen Kreisen mit den o. a. Komponenten darstellen:

- Selbstbeschreibung
- Identität
- Ziele und Strategien
- Prozesse/Handlungsmuster
- Kommunikationsstrukturen
- Operative Handlungen.

Rahmen ("Organisation")	Struktur	
definiert das System	erzeugt den Wirkungsraum des Systems	
		Leitende lebende Systeme
• Definiert das System • Schafft die entscheidende Unterscheidung zwischen diesem und anderen Unternehmen • Definiert die Bestandteile und die Relationen zwischen den Bestandteilen des Unternehmens	• Wird von den Systemmitgliedern konstruiert • Beschreibt, was das Unternehmen kann • Erzeugt den Raum des Wirkens des Unternehmens	• Legen den Rahmen mit seinen Eigenschaften und Relationen fest • Darüber hinaus die gleiche Rolle wie nicht leitende lebende Systeme

Abb. 17 Verschiedene Funktionen der Elemente im Relationsmodell

So lässt sich ein soziales System wie eine russische „Babuschka"-Puppe darstellen, bei der jeweils das nächst außen gelegene System einen Rahmen mit Hilfe der Komponenten aus den konzentrischen Kreisen für das nächst innere System vorgibt, dessen Systemmitglieder innerhalb dieses Rahmens ihr „Bild" in Form der Struktur mit ihren speziellen Ausprägungen der gleichen Komponenten bauen. Dieses Ergebnis stellt wiederum den Rahmen für das nächst innere

System (z. B. Bereich) dar, dessen Systemmitglieder wiederum ihre Struktur bauen, die den äußeren Rahmen für das nächst innere System bildet und so weiter.

Das letzte Glied innerhalb des Modells ist das lebende System, das – gedacht – wiederum über spezifische Ausprägungen der o. a. Komponenten verfügt, die sich zwar innerhalb des gegebenen inneren und äußeren Rahmens bewegen sollten, mit diesem aber nicht ident sind: Lebende Systeme haben andere Wünsche und Intentionen als das Unternehmen, in dem sie arbeiten (Maturana und Bunnell, 2001), auch wenn die Wünsche und Intentionen sich in das Unternehmen als Rahmen einfügen müssen, um die persönliche Verbleibdauer zu verlängern. Auch wenn jedes grundlegende Element im Relationsmodell mit den gleichen konzentrischen Kreisen – wenn auch in unterschiedlichen Ausprägungen – darstellbar ist, so haben die Elemente auf den unterschiedlichen Ebenen doch völlig unterschiedliche Funktionen (siehe Abbildung 17).

1.1.4 Zusammenhänge zwischen diesen Elementen

Die Zusammenhänge zwischen den verschiedenen Elementen des Relationsmodells:

- Rahmen
- Struktur
- Lebende Systeme (Systemmitglieder)

lassen sich wie in der Abbildung 18 skizziert darstellen.

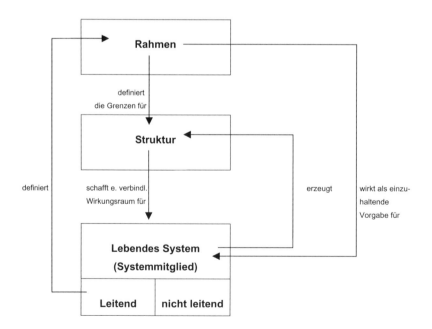

Abb. 18 Zusammenhänge zwischen den Elementen des Relationsmodells

- **Der Rahmen** definiert die tatsächlich gelebten Grenzen und Möglichkeiten des Systems: Damit kann er als Gatekeeper des sozialen Systems bezeichnet werden.

- **Die Struktur** vermittelt, was tatsächlich gelebt wird – auch, inwieweit der Rahmen inhaltlich genutzt wird.

- **Die lebenden Systeme** (Systemmitglieder) können als Energiezufuhr im und ins System gesehen werden: Sie sind NICHT das soziale System, aber sie ermöglichen erst, dass Rahmen und Strukturen in einer bestimmten Art und Weise und eines bestimmten Inhalts geschaffen und aufrecht erhalten werden.

2 Definition organisationalen Lernens und der Lernenden Organisation am Relationsmodell

Wer sehen möchte, lerne handeln! (Imperativ des Lernens, von Foerster, 1993: 112).

Eine Definition wird im Rahmen dieser Arbeit als Antwort auf eine unentscheidbare Frage betrachtet. Sie wird als metaphysisch bezeichnet – d. h. sie gibt den Blick auf den Beobachter frei.

In diesem Sinne soll im Folgenden der Begriff der „lernenden" Organisation aus epistemologischer Perspektive auf der Grundlage des Relationsmodells definiert werden – zunächst der Begriff des Lernens allgmein auf Basis des Relationsmodells, danach weiterführend der Begriff der lernenden Organisation im Speziellen.

2.1 Definition des Lernens im Relationsmodell

Für den Begriff des „Lernens" werden in dieser Arbeit die vier Lerndefinitionen von Gregory Bateson (Bateson, 1972) herangezogen (siehe Abbildung 19).

Lernen 0 = Nichtlernen, also die Wiederholung bestehender Handlungsmuster

Lernen I = Veränderung bisheriger Handlungen/ Handlungsmuster

Lernen II = Lernen des Lernens (die Veränderung WIE gelernt wird)

Lernen III = Veränderung der Paradigmen, innerhalb derer gehandelt wird; „Entlernen"

Quelle: Bateson, 1972

Abb. 19 Die 4 Lernformen nach Gregory Bateson

Lernen 0 und I findet – betrachten wir „Lernen" am Relationsmodell – als fortwährende Abfolge von Veränderung bzw. Wiederholung auf einer bestimmten Ebene (also innerhalb eines bestimmten Möglichkeitsraums) statt, während Lernen II eine Betrachtung von Lernen I und 0 darstellt und Lernen III bedeutet, dass sich der Möglichkeitsraum (Rahmen) verändert (siehe Abbildung 20).

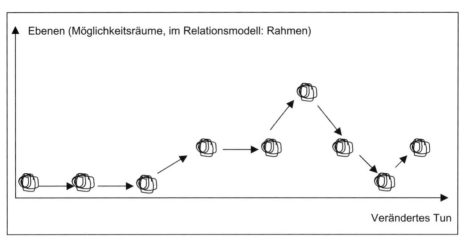

Abb. 20 Lernen, definiert auf Grundlage des Relationsmodells

Lernen findet bewusst oder unbewusst statt und umfasst innerhalb einer Ebene (eines Rahmens) stets zwingend zwei Dimensionen:

1. Die Entscheidung für die Veränderung von Verhalten
2. Die Entscheidung für die Beibehaltung des (neuen) Verhaltens.

Diese Dimensionen des Lernens können je nach Veränderung des Rahmens auf stets unterschiedlichen Ebenen (in unterschiedlichen Möglichkeitsräumen) stattfinden: Mal ist der Rahmen enger definiert, dann sinkt die Zahl der Möglichkeiten (das, was das System kann), d. h. sie verändert sich. Dann ist der Rahmen mal weiter definiert und die Möglichkeitsräume erweitern sich dadurch entsprechend.

Aus dem Relationsmodell wird evident, dass unterschiedliche „Elemente" lernen, wenn Individuen (lebende Systeme) lernen bzw. die Organisation lernt: Die Organisation geht zwar immer den Umweg über ihre Mitglieder, aber sie lernt nicht zwingend, wenn ihre Mitglieder lernen und die Mitglieder lernen nicht zwingend, wenn die Organisation lernt.

Denn es macht nun einmal einen Unterschied, ob das Unternehmen bestimmte Dinge „kann" und „tut", weil sie von einzelnen Individuen oder den Unternehmensmitgliedern gemeinsam expliziert und festgeschrieben, erweitert, erneuert, wieder verworfen und durch andere Erkenntnisse ersetzt wurden und diese Erfahrungen „des Unternehmens", gesammelt über einen Zeitablauf, allen aktuellen Unternehmensmitgliedern zur Verfügung stehen, selbst wenn die Mannschaft komplett ausgetauscht wird; oder ob jedes einzelne Unternehmensmitglied für sich genau dieselben Dinge weiß (die verloren sind, wenn alle Mitglieder das Unternehmen verlassen) – siehe auch Abbildung.

	Lernen von Individuen	Lernen von Organisationen
Lernen 0	**Wiederholung des Tuns, Automatismen** (z.B. Autofahren)	**Standardisierung** (ISO 9000, Organisationshandbuch etc.)
Lernen I	**Anpassung/ Veränderung** (z.B. Erlernen einer neuen Handlungsabfolge)	**Veränderung des organisationalen Denkens und Handelns** (der Selbstbeschreibung (Positionierung am Markt), Kernkompetenzen, Prozessen, Produkten, Kommunikationsform etc. der Organisation)
Lernen II	**Mustererkennung** (z.B. Übertragung des Wissens, wie Projekt I gelöst wurde, auf das Projekt II)	**Erkennung optimaler Veränderungsstrukturen** aufgrund der bestehenden Organisationskultur, z.B. Gestaltung eines organisationsspezifischen Veränderungsprozesses
Lernen III	**Veränderung der Rahmenbedingungen, innerhalb der sich das Indivduum bewegt** (und innerhalb deren es lernt, z.B. Veränderung des Arbeitsplatzes, Berufs, Familienstandes…)	**Veränderung der Rahmenbedingungen, innerhalb welcher die Organisation agiert** (die Organisation präsentiert sich neu am Markt und kann etwas anderes als bisher)

Abb. 21 Unterschiede zwischen dem Lernen von Individuen und Organisationen

Daher bezieht die vorliegende Arbeit eine andere Position als die der herrschenden Theorie des Lernens von Organisationen und der lernenden Organisation (Argyris und Schön, 2002; Vahs, 2005) und macht mit Hilfe des Relationsmodells die große Lücke zu schließen, die sich in den bisherigen Arbeiten auftun – die Lücke, die dadurch entsteht, dass die Bemühungen um die lernende Organisation immer erneut an den Menschen im System ansetzen und nicht an anderen Elementen, wie hier am Rahmen und an der Struktur. Wenn das Individuum im üblichen Verständnis etwas „lernt", dann verändert es seine persönliche Struktur oder behält diese bei. Wenn die Organisation lernt, dann verändert sie ihren Rahmen (ihre grundsätzlichen Möglichkeiten) bzw. ihre Struktur (ihre Fähigkeiten und ihr konkretes Tun) oder behält diese bewusst bei. Legen wir unseren Überlegungen das Relationsmodell zugrunde, dann können wir diese beiden Lernformen nicht verwechseln, ja nicht einmal miteinander in Berührung bringen.

Die lernende Organisation spielt sich unter Zugrundelegung des Relationsmodells an einem anderen Ort (mit einem anderen Fokus) ab; aber nicht nur das. Sie spielt sich auch auf eine andere Art und Weise ab.

Die Unterschiede zum individuellen Lernen werden hier wie folgt beschrieben:

a) in der Identität der Lernenden

b) im Lernfokus

c) in der Art zu lernen.

a) Unterschiede in der Identität der Lernenden

Wenn das Individuum lernt, lernt die Organisation meist nicht gleichzeitig – und umgekehrt.

Wenn Individuen lernen, dann lernen sie als Individuum – jeder einzelne für sich und hinlänglich unterschiedlich.

Wenn die Organisation lernt, dann lernt „das Ganze" – und das ist ja bekanntlich nicht die Summe seiner Teile, sondern etwas anderes. „Die Organisation" als abstraktes Gebilde hat dann bestimmte Fähigkeiten oder tut etwas Bestimmtes – z. B. eine besondere Form der Kundenansprache, ein bestimmtes Produktionsprocedere, ein Patent, ein bestimmtes Produkt – und das unabhängig von einzelnen Individuen, diese sind quasi austauschbar.

b) Unterschiede im Lernfokus

Wenn Individuen, also autonome lebende Systeme lernen, dann reflektieren sie bisherige bzw. zukünftige Handlungen im Lichte ihrer eigenen Intentionen: Sie lernen für sich, die persönliche Struktur unterstützend und fördernd. Sie optimieren stets ihr persönliches System, richten also den Fokus ihres Lernens auf das lebende System. Dabei bilden sie andere, neue Unterscheidungen oder bewerten die bestehenden Unterscheidungen anders, was sich nach außen schließlich in ihren Handlungen manifestiert: Individuelles Lernen entsteht in der Transformation des Verhaltens durch Erfahrung (Maturana, 2000: 63 ff.) Dabei wird jedes „Wissen" vom denkenden Subjekt mit einem Ziel aufgebaut, das mit dem System als Ganzem verbunden ist (Piaget, 1970: 38) – dem Ziel der besseren Passung und der Erreichung von Viabilität (von Glasersfeld, 1998: 96 f.). Wissen ist dabei nicht ein (statisches) Bild der Welt und auch keine Abbildung der Welt, sondern umfasst Handlungsschemata, Begriffe und Gedanken, die gemäß ihrer Brauchbarkeit voneinander unterschieden werden. Was brauchbar ist, entscheidet jedes Individuum für sich – denn beim Lernen ist „der Experimentator Teil seines Experiments". Lernen ist in diesem Sinne ebenso subjektiv wie unsere gesamte Wahrnehmung und hängt wie diese von unserem Erfahrungszusammenhang ab (vgl. auch Arnold, 2007).

Wenn eine Organisation lernen soll, dann sind die Individuen eingeladen, Veränderungen zu entwickeln, welche die Möglichkeiten der Organisation erweitern (welche sogar in Widerspruch zu einer individuellen Optimierung bzw. Erweiterung der persönlichen Möglichkeiten stehen können). Sie lernen also für das Weiterkommen der Organisation. Der Fokus des Lernens richtet sich dann auf die stete Optimierung des sozialen Systems Organisation. Was die Organisation „braucht", also lernen muss und was jedes einzelne Individuum „braucht", kann aus Sicht der Organisationsmitglieder durchaus differieren: Es wird durchaus mit Feuereifer an Wegen zur Standardisierung von Prozessen gearbeitet, deren Anwendung jedoch letztlich dazu führt, dass die betreffenden Individuen weniger spannende und abwechslungsreiche Aufgaben haben werden.

c) Unterschiede in der Art zu lernen

Wenn Individuen lernen, dann tun sie dies mit Hilfe von Assimilation, Akkomodation und Äquilibration relativ einfach, in Batesons Worten: Sie verändern ihr Handeln oder standardisieren (wiederholen) ihr Handeln. Dazu brauchen sie zunächst keine Explizierung ihres Tuns, keine Abstimmung, und sie müssen niemanden um Erlaubnis fragen: Lernen spielt sich intrapersonal ab und wir werden stets nur mit dem Ergebnis konfrontiert, das in Form einer Binär-Variable abzubilden ist: Das Individuum wiederholt das Bisherige – oder es tut es etwas anderes.

Der Prozess des organisationalen Lernens ist weitaus komplexer als der individuelle Lernprozess, weil er stets „Billard über Bande" gespielt wird: Individuen mit ihrem persönlichen Erfahrungskontext müssen ihre Erfahrungen explizieren, anderen Individuen mit deren persönlichen Erfahrungskontexten verständlich machen und mit diesen abstimmen und Festschreibungen (seien sie mündlich oder schriftlich) entwickeln, die wiederum für eine Vielzahl großteils noch nicht festgelegter „Nachkommen" verständlich sein müssen, damit sie auch entsprechend befolgt werden (siehe auch das SECI Modell: Nonaka und Takeuchi, 1995; Bäppler, 2008).

2.2 Definition der lernenden Organisation am Relationsmodell

Eine lernende Organisation muss auf Basis des zuvor Beschriebenen eine Organisation sein, die laufend bewusst Gelegenheiten schafft, um Entscheidungen bezüglich veränderten oder beizubehaltenden Tuns der Organisation zu treffen, die dann für alle Systemmitglieder Verbindlichkeit haben und deren Verhalten unmittelbar bestimmen – und das jeweils in einem bestimmten Möglichkeitsraum, der unverändert, erhöht oder vermindert sein kann. Diese Gelegenheiten müssen sich immer entlang des Möglichkeitsraums orientieren. Die lernende Organisation „entsteht" daher nicht einfach so, sondern wird immer künstlich errichtet.

Bei dieser Schaffung einer lernenden Organisation richten wir daher EINEN Fokus auf die Gestaltung des Möglichkeitsraums und einen ZWEITEN auf die

Gestaltung eines Procederes, das die Abfolge zwischen „Verändern" und „Beibehalten und Wiederholung".

Insofern wird hier eine lernende Organisation als ein soziales System mit einem bewusst definierten Rahmen beschrieben, die einen bestimmten Lernraum für die Organisation eröffnet und erzwingt. Innerhalb dieses Lernraums und in Bezug auf diesen operiert die lernende Organisation laufend bewusst an der Struktur der Organisation und verändert bzw. stabilisiert, wozu diese fähig ist und was sie konkret tut – unabhängig von den aktuellen Systemmitgliedern. Inhaltlich auf den Punkt gebracht wird in einer lernenden Organisation alles Funktionierende laufend wiederholt und dafür gesorgt, dass nicht Funktionierendes nur einmal in der Organisation auftritt.

Der Fokus, innerhalb der organisationales Lernen passiert, ist dabei die Viabilität: Organisationales Lernen ist nicht „per se" sinnvoll und gut, sondern es ist ein Mittel zum Zweck – und letztlich besteht der Zweck der Organisation darin, sich viabel entsprechend der wahrgenommenen Kundenbedürfnisse und der Bedürfnisse der Entscheider in der Organisation (Eigentümer und Geschäftsleitung, je nach erlaubtem Beeinflussungsgrad) zu verhalten. Und die Viabilität entscheidet letztlich auch über den Grad des „Funktionierens" der Organisation.

Das jeweils zu stabilisierende bzw. das neue Verhalten muss dabei außerhalb von den aktuellen Systemmitgliedern gespeichert werden, um die Unabhängigkeit der Organisation von den lebenden Systemen zu sichern. Die lernende Organisation schaltet damit bewusst die Individuen als Träger des Lernens in der Organisation aus: Eine grundlegend neue Definition der erwarteten und belohnten Beiträge jedes lebenden Systems zum sozialen System könnte hier durchaus von Nutzen sein, wenn die lebenden Systeme auch bewusst nicht als Träger des Wissens der Organisation betrachtet werden.

Wenn wir von „lernenden Organisationen" sprechen, dann sprechen wir von Lernen III, Lernen II, Lernen I und Lernen 0 in einer komplexen Verquickung (siehe auch Abbildung 22).

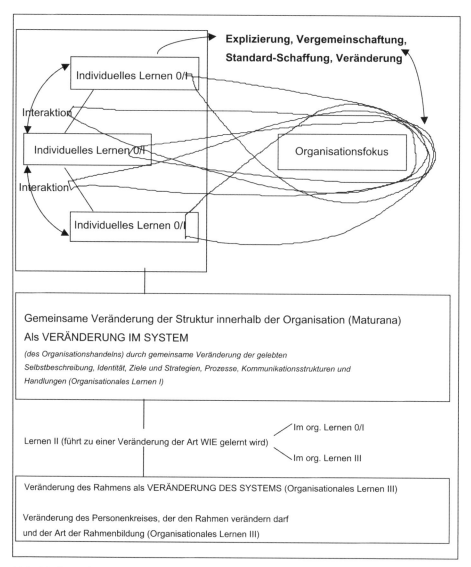

Abb. 22 Organisationales Lernen

2.3 Warum sollten Organisationen lernen?

Orientieren wir uns an Batesons Definition des Lernen I (Veränderung des Verhaltens im System, dessen was das Unternehmen TUT), Lernen II (Veränderung
der Rahmenbedingungen, dessen was das Unternehmen KANN) und Lernen III
(Veränderung, wie die Veränderung der Rahmenbedingungen zustande
kommt), dann sollten Organisationen lernen, weil sie dafür eine entsprechende
„Notwendigkeit" sehen.

Diese „Notwendigkeit" kann nur subjektiv entstehen: Ein Unternehmen kommt also nicht umhin, jenen Fokus des Lernens zu ermitteln, den es aktuell als „notwendig" ansieht.

Um der „Not eine Wende" zu geben, kann sich das Unternehmen aus zweierlei Beweggründen entschließen, zu „lernen":

- Einerseits, weil es eine spezifische Not erkennt, aus der es entkommen möchte.
- Andererseits, weil es sich verändern will, um den Markt entsprechend zu gestalten (siehe auch Abbildung 23).

In beiden Fällen ist laufend eine Veränderung des Tuns und der Rahmenveränderung sowie der Veränderung des Modus der Rahmenveränderung notwendig.

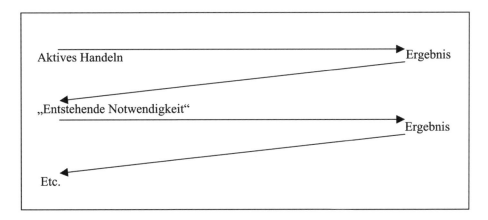

Abb. 23 Lernen als Aktion und Reaktion

Nun könnte die Frage auftauchen, warum es (heute) nicht mehr ausreicht, dass die Organisationsmitglieder als Individuen lernen: Schließlich arbeiten diese ja im Unternehmen und damit könnte das Unternehmen direkt von den Erfahrungen der Unternehmensmitglieder profitieren – also quasi „durch die Unternehmensmitglieder" lernen.

Das Lernen „durch" die Unternehmensmitglieder war ja früher gang und gäbe und hat auch ausgereicht, um das nachhaltige Überleben am Markt zu sichern. Worin besteht der Unterschied zwischen gestern und heute, sodass dieses Handeln heute in Frage gestellt werden muss, die Organisation also auch diesbezüglich lernen muss?

Ein wichtiger Unterschied könnte darin bestehen, dass bis vor gar nicht allzu langer Zeit die Retention Rate (also die Verbleibrate der Mitarbeiter) zwischen 10 und 30 Jahren lag, heute allerdings z. B. in Österreich nur noch bei 1 bis Jahre liegt, in Deutschland noch etwas höher (Tendenz dennoch in allen Industrieländern sinkend).

Bei dieser Entwicklung wird klar, dass wir mit unserem Verhalten auf einer gesellschaftlichen Ebene eine neue Ausgangssituation in Form eines Engpasses und einer Problemstellung in den Unternehmen ab den 90er Jahren geschaffen haben; eine Problemstellung, die bislang keine zufrieden stellende Lösung nach sich gezogen hat, vielmehr: die in den Unternehmen mehrheitlich noch kein verändertes Verhalten hinsichtlich Wissensmanagement bzw. dem Lernen auf organisationaler Ebene nach sich gezogen hat (Willke, 1998; Lutterer, 2009).

3 Ansatzpunkte für organisationales Lernen im Relationsmodell

Die Systemmitglieder werden im Relationsmodell und daher bewusst auch hier nicht als Ansatzpunkte für organisationales Lernen betrachtet. Ihr stetes individuelles Lernen wird insbesondere aufgrund des bereits in Teil 1 Gesagten hier schon vorausgesetzt bzw. a. a. O. ausführlich beschrieben (vgl. z. B. Arnold und Siebert, 1999; 2006): Wenn der Mensch ohnehin immer lernt, dann kann dieses Lernen vorausgesetzt werden, um als Mittel zum Zweck für die Organisation genutzt zu werden.

Daher verbleiben uns im Relationsmodell zwei zentrale Aspekte und Ansatzpunkte organisationalen Lernens:

1. der Rahmen (die „Organisation")
2. die Struktur.

Peter Senge spricht in diesem Zusammenhang von „lebenserhaltender und –fördernder Effektivität" (Effektivität im Rahmen) versus „pragmatischer Effektivität" (Effektivität in den Strukturen), wobei er die pragmatische Effektivität als einfacher herstellbar beschreibt:

„*Wer pragmatische Effektivität im Unternehmen erreichen will, muss seine gesamte Aufmerksamkeit auf die eigenen Leitprinzipien fokussieren und entsprechend dieser Leitprinzipien beginnen Prozesse einzurichten, um damit die Leitprinzipien einer ständigen Prüfung unterziehen zu können*" (Senge, 2002: 12).

3.1 Rahmen („Organisation") des Unternehmens als Ansatzpunkt organisationalen Lernens

Als Rahmen eines Unternehmens werden einerseits inhaltliche Variablen in Form von Selbstbeschreibung, Identität, Ziele, Strategien, Prozesse, Kommunikationsstrukturen und operativen Handlungen festgelegt. Andererseits werden auch die Form der Anpassung bzw. Veränderung von Rahmenbedingungen darin festgelegt.

In zweierlei Hinsicht wird daher der Rahmen eines Unternehmens als Ansatzpunkt organisationalen Lernens gesehen:

1. In Hinsicht auf den Inhalt des Rahmens
2. In Hinsicht auf den Modus der Gestaltung des Rahmens

3.1.1 Ansatzpunkt Inhalt des Rahmens

Soll eine Organisation lernen, dann müssen genau jene Kriterien freigegeben werden, in denen Lernen passieren darf; d. h. wenn diese unter Festlegung klarer

Ziele und Intentionen entworfen und dann mit der Absicht geführt wird, diese Ziele und Intentionen oder irgendein anderes einmal festgelegtes Kriterium zu erhalten)also einen bestimmten Rahmen zu setzen (Maturana und Bunnell, 2001: 38), dann gibt die Festlegung dieses einen Kriteriums (oder mehrerer bzw. in manchen Unternehmen fast aller Kriterien) die jeweils nicht festgelegten Kriterien der Veränderung preis.

Rahmenelement	Wie das Element organisationales Lernen beeinflusst/ begrenzt
Selbstbeschreibende Rahmenelemente	Lenkt den Fokus organisationalen Lernens auf die wesentlichen Inhalte: In welche Richtung soll gelernt werden?
Identitätsbildende Rahmenelemente: Vision	Fixiert die langfristige Ausrichtung organisationalen Lernens
Mission	Legt die Antreiber organisationalen Lernens fest
Grundannahmen und Glaubenssätze	Definiert die Basis organisationalen Lernens
Kernkompetenzen	Definieren die zentralen Kompetenzen/ Methoden/ Instrumente, mit denen organisationales Lernen gestaltet wird
Leitlinien des Handelns	Erzeugen die Leitsätze, denen organisationales Lernen folgt
Geschichten & Mythen	Begrenzen, stabilisieren, intensivieren und beschränken organisationales Lernen durch immer wieder erzählte, stabile Muster in der Organisation bildende Begebenheiten
Do´s und Don´ts	Leiten organisationales Lernen mit klaren Regeln und Tabus
Werte	Beschreiben, welche Formen/ Inhalte/ Ergebnisse organisationalen Lernens von Wert für die Organisation sind
Ziel- und Strategievorgaben	Bestimmen mit die Ziel- und Strategievorgaben für organisationales Lernen: Lernen findet dort statt, wo es den Ziel- und Strategievorgaben dient
Prozess-Vorgaben	Begrenzen die Abläufe und damit das Entstehen organisationalen Lernens
Vorgaben in den Kommunikationsstrukturen	Legen fest, wie die Kommunikation auch im Lernen der Organisation, also z.B. bei der Explizierung von Wissen oder Vergemeinschaftung/ Standardisierung von Wissen laufen darf
Vorgaben in den operativen Handlungen	Definieren konkret, was im Einzelnen passieren darf, um organisationales Lernen zu leben

Abb. 24 Begrenzung organisationalen Lernens durch Rahmenelemente

Unternehmen bleiben also bestehen und lernen bzw. lernen zu lernen, solange ihre Dynamik in Bezug auf all ihre eigenen und auf alle darin stattfindenden

Interaktionen erhalten bleibt. In seinem weiteren Verlauf ändert sich das soziale System kontinuierlich um das herum, was bewahrt wird – was aus Sicht der gegenwärtigen und früheren Systemmitglieder als bewahrenswert erschien. Erst wenn bestimmte Eigenschaften, Regeln, Ausrichtungen, Handlungsmuster etc. bewahrenswert erscheinen, werden sie zum notwendigen Bestandteil des sozialen Systems. Ein Unternehmen erhält dann seine Dynamik in Einklang mit dem, was von den Beteiligten im System gewollt und gewünscht wird, aufrecht. So folgt auch die Geschichte sozialer Systeme dem Weg des „Wünschens" (der Emotion) und nicht dem Weg der so genannten „objektiven Ressourcen und Möglichkeiten". Kontinuierliche Veränderungen in den Rahmenbedingungen bewirken im dynamischen Unternehmen eine kontinuierliche Veränderung der Systemstruktur; die Systemstruktur ändert sich also mit den Rahmenbedingungen mit. Jede Veränderung des Rahmens erfordert daher eine Neugestaltung der Struktur. Organisationales Lernen wird maßgeblich durch den Rahmen der Organisation bestimmt (siehe Abbildung 24).

Der Rahmen definiert, in welche Richtung und was gelernt wird, welches Lernen und welche Lernergebnisse belohnt werden, welche Regeln dabei beachtet werden und welche Ziele damit verfolgt werden; aber auch, wie konkret gelernt werden darf und wer dabei mit wem worüber in welcher Form kommuniziert (dies bestimmt wiederum die organisationsadäquaten Methoden und Instrumente organisationalen Lernens).

Damit bestimmt der Rahmeninhalt wesentlich die Ausmaße, inhaltliche Ausrichtung und die Abläufe organisationalen Lernens (vgl. Abbildung 24). Wenn dabei die Rahmenelemente organisationales Lernen zwar jeweils begrenzen, so geben sie ihm jedenfalls auch Halt und Umgebung; wird der Rahmen allerdings sehr eng gesetzt, so wird organisationales Lernen soweit beschränkt, dass es gar nicht mehr oder nur noch rudimentär stattfinden kann. Wenn wir in der Abbildung 24 sehen, in wie vielen Bereichen wir rahmenbildend auf die Möglichkeiten organisationalen Lernens einwirken können, dann erscheint es entsprechend wichtig, für die Sicherung organisationalen Lernens darauf zu achten, den Rahmen inhaltlich nicht zu überfrachten, wie P. Senge feststellt:

„Wenn wir Designs für zukünftige Veränderungsprozesse festlegen, dann sollten wir darin Platz für Lebensräume schaffen – Platz dafür, dass sich innerhalb dieser Designs neue Strukturen entfalten können" (Senge, 2002: 11).

Wir können neben der inhaltlichen Festsetzung des Rahmens auch den Modus der Rahmengestaltung festlegen und auf diese Weise nochmals den Möglichkeitsraum der lernenden Organisation verändern.

3.1.2 Ansatzpunkt Modus der Gestaltung des Rahmens

„Es folgt, dass es für die Definition oder Identifikation eines Systems als einer zusammengesetzten Einheit einer besonderen Klasse notwendig und hinreichend ist, seine Organisation zu formulieren oder darzustellen" (Humberto Maturana, 2000: 100).

Wer gestaltet den Rahmen eines Unternehmens und mit welchem Procedere – also zu welchen Gelegenheiten und Bedingungen – wird der Rahmen im Unternehmen (neu) gestaltet? Und wer kann wiederum die Gestaltung des Rahmens an sich verändern? Dies sind für das Lernen der Organisation und für das Lernen II der Organisation äußerst wichtige Fragen. Die Antworten auf diese Fragen müssen von den Leitenden jedes Unternehmens spezifisch beantwortet werden; jedenfalls scheint es durchaus Sinn zu machen, sie zu beantworten, um eine lernende Organisation zu erhalten. Diese Variablen beeinflussen auf Grundlage des Relationsmodells und in Übereinstimmung mit den Ausführungen von Peter Senge (Senge, 2002) maßgeblich die Möglichkeiten organisationalen Lernens, wenn diese Aspekte auch häufig übersehen werden. Es gibt jedoch nicht nur die inhaltlichen Rahmenelemten, die wir bewusst-(festgeschrieben) bzw. unbewusst auch einen Modus der Gestaltung sowie der Veränderung der Gestaltung des Rahmens festlegen.

Dieser Modus der Gestaltung regelt folgende Fragen:
- Wer darf den Rahmen verändern?
- Wann darf der Rahmen verändert werden?
- Mit welchem Modus darf der Rahmen verändert werden?
- Und schließlich auch: Wer darf wann mit welchem Modus neue Rahmenveränderungprinzipien setzen?

Entsprechend schreibt Peter Senge:

„In jedem Fall muss dieser Prozess der Neugestaltung des Rahmens formal festgelegt sein; das heißt, es muss einen formal festgelegten Ablauf geben, wie solche Prozesse im Unternehmen jeweils ablaufen bzw. gestaltet werden, wer in welcher Form wann mit entscheiden kann und wie die Reflexion in diesem Prozess erfolgt" (Senge, 2002: 11).

Dies bedeutet: Wie der Modus der Rahmengestaltung definiert wird, bleibt jeder Organisation selbst überlassen – mit der Verantwortung, dass damit stets die Möglichkeiten für die Lernende Organisation mehr oder weniger begrenzt werden. Wenn Martin Buber meint, „Wir sind verdammt, frei zu sein" (Buber, in: von Foerster, 1993), könnte diese Freiheit gemeint sein: Der Zwang zur Freiheit, der Zwang, eine Entscheidung zu treffen.

3.2 Die Struktur des Unternehmens als Ansatzpunkt organisationalen Lernens

Lernende Organisationen definieren sich durch bestimmte Strukturen (Selbstbeschreibung, Identität, Ziele und Strategien, Prozesse, Kommunikationsstrukturen, operative Handlungen), wie sie sich ebenso eines spezifischen Regelmechanismus zur Veränderung ihrer Strukturen nach innen wie nach außen bedienen. Im Unterschied zum Rahmen werden die Strukturen gemeinsam erzeugt und gelebt.

Eine der zentralen Voraussetzungen dafür scheint das Durchlaufen eines Prozesses der Ko-Evolution bzw. der Ko-Ontogenese zu sein, bei dem jeder für den anderen die Umwelt bildet und jeder sich so weit an den anderen anpasst, dass die Kommunikation nur noch geringer Signale bedarf, um gegenseitiges Verstehen zu gewährleisten (Maturana, 1985: 82 ff.).

Unter **Ko-Ontogenese** versteht Maturana eine zwischen lebenden Systemen gemeinsam erlebte Geschichte des strukturellen Wandels ohne Identitätsverlust dieser beteiligten lebenden Systeme. Die Verbindung der sich verändernden Struktur einer strukturell plastischen autopoietischen Einheit mit der sich wandelnden Struktur des Mediums wird ontogenetische Anpassung genannt (Maturana, 2000: 109) – und demnach ist die koontogenetische Anpassung die wechselseitige Anpassung entlang und gemeinsam mit dem sozialen System, also dem Medium, in der sich die lebenden Teilsysteme durch die Koordinationen ihrer Handlungen in einem Bereich gegenseitiger Anerkennung als lebende Systeme in einer besonderen Art verwirklichen (Maturana, 2000: 292). So verändern etwa Menschen in Abhängigkeit von dem Unternehmen, in dem sie tätig sind, oft ihren Aufmerksamkeitsfokus, indem ihnen bestimmte Dinge wichtiger werden und andere in den Hintergrund treten. Aber auch die Form des sozialen Miteinanders, der Form des Austausches und die verwendete Sprache eines lebenden Systems passen sich oft dem Unternehmen an, in dem dieses lebende System überleben will. Für das Lernen des Lernens der Organisation ist es wichtig, dass die lebenden Systeme kontinuierlich gemeinsam an ihrer gemeinsamen Geschichte im Zeitablauf arbeiten: Sie erzeugen täglich Geschichte, und es geht darum, sich diese Geschichte – gemeinsame Erlebnisse, Fehler, bewusst gesetzte Veränderungen, individuelle Erfahrungen – bewusst zu machen und sie auf Organisationsebene zu heben, indem sie reflektiert und ihre Auswirkungen auf das gesamte soziale System in Gegenwart und Zukunft diskutiert werden.

Im Prozess der Ko-Ontogenese startet jedes Individuum bei seinem ganz speziellen persönlichen Geschichtspunkt – bei seinen ganz bestimmten historischen Positionen. Erst beim Zusammentreffen mit anderen Individuen muss es Kongruenz entwickeln (Maturana, 2001 e). Individuen brauchen für das Durchlaufen des Prozesses der Ko-Ontogenese die Entwicklung eines Systems direkter Kommunikation und gemeinsamer Sinnstiftung (Simon, 1997: 128), also die gemeinsame Erarbeitung von organisationalen Begrifflichkeiten und daraus einer gemeinsamen Sprache.

Unterschiedliche Bewertungen einer wahrgenommenen Aussage innerhalb eines Unternehmens bedürfen jeweils einer Grundverständigung darüber, wie jeder einzelne Beteiligte die Aussage gehört hat und einschätzt.

Diese Grundverständigung besteht aus zwei Stufen:

1. die Erarbeitung von Differenzen – in einem Lernprozess nimmt die Gewinnung von Klarheit über den Dissens meist die Hälfte des Lernprozesses ein (Willke, 1999).

2. die Entwicklung einer gemeinsamen Definition bzw. einer Definition, die zum Erfahrungsfeld aller Systemmitglieder passt, also kohärent ist.

Die Entwicklung des Neuen, das Lernen des Lernens, verändert nun die Organisation; sie verändert aber darüber hinaus auch das Individuum: Wir nehmen uns durch die Konstruktion des Neuen, durch das Lernen in dieser Welt (in diesem System) anders wahr und erfahren und erleben uns neu (Neumann-Wirsig, 2002: 51). Wird auf die gemeinsame Erzeugung des Bildes innerhalb des Rahmens verzichtet oder wird sie vernachlässigt, so gibt es kein gemeinsames Bild. Im Relationsmodell bleiben dann innerhalb des Rahmens nur noch die lebenden Systeme übrig, die – jeder nach bestem subjektiven Wissen und Gewissen – handeln. Die Individuen lernen – jedes für sich – mit einem gewissen „Tunnelblick" und handeln entsprechend. Der Rahmen wird dann zwar eingehalten, aber das Gemeinsame fehlt: Organisationales Lernen im Sinne einer Schaffung neuer Handlungsmöglichkeiten für die Organisation – abseits des einzelnen Individuums – findet dann nicht statt. Um also eine lernende Organisation zu erzeugen, empfiehlt sich die Beachtung dreier Aspekte (siehe Abbildung 25).

1. Die bewusste gemeinsame Erarbeitung der Organisationsstruktur, des Bildes innerhalb des Rahmens,

2. der Fokus auf die bewusste Ausrichtung der inhaltlichen Gestaltung in Richtung der lernenden Organisation,

3. und die Beachtung und ggf. Veränderung des Modus, mit dem die Organisationsstruktur erzeugt wird, um ein möglichst hohes Commitment im gemeinsamen Handeln zu schaffen. Denn letztlich sollte die Struktur wie der Rahmen die Explizierung subjektiver Erfahrungen sowie deren Verknüpfung zu organisationalem Wissen samt Standardisierung und Anwendung fördern und fordern.

Abb. 25 Ansatzpunkte an der Struktur zur Schaffung einer lernenden Organisation

3.3 Mittel zum Zweck für organisationales Lernen im Relationsmodell: Die Systemmitglieder

Jedes Systemmitglied liefert im Zeitablauf seiner Systemzugehörigkeit einzigartige, unvergleichliche Beiträge zur lernenden Organisation. Diese Beiträge werden gemäß den Organisationsstrukturen und in Abhängigkeit vom Organisationsrahmen unter einem spezifischen Licht wahrgenommen und prägen jeweils entsprechend die lernende Organisation. Lebende Systeme perturbieren einander und sind gleichzeitig durch strukturelle Kopplung miteinander verbunden (Maturana und Bunnell, 2001a: 33ff.). Für sie gilt, dass sie miteinander in einer dialogischen Bezugnahme verbunden sind. Menschsein ist demzufolge stehts etwas Verbundenes, wie es Martin Buber ausdrückt, wenn er feststellt, dass

„(du) jeweils die dynamische Zweiheit zusammen (siehst), die das Menschenwesen ist: Hier das Gebende und hier das Empfangende, hier die angreifende und hier die abwehrende Kraft, hier die Beschaffenheit des Nachforschens und hier die des Erwiderns, und immer beides in einem, einander ergänzend im wechselseitigen Einsatz, miteinander den Menschen darzeigend. Jetzt kannst du dich zum Einzelnen wenden und du erkennst ihn als den Menschen nach seiner Beziehungsmöglichkeit; du kannst dich zur Gesamtheit wenden und du erkennst sie als den Menschen nach seiner Beziehungsfülle. Wir mögen der Antwort auf die Frage, was der Mensch sei, näher kommen, wenn wir ihn als das Wesen verstehen lernen, in dessen Dialogik, in dessen gegenseitig präsentem Zuzweien-Sein sich die Begegnung des Einen mit dem Anderen jeweils verwirklicht und erkennt." (Buber, 1963, zit. in von Foerster, 1993).

Lebende Systeme existieren also nach Buber einerseits in dialogischer Verschränkung; andererseits leben sie aber auch als autonome, aber strukturdeterminierte Einheiten (Maturana, 2000: 102), die ihr Leben durch Interaktion mit ihrer relevanten Umwelt so führen, dass der notwendige Energiefluss stets aufrecht erhalten wird. Auf diese Weise können wir Menschen so beschreiben, dass sie im Austausch mit einem Teil ihrer Umwelt stehen – und zwar auf eine Art und Weise, die ihnen ihr Überleben ermöglicht (Maturana und Bunnell, 2001b: 33).

Als strukturdeterminierte Systeme weisen sie folgende Eigenschaften auf:

1. Sie können nur Interaktionen durchlaufen, die entweder ihre Struktur verändern (also zu Zustandsveränderungen führen), oder sie auflösen (was zum Verlust ihrer Identität führt)

2. Zustandsveränderungen wie auch Strukturveränderungen aufgrund von Störeinwirkungen werden durch die Eigenschaften der Einflüsse von außen nicht im Einzelnen bestimmt, sondern nur ausgelöst

3. Die Struktur der Systeme legt jeweils jene Beziehungen fest, die für die Gestaltung von Interaktionen und letztlich für die Erreichung von Zustandsveränderungen notwendig sind.

Mit anderen Worten: Menschen können nicht von außen in eine bestimmte Richtung bewegt werden – ihr ganzes Handeln wird durch ihre eigene Struktur bestimmt und auch in seinen emotionalen und kognitiven Möglichkeiten begrenzt (vgl. Arnold, 2009).

Lebende Systeme sind also „nichttriviale Maschinen": Anders als triviale Maschinen, etwa Computer, Autos, Kopierer oder Handmixer, die eine unbedingte und unveränderliche Relation zwischen Input und Output aufweisen, zuverlässig immer auf die gleiche –berechenbare – Art reagieren, in ihren inneren Zuständen stets die gleichen bleiben und darüber hinaus vergangenheitsunabhängig, synthetisch und analytisch bestimmbar sind, ist das Verhalten nichttrivialer Maschinen völlig unvorhersehbar und unbestimmbar (von Foerster, 1998: 54f.). Ähnlich beschreibt auch Maturana in seiner Unterscheidung zwischen lebenden (dynamischen) Systemen und Robotern die Eigenschaften lebender Systeme: Während Roboter von dem Augenblick an, in dem sie geschaffen werden, immer das gleiche tun (ihre Entwicklungszeit dann also beendet ist und sie sich damit nicht mehr an Veränderungen von außen anpassen können), beginnen lebende Systeme ihre immerwährende und kontinuierliche Veränderung und Anpassung an ihre Umwelt genau in dem Augenblick, in dem sie geschaffen, also gezeugt werden (Maturana und Bunnell, 2001: 33ff.).

Triviale Maschinen arbeiten nach nur einer festgesetzten Regel, die getreulich gewisse Tatbestände in andere überführt und deren Operationsregel unverändert bleibt; nicht-triviale Maschinen hingegen haben Regeln, welche die zuvor beschriebenen tatbestandsändernden Regeln selbst immer wieder ändern – wir haben es also mit einer Maschine der Maschine zu tun, mit einer „Maschine zweiter Ordnung", deren Programm und deren Transformationsregeln sich nicht in die Zukunft projizieren lassen und die daher unvorhersagbar ist (von Foerster, 1993: 135ff.). Damit besteht der wichtigste Unterschied der nichttrivialen zu den trivialen Maschinen darin, dass sie analytisch unbestimmbar, historisch bedingt und in ihrem Verhalten nicht voraussagbar sind. Damit können wir Systemmitglieder nicht zur aktiven Teilnahme an der lernenden Organisation „erziehen", wir können sie nicht „dort hinführen", wir können sie nicht dazu „überreden".

Wir können sie nur vor die Entscheidung stellen, an einer bestimmten Organisationsform unter Beachtung bestimmter Regeln und Erfüllung spezifischer Ergebniskriterien (Rahmen) teilzunehmen oder eben nicht teilzunehmen. Dabei empfiehlt es sich, schon bei Bekanntgabe des Rahmens Konsequenzen für den Fall zu festzulegen, dass die Ergebniskriterien nicht erreicht und/oder die Regeln missachtet werden (vgl. Radatz, 2009). Diese Konsequenzen bedeuten keinesfalls sofort eine „Entlassung"; vielmehr geht es darum, die Folgen und mittelbaren Auswirkungen des eigenen Handelns transparenz zu machen, die ausgehend von der Kybernetik 2. Ordnung stets wieder auf den Einzelnen zurückwirken: Findet z.B. kein Lernen in der Konstruktion statt, so werden Fehler mehrmals gemacht; dauert es länger, bis sich unternehmensspezifische komparative Wettbewerbsvorteile lukrieren lassen; wird das Produkt teurer; wird weniger abgesetzt; kann sich das Unternehmen entweder nur noch weniger Mitarbeiter leisten oder keine Prämien auszahlen bzw. sogar die vorhandenen Mitarbeiter schlechter zahlen bzw. muss Kurzarbeit gesetzt werden. Wird der Kreislauf des eigenen Wirkens außerhalb des definierten Rahmens der Lernenden Organisation dem Einzelnen erst einmal klar, so wird auch deutlich, warum sich die Organisation gar nicht leisten kann, auf das spezifisch von ihr gesetzte organisationale Lernen zu verzichten.

Ob ein Mitarbeiter die Ergebniskriterien erfüllt und die Regeln einhält, wird sofort, laufend und unmissverständlich sichtbar durch kontinuierliche gemeinsame Überprüfung im Gespräch. Dies wird unter dem Begriff „Management" verstanden (Radatz, 2009b).

Erfüllt nun ein Mitarbeiter tatsächlich nicht die Ergebniskriterien oder missachtet wiederholt die gesetzten Regeln, so setzt an dieser Stelle Führung ein (in Form der Unterstützung in Form von Coaching, Information, Weiterbildung, Mentoring), um die Ergebnisse unter Beachtung der gesetzten Regeln doch noch zu erreichen und nachhaltig auch zu sichern. Wird dies jedoch nicht erreicht, und kann in der Führung auch längerfristig keine Überwindung der Unterschiede zwischen den verschiedenen Vorstellungen erreicht werden, dann besteht „Nicht-Passung" im Sinne von Ernst von Glasersfeld (von Glasersfeld, 2007). In einem solchen Fall empfiehlt es sich immer noch in Form von Führung den Mitarbeiter dabei zu unterstützen, ein anderes soziales System zu finden, mit einem anderen Rahmen, zu dem die persönliche Struktur des Mitarbeiters passt Radatz, 2009b).

Jede Organisation stellt ein soziales System dar und besteht aus vielen Teams, Projektgruppen, Bereichen, Abteilungen etc. die ihrerseits wieder soziale Systeme darstellen. An dieser Stelle wird davon ausgegangen, dass jedes soziale System unterschiedlich zu allen anderen ist; wenn auch alle sozialen Untersysteme innerhalb des Rahmens der Organisation bleiben sollten, damit die Organisation funktioniert. Insoferne darf Unterschiedlichkeit nicht nur sein, sondern muss auch akzeptiert werden; ganz zu schweigen von den vielen „lebenden Systemen", die ihrerseits wieder ganz unterschiedlich ist. Die Sicherung von Unterschiedlichkeit im sozialen System muss dabei nicht einmal bewusst angestrebt werden, da jedes „lebende System" (also jeder Mensch) unterschiedlich ist; aber alle sollten sich jedenfalls innerhalb der verschiedenen für sie gültigen Rahmen der sozialen Systeme bewegen, denen sie angehören, sonst passiert dort nicht mehr Führung und gemeinsames Weiterkommen, sondern bloßes Dissensmanagement, bei dem in den organisationalen Aufgaben auf der Stelle getreten wird.

Ein Beispiel dazu aus dem Alltagsleben:

Ein Tennisverein nimmt Mitglieder unter bestimmten Voraussetzungen (Rahmenbedingungen) auf: Sie sollten vielleicht ein bestimmtes Kompetenzniveau zeigen, Interesse haben, mit ihrem Verein auch Preise zu gewinnen, ihren Mitgliedsbeitrag pünktlich zahlen, den Platz sauber halten und sich angemessen mit den anderen Mitgliedern unterhalten. Gibt es nun Mitglieder, die sich vehement außerhalb des Rahmens bewegen, so sehen sich plötzlich alle Beteiligten nur noch mit Dissensmanagement konfrontiert: Der Kassier läuft diesen Mitgliedern pausenlos nach, um nun doch zu seinem verdienten Geld zu kommen; die anderen Mitglieder versuchen zwischen den Betreffenden zu vermitteln, um Schlägereien zu verhindern und endlich einmal wieder zu einem ruhigen Spiel zu kommen; der Verein trägt auch Mitglieder mit, die zwar alle Leistungen beanspruchen, letztlich aber jenen den Platz wegnehmen, die ehrliches Interesse daran haben, mit ihrer Leistung den Verein auch weiter zu bringen etc. Nun könnte man jahrelang versuchen, liebevoll um Besserung zu bitten; oder man wird sich eines Tages darüber klar, dass man auch noch das letzte interessierte Mitglied verlieren wird, wenn nicht endlich die „rahmenüberschreitenden" Mitglieder exkludiert werden – unter Setzung einer angemessenen Nachfrist natürlich.

Teil 3:
Ableitung zweier Relationaler Ablaufmodelle zur Schaffung und umsetzenden Ausgestaltung organisationalen Lernens aus dem Relationsmodell

1 Das Relationale Ablaufmodell zur Schaffung der lernenden Organisation

„Wir erhalten das, was wir erhalten wollen!" (Humberto Maturana, 2000: 123).

Was im Organisationsalltag „laufen" soll, benötigt eine Struktur, die diesen Alltag erst ermöglicht. Wenn in der lernenden Organisation nicht an den einzelnen Systemmitgliedern angesetzt wird und die lernende Organisation nicht individuumsgetrieben zustande kommt, dann muss von Seiten der Organisation eine Struktur vorgesehen werden, die laufendes Lernen von Beginn an vorsieht bzw. quasi automatisch sichert. Es geht dabei auch um die Frage der Beteiligungs- bzw. Dialogoffenheit der betrieblichen bzw. organisatorischen Strukturen. Diese Frage wird in der Literatur meines erachtens zu wenig – und systemtheoretisch fundiert – ausgelotet (vgl. Argyris/Schön, 2002). Im Folgenden werden deshalb einige Faktoren, die diesbezüglich von Bedeutung sind, aus dem skizzierten Relationsmodell abgeleitet.

1.1 In das Modell einzubeziehende Faktoren

Wenn die Ansatzpunkte für die Schaffung einer lernenden Organisation auf Grundlage des Relationsmodells im Organisationsrahmen und in der Struktur bestehen, dann müssen diese auch zentrale Faktoren im Modell zur Schaffung der lernenden Organisation darstellen.

Dabei handelt es sich um folgende Faktoren:
1. Gestaltung des Rahmens
2. Vermittlung/Verdeutlichung des Rahmens
3. Gemeinsame Erarbeitung und Verabschiedung der Struktur
4. Selbstverantwortliche Umsetzung
5. und laufende Prüfung, ob das Tun der Struktur folgt (Follow-up)

Es gilt, diese Faktoren in Bezug zueinander zu setzen und entsprechend den im Relationsmodell skizzierten Wirkungsmechanismen auch in einem Ablaufmodell zur Schaffung einer lernenden Organisation zu Geltung kommen zu lassen. Dieser Schritt – die Schaffung einer lernorientierten Organisation, um darin später in einem darauf aufbauenden Modell zu erklären, wie letztlich dieses organisationale Lernen beschaffen ist und vonstatten gehen kann – wurde in der Literatur bislang kaum vollzogen: Argyris und Schön (Argyris und Schön, 2002) sprechen zwar zunächst davon, dass sie Fragen zu klären versuchen, wie eine Organisation beschaffen sein muss, um lernen zu können. Aber ihr letztlich doch noch stark kausalitätsbasiertes Grundmodell für Handlungstheorien mit der vertretenen und der handlungsleitenden Theorie ist nahezu ausschließlich auf den Fokus der Beschaffenheit und die Vorgangsweise organisationalen Lernens (siehe weiter vorne in dieser Arbeit) bezogen. Die maßgeblichen Unterschiede des hier erarbeiteten Modells zum Modell der lernenden Organisation nach Argyris und Schön werden deshalb im weiteren Verlauf der Argumentation nochmals eingehend diskutiert.

Für das hier dargestellte Modell gibt es also wenige Anknüpfungsmöglichkeiten in der voliegenden Literatur. Der Gedanke, dass die grundsätzliche Gestaltung der Organisation einen maßgeblichen Einfluss auf die Lernpotenziale der Organisation hat, wurde bisher noch nicht verfolgt, was wohl daran liegen kann, dass systemische bzw. systemtheoretische Organisationsmodelle sich auf die Beobachtung bestehender Kontexte, weniger auf die Frage nach der „Schaffung" oder „Gestaltung" neuer Kontexte beschränkt – wohl auf der Befürchung heraus, einem mechanistischen Kurzschluss (im Sinne eines „Ich als Beobachter vermag zu erkennen, wie …") zu erliegen. Die Praxis der lernenden Organisationen leidet unter dieser Zurückhaltung und befindet sich immer noch in einem rudimentären Zustand bzw. auf der rein abstrakten Ebene einer „Datenbankerstellung".

Auch die Innovationsrate in Unternehmen (als Maß für die Innovationskraft und damit für die langfristige Überlebensfähigkeit des Unternehmens, gemessen als Verhältnis des Umsatzes der neuen Produkte zum Gesamtumsatz der Periode) befindet sich auch deshalb auf einem erschreckend niedrigen Niveau, während die Fehlerquote sich auf einem erschreckend hohen Niveau einpendeln. Die „Innovationsrate" INNERHALB des Unternehmens, gemessen an der steigenden Effizienz, Kostengünstigkeit, Kundenfreundlichkeit etc. im Zeitablauf-Vergleich des eigenen Unternehmens wird ja nicht einmal erfasst!) und das Lernen der Organisation noch keinen Durchbruch erzielte. (vgl. Hamel, 2008). Die vorliegende Arbeit verfolgt deshalb auch eine unter innovationsstrategischem Fokus relevante Frage: Wie können lernende Organisationen etwickelt bzw. gefördert werden?

1.2 Das Modell und seine Faktoren

Das Modell zur Schaffung der lernenden Organisation erlaubt es, die erwähnten Faktoren in einen hypothetischen Zusammenhang zu stellen. (Vgl. Abb. 26). Folgen wir dem dabei deutlich werdenden Ablaufmodell, so besteht der erste Schritt der Entwicklung einer lernenden Organisation in der Definition des Rahmens. Darin fließen zunächst die persönlichen, subjektiven Erfahrungen der Leitung, von der Leitung erlebte Umweltbedingungen und von Seiten der Leitung erlebte Grenzen der Handlungsmöglichkeiten des Unternehmens ein. Der Rahmen muss aber auch unter Beachtung der Unternehmensgeschichte in der Rahmengestaltung (bewusste Weiterführung des bisherigen Unternehmensvorgehens bei der Rahmengestaltung) oder unter Neugestaltung der Definitionsweise des Rahmens (dann entsteht ein neues Unternehmen) gebildet werden.

Inhaltlich besteht der Rahmen aus

- explizit zur Veränderung freigegebenen Themenbereichen (Definition jener Bereiche, die bewusst nicht (mehr) einen Rahmen für das Unternehmen bilden
- sowie wenigen, subjektiv erfolgskritischen Rahmenbedingungen, die von allen sozialen Systemen im Unternehmen und von allen Systemmitgliedern einzuhalten sind.

Für beide Kategorien der Festlegung gilt, dass es sich empfiehlt, diese jedenfalls ergebnisorientiert und nicht handlungsorientiert festgelegt werden müssen, um explizit den WEG der Ergebniserzielung für das Lernen jeweils explizit freizugeben.

Ist der Rahmen einmal festgelegt, so muss dieser den Systemmitgliedern auch als solcher vorgestellt werden: Als einziges Angebot, das in diesem Unternehmen aktuell gemacht werden kann und alle bisherigen Angebote ersetzt. Es muss den Systemmitgliedern – so scheint es – klar werden, dass sich die Systemmitglieder neu entscheiden müssen – für oder gegen ihre Einbindung in ein neues Unternehmen.

Dabei wird weder die Sinnhaftigkeit des neuen Rahmens zur Disposition gestellt, noch den Systemmitgliedern die Entscheidung überlassen, ob das neue Unternehmen realisiert wird oder nicht: Das neue Unternehmen wird realisiert und alle Systemmitglieder haben die Möglichkeit, es für sinnvoll zu halten, zu gestalten und sich so aktiv an der Entwicklung zu beteiligen, oder ein anderes System zu wählen.

Da jedes Individuum mit seiner persönlichen Erfahrung hört, erlebt und handelt, braucht es in dieser Phase häufig einen Prozess, um eine gemeinsame Idee des Rahmens und damit eine intersubjektive Wirklichkeit (Watzlawick, 2001) entstehen zu lassen: Denn nur wenn von einem konsensuell geteilten Rahmen ausgegangen werden kann, kann auch eine Übereinstimmung in der gemeinsamen Definition der Struktur und Gestaltung der lernenden Organisation erzeugt werden.

Erst dann kann die gemeinsame Struktur innerhalb des Rahmens – das „gemeinsame Bild der lernenden Organisation" entstehen: Innerhalb der vermittelten Rahmenbedingungen reift so eine neue gemeinsame Selbstbeschreibung der nun lernenden Organisation, die sich auch in einer neuen Identität niederschlägt: eine neue Vision, eine neue Mission, neue geforderte Kernkompetenzen, veränderte Grundannahmen sowie Leitlinien des Handelns, neue Erfolgsgeschichten, neue Handlungs- und Entscheidungsoptionen in der lernenden Organisation und neue Aspekte, die im Unternehmen von Wert sind. Der neue Rahmen und die neue Selbstbeschreibung erfordern die Definition neuer Ziele und Strategien und die Gestaltung neuer Kernprozesse. Auch die Kommunikationsstrukturen müssen festgelegt werden. Und all diese Neugestaltungen erfordern bestimmte operative Maßnahmen. In der selbstverantwortlichen Umsetzung wird jeder

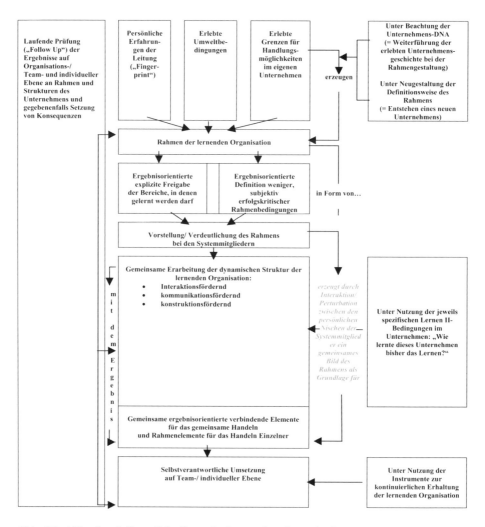

Abb. 26 Ablaufmodell zur Schaffung der lernenden Organisation

Abteilung, jedem Bereich, jedem Team, teilweise auch jedem Individuum über-lassen, wie die Umsetzung der lernenden Organisation spezifisch erfolgt. Zugleich wird ein Prozess des laufenden Abgleichs erarbeitet und installiert: des Abgleichs zwischen vereinbarter Struktur und Tun auf allen Ebenen. Damit wird immer wieder ergebnisorientiert geprüft, ob das Neue auch gelebt wird bzw. wer-den kann.

1.3 Die Umsetzung des Modells

1.3.1 Gestaltung des Rahmens

1.3.1.1 Anforderungen an die Rahmengestaltung in der lernenden Organisation

In jedem Unternehmen muss ein Rahmen von Seiten der Leitung festgelegt werden, damit das Unternehmen wie auch jedes Systemmitglied innerhalb bestimmter Bandbreiten agiert und so ein unverwechselbarer Fingerabdruck durchgängig auf allen Ebenen intern und nach außen gewährleistet ist. Das gilt im Prinzip – folgt man dem Relationsmodell – für alle Unternehmen, unabhängig davon, ob diese „lernen" sollen oder kein spezifischer Wert auf das Lernen der Organisation gelegt wird. Was unterscheidet dann ein „unspezifisches" Unternehmen von einem lernenden Unternehmen in der Rahmengestaltung?

Hier wurden für diese Arbeit drei Aspekte ermittelt:

a) Die explizite Freigabe Rahmenfaktoren, die das organisationale Lernen hemmen

b) Die Festlegung von bewusst nur wenigen, aber organisationales Lernen fördernden und erfordernden Rahmenfaktoren

c) Die zugunsten des Lernens der Organisation ausformulierte Ergebnisorientierung der Rahmenbedingungen.

a) Explizite Freigabe von hemmenden Rahmenfaktoren

Welche gelebten Rahmenfaktoren hemmen derzeit das Entstehen einer lernenden Organisation? Das ist eine Frage, die von der Unternehmensleitung erarbeitet werden muss. Dabei erscheint es sinnvoll, vor allem die gelebten Rahmenfaktoren zu prüfen, unabhängig ob diese festgeschrieben sind oder „nur" gelebt und jeweils mündlich weitergegeben werden. Auch der bestehende Rahmen des Unternehmens sollte hinsichtlich seiner Tauglichkeit für die lernende Organisation hinterfragt und gegebenenfalls angepasst werden.

b) Festlegung weniger, das organisationale Lernen fördernder Rahmenfaktoren

Den Rahmen können wir uns entsprechend dem Relationsmodell aus den gleichen Faktoren bestehend vorstellen wie die Struktur (siehe Abbildung 27).

Wer in der Abbildung 27 jeweils rechts stehenden Fragen für sich beantwortet, erhält in der Summe die Antworten, die er für die lernende Organisation in jenem System vorgibt, für das er als Führungskraft/Leitung verantwortlich ist. Dabei müssen nicht zwingend zu allen Fragestellungen Rahmenbedingungen gefunden werden; Manches darf durchaus offen gelassen werden!

Faktoren, die in den Rahmen einfließen	Fragestellungen, die dazu für die Rahmengestaltung der lernenden Organisation beantwortet werden müssen
Selbstbeschreibung	Wie müssen wir uns als Unternehmen selbst beschreiben und wie sollten wir von anderen beschrieben werden, wenn wir in unserem Verantwortungsbereich eine lernende Organisation sein wollen?
Identität	Welche Vision, Mission, Grundannahmen, welche Leitlinien des Handelns und welche Do´s und Don´ts brauchen wir jedenfalls, wenn wir unsere Selbstbeschreibung als lernende Organisation leben wollen? Welche Geschichten müssen wir uns jedenfalls erzählen, welche Kernkompetenzen braucht unser Unternehmen und was muss unserem Unternehmen jedenfalls etwas Wert sein?
Ziele und Strategien	Welche Ziele müssen wir bis zum Zeitpunkt x erreichen, damit wir die Selbstbeschreibung als lernende Organisation optimal leben? Welche Strategie müssen wir dann verfolgen?
Prozesse	Auf welche Kernprozesse müssen wir jedenfalls Wert legen und wie müssen wir diese jedenfalls ausgestalten, um unserer spezifischen Selbstbeschreibung als lernende Organisation gerecht zu werden – was wird dem Unternehmen vorgegeben?
Kommunikationsstrukturen	Welche Kommunikationsstrukturen, -regeln und welche Meetings zu welchen Themen sind in diesem Unternehmen von Seiten der Leitung jedenfalls vorgegeben – nach außen und intern – um die spezifische Selbstbeschreibung als lernende Organisation jedenfalls zu leben?
Operative Maßnahmen	Welche Spielregeln sind von der Leitung vorgegeben, um die Selbstbeschreibung als lernende Organisation zu leben?

Abb. 27 Strukturierte Ableitung des Rahmens der lernenden Organisation aus den Komponenten des Relationsmodells

c) Ergebnisorientierung

Wirtschaft ist ein Akt des Handelns mit Ergebnissen: Produkte und Leistungen, die der vereinbarten Qualität entsprechen, werden verkauft und gekauft. Dieses Grundprinzip der Wirtschaft und des Wirtschaftens (Drucker, 2007) wurde erst mit beginnender Arbeitsteilung durch Taylor Ende des 19. Jahrhunderts verlassen, als die Schuldung von Ergebnissen durch die Schuldung von Handlungen, die in Stunden abgegolten wurde, abgelöst wurde. Die dort entstandene, immer noch Handlungsorientierung, ist jedoch einem Wirtschaften, in dem es letztlich dann doch um die Erzielung von Ergebnissen geht, nicht zuträglich (Radatz, 2009b).

Die Fokussierung auf Handlungsanweisungen wird insbesondere beim gleichzeitigen Wunsch der Schaffung einer lernenden Organisation vielen Unternehmen darüber hinaus noch zum Verhängnis, weil sie einen „Double Bind" (Bateson, 1972) erzeugt. Damit ist gemeint, dass etwas geboten wird, das gleichzeitig verboten wird (siehe Abbildung 28, erstellt auf Basis der sechs Komponenten, die Lutterer nennt: Lutterer, 2002a).

Komponenten des Double Bind	... am Beispiel der Handlungsorientierung in der lernenden Organisation
1. Beteiligung von zwei oder mehr Personen, wovon eine der Personen als „Opfer" angesehen wird ▼	Eine Organisation, in der die Mitarbeiter „Opfer" der lernenden Organisation werden
2. Die Erfahrung der Situation wiederholt sich, sodass eine Erwartungshaltung herausgebildet wird	Immer wieder wird verdeutlicht, dass die Organisation lernen soll und die Mitglieder angemessene Beiträge dazu liefern sollten
3. Es wird ein primäres, negatives Gebot ausgesprochen ▼	z.B. „Der Unternehmensrahmen darf nicht überschritten werden" – und im Unternehmensrahmen ist verankert, dass „Kundenbetreuung", „Loyalität", „Innovation" oder andere Handlungsorientierungen befolgt werden sollen.
4. Damit wird jedoch zugleich ein zweites Gebot vermittelt, das dem ersten auf abstrakterer logischer Ebene widerspricht	„Die Organisation sollte lernen" – also: Die Handlungsmöglichkeiten des Unternehmens sollten sich erweitern. Dies widerspricht der Handlungsorientierung, die im Rahmen lt. Punkt 3 ausgesprochen wird.
5. Es wird ein drittes und wiederum negatives Gebot ausgesprochen, das dem Opfer das Fliehen vor dem Schauplatz verbietet ▼	z.B. „Wer den Rahmen nicht einhält, gehört nicht zum Unternehmen dazu und wird nicht akzeptiert" oder Ähnliches
6. Diese Situationen werden wiederholt angeboten/ vom „Opfer" durchlebt, sodass bereits ein Teil der Komponenten genügt, um das Erleben des Double Binds auszulösen	Es reicht dann z.B. schon, wieder einmal von der „lernenden Organisation" zu sprechen, um die Systemmitglieder in Handlungsunfähigkeit zu stürzen.

Abb. 28 Die 6 Komponenten des Double Bind   (in Anlehnung an Lutterer, 2002a)

In Systemen, in denen Double Binds intensiv gelebt werden, erstarren die Systemmitglieder geradezu und tun wie das Kaninchen vor dem Scheinwerfer gar nichts mehr.

Ergebnisorientierung ist so gesehen in zweierlei Hinsicht eine wichtige Voraussetzung für die Schaffung einer lernenden Organisation:

1. Erst durch das bewusste Offenhalten des „WIE" unter einziger Vorgabe des „WAS" kann organisationales Lernen im Sinne einer Antwort auf die Frage, „Wie können wir das auf unsere organisationsspezifische Art optimal und unnachahmbar lösen?" und „Wie können wir besser, schneller, einfacher, lustvoller, anders die Dinge erzielen, die wir eben erzielen sollten?" stattfinden (vgl. auch Radatz, 2009a).

2. Nur wenn die Handlungen den Systemmitgliedern offen gelassen werden, können Double Binds vermieden werden.

1.3.1.2 Instrumente zur Gestaltung des Rahmens

a) Erarbeitung durch die Unternehmensleitung

Selbstverständlich kann die Rahmengestaltung von der Unternehmensleitung autonom durchgeführt werden. Dafür genügt ein Prozess der Selbstreflexion nach dem Muster wie in der Abbildung im Kap. 1.3.1.1. („Strukturierte Ableitung des Rahmens …") beschrieben. Insbesondere für die Festlegung weniger Rahmenfaktoren zur Schaffung der lernenden Organisation reicht diese Vorgehensweise nach praktischer Erfahrung aus (Radatz, 2009a). Bei der expliziten Freigabe hemmender Rahmenfaktoren ist dies schwieriger. Denn hier gilt nicht nur häufig, dass die Unternehmensleitung nicht weiß, sondern sogar, dass sie nicht einmal weiß, dass sie nicht weiß (von Foerster, in: von Foerster und Bröcker, 2002). Hier empfiehlt sich eine Vorgangsweise, wie sie im nächsten Punkt beschrieben wird.

b) Explizierung bestehender Rahmenfaktoren mit Hilfe der Systemmitglieder
Viele Rahmenelemente, von denen die aktuelle Unternehmensleitung nicht weiß, sind implizit als Mythen und Geschichten bereits seit Jahren tief in den Organisationshandlungen verankert (Zeig, 2009) und bestimmen auf diese Weise die Möglichkeiten der Schaffung und Umsetzung einer lernenden Organisation mit. Manchmal widersprechen diese sogar den Wünschen, Intentionen und Vorgaben der aktuellen Unternehmensleitung. Solche Rahmenelemente halten sich hartnäckig in der Organisation und werden informell kontinuierlich weitergegeben. Hier empfiehlt sich die Einladung der Systemmitglieder, um bestehende Mythen (Wheatley, 1998) in Bezug auf Gebote bzw. Verbote zu orten und diese in der Folge explizit abzuschaffen.

1.3.2 Vermittlung/Verdeutlichung/aktives Einhalten des Rahmens
„Jedermanns Weltbild ist und bleibt eine geistige Konstruktion; seine Existenz kann in keiner anderen Weise nachgewiesen werden." (Erwin Schrödinger, 1958: 24).

Können sich Rahmen verändern? Ja, indem diese von den Systemmitgliedern nicht eingehalten und die Überschreitung akzeptiert wird (Radatz, 2009a). Und beides entsteht häufig implizit, weil der Rahmen anders oder nicht verstanden wurde und die Unternehmensleitung nicht erfährt, dass der Rahmen nicht gelebt wird.

a) Anforderungen an die Vermittlung des Rahmens in der lernenden Organisation
Folgen wir den Grundgedanken der Autopoiesis, so reicht es nicht aus, die Systemmitglieder über den Rahmen zu informieren oder den Rahmen schriftlich zu formulieren und zu veröffentlichen – denn der Empfänger bestimmt jeweils den Gehalt der Information (von Foerster, in: von Foerster und Bröcker, 2002).

Paul Watzlawick unterscheidet in Zusammenhang damit die Wirklichkeit erster und zweiter Ordnung (Watzlawick, in: Pörksen, 2001: 218f.). Unter der Wirklichkeit erster Ordnung versteht er jene Konstruktionen der Wirklichkeit, die wir innerhalb einer Gruppe oder eines Systems ähnlich erzeugen. Unter der Wirklichkeit zweiter Ordnung versteht er die jeweilige Bedeutungszuweisung zu einer Wirklichkeitskonstruktion.

Was bedeutet dies im Zusammenhang mit der Vermittlung bzw. Verdeutlichung des Rahmens? Es bedeutet, dass wir es auch in diesem Bereich immer mit subjektiven Konstruktionen der einzelnen Systemmitglieder zu tun haben, wir jedoch grundsätzlich eine Steigerung des Grades der Intersubjektivierbarkeit erreichen können (Watzlawick, in: Pörksen, 2001: 219), der es uns ermöglicht, gemeinsam und koordiniert zu kooperieren, weil wir ein zueinander passendes Verständnis der Wirklichkeiten entwickelt haben. Insofern macht es Sinn, bei der Vermittlung des Rahmens einen kommunikativen Austausch zum Rahmen zu ermöglichen und damit den Grad des intersubjektiven Verständnisses des Rahmens zu erhöhen.

b) Instrumente zur Vermittlung/Verdeutlichung des Rahmens

Ein probates Instrument zur Erhöhung des Grades der Intersubjektivität des Rahmens stellt das so genannte „Offene Forum" dar (Dannemiller Tyson Associates, 2000; Radatz, 2009 a). Dafür werden die Unternehmensmitglieder in einem Raum versammelt, um alle gemeinsam zum gleichen Zeitpunkt von der Unternehmensleitung persönlich den Rahmen erloaubt zu bekommen. Sie sitzen dabei in so genannten Maxi-Mixes zusammen (siehe Abbildung 29).

- Die Unternehmensmitglieder werden dafür in Gruppen zu je 5 – 15 Mitgliedern zusammengefasst und jeder Kleingruppe ein Flipchart zugeteilt.

- Die Zuteilung erfolgt nach einem zuvor bereits erfolgten Prinzip, dem so genannten Maximix-Prinzip: Dafür werden zunächst jene Kriterien erhoben, welche das Unternehmen einzigartig machen und gleichzeitig die Mitglieder des Unternehmen in ihrer ganzen Unterschiedlichkeit repräsentieren (z.B. Dauer der Zugehörigkeit, Bereichszugehörigkeiten, Ausbildungsstand, Funktion, Aufgabenbereiche etc.).

- Jeder Maxi-Mix sollte das Unternehmen als kleinstes gemeinsames Vielfaches in seiner spezifischen Heterogenität repräsentieren und in seiner Gesamtheit mit der jeweiligen Gesamtheit der anderen Maxi-Mixes eine möglichst hohe Intersubjektivität aufweisen.

- Jede Maxi-Mix-Gruppe verfügt über ein Flipchart und arbeitet parallel mit den anderen Maxi-Mix-Gruppen an den Antworten zu den gleichen Fragestellungen.

- Die Beantwortung der Fragen erfolgt in einem Brainstorming selbstmoderiert und schriftlich am Flipchart, d.h. eine Person im Maxi-Mix moderiert und ist gleichzeitig selbst Mitarbeitende, alle anderen werden durch die am Flipchart niedergeschriebenen Statements zu neuen Kombinationen und Ideen animiert.

(in teilw. Anlehnung an die Ausführungen von Dannemiller Tyson Associates, 2000)

Abb. 29 Die Bildung von Maxi-Mixes

Im Anschluss an die Information werden den Maxi-Mixes in Form des Offenen Forums drei Fragen gestellt, die schriftlich am Flipchart in Brainstormings zu beantworten sind (siehe Abbildung 30).

---

1. Was haben Sie Relevantes gehört?
2. Was bedeutet das Gehörte für Sie?
3. Welche Verständnisfragen haben Sie noch?

Quelle: Dannemiller Tyson Associates, 2000

Abb. 30 Die 3 Fragen im Offenen Forum

Aus den Antworten lässt sich für die Unternehmensleitung unmittelbar der Grad der Intersubjektivität des Rahmens ableiten. Und unter Beantwortung der noch offenen Fragen lässt sich der Grad der Intersubjektivität nochmals erhöhen.

1.3.3 Gemeinsame Erarbeitung und Verabschiedung der Struktur

Innerhalb des Rahmens, der vorgegeben ist und für den sich die Unternehmensmitglieder entscheiden müssen, um weiter Teil des Systems bleiben zu können, muss lt. Relationsmodell ein gemeinsames Bild gezeichnet werden (vgl. Radatz, 2009a), das den Raum innerhalb des Rahmens optimal nutzt und von allen Systemmitgliedern gemeinsam konstruiert, vertreten und verfolgt wird.

1.3.3.1 Anforderungen an die gemeinsame Erarbeitung der Struktur in der lernenden Organisation

a) Anteraktionsförderung: Balance zwischen Perturbation und Viabilität zweiter Ordnung

Während Perturbation erst das Lernen ermöglicht, schafft die Viabilität zweiter Ordnung einen Rahmen der Permanenz für das Gelernte in einer Organisation (vgl. auch von Glasersfeld, 1997). Perturbation entsteht dabei im Handeln allgemein und in der Interaktion im Besonderen, während Viabilität 2. Ordnung durch die Stabilisierung des Organisationsverhaltens geschaffen wird. Bei der Erarbeitung des gemeinsamen Bildes der lernenden Organisation muss der Fokus der Aufmerksamkeit nicht nur auf das Veränderungswürdige, sondern auch und vor allem auf das Bewahrenswerte gelegt werden, das in der Organisation aktiv aufrecht erhalten werden sollte, um die gemeinsame Sprache und bisher geschaffenes organisationales Wissen zu erhalten und zu festigen.

Bei gleichbleibender Zusammensetzung der Unternehmensmitglieder kann nun mit fortschreitender Zeit beobachtet werden, dass die Intensität der Perturbation sinkt – das Unternehmensverhalten wird stabil. Man könnte auch sagen: Die Systemmitglieder werden betriebsblind, denn sie beginnen, jede Perturbation die sie in welchem sozialen System auch immer erfahren, durch ihre unternehmensspezifisch definierte Lochkarte zu bewerten und zu sehen – und sie sehen auch nur, was ihnen ihre gemeinsame „Lochkarte" über Jahre hinweg erlaubt zu sehen (von Glasersfeld, 2007).

Der **Vorteil** der Förderung einer ausgeprägten Viabilität 2. Ordnung besteht darin, dass aufgrund der hohen Eigenstabilität ein geschlossenes soziales System entsteht, das sich ähnlich wie ein autopoietisches lebendes System immer wieder selbst erzeugt und nur Perturbationen in geringem Ausmaß von anderen sozialen Systemen empfängt sowie nur wenige „Störungen" wahrnimmt und sich daher laufend in seinen Handlungen bestätigt fühlt (Maturana, 2001b). Damit kann ein Unternehmen, das eine sehr ausgeprägte gemeinsame Erfahrungswirklichkeit hat, sehr gut lernen, d. h. seine Leistungen und die Organisation in sich gemäß der bestehenden Rahmenbedingungen der Organisation verbessern und optimieren.

So gewinnt das Unternehmen eine enorme Stabilität, denn

- es müssen die Strukturen und Regeln, die Abläufe und Prozesse, die Formen der Beziehungsmuster sowie die möglichen Kommunikations- und Handlungsmuster nicht mehr erklärt werden;

- es besteht bei den Mitarbeitern ein hohes Commitment bezüglich Visionen, Zielen und Umsetzungsideen, die im Unternehmen kreiert werden;

- es entsteht eine sehr starke gemeinsame Identität nach außen, eine Unternehmenskultur, die Einigkeit und Stärke demonstriert;

- die Mitarbeiter sind innerhalb ihres Bereichs gut auswechselbar, weil sie in einem hohen Ausmaß unternehmensspezifisch ähnlich denken, ähnliche Qualitätsbeurteilungskriterien für ihre Arbeit heranziehen und daher vergleichbare Leistung liefern;

- und Lernen auf individueller Ebene bzw. Lernen auf Organisationsebene innerhalb der gesetzten Rahmenbedingungen, der Erfahrungswirklichkeit der Organisation funktioniert sehr gut, da eine sehr hohe Vertrauensbasis besteht und nicht die Rahmenbedingungen an sich in Frage gestellt werden, sondern innerhalb dieser Rahmenbedingungen (der sozialen Nische) Wissen immer mehr verfeinert wird.

Und genau hierin liegt auch der **Nachteil** des Anstrebens einer ausgeprägten gemeinsamen Erfahrungswirklichkeit: Je höher die Erfahrungswirklichkeit, desto weniger werden von den Systemmitgliedern, die ja vor allem aufgrund ihrer unternehmensorientierten „Lochkarte" Perturbationen wahrnehmen oder eben nicht wahrnehmen können, ebensolche Perturbationen empfangen, die nicht in das Lochkartenbild des Unternehmens passen.

Eine solche hauptsächliche Innenorientierung kann für das soziale System Unternehmen, dessen Überleben in hohem Maße von seiner Stellung im Vergleich zu seiner Umwelt – etwa dem Markt – abhängt, äußerst gefährlich werden. Denn im schlimmsten Fall lernt ein Unternehmen zwar auf diese Weise sehr erfolgreich, wie es innerhalb seines Bereiches immer noch besser wird, aber es kann ihm passieren, dass für diesen Bereich in der Zwischenzeit gar keine Nachfrage mehr besteht.

So empfiehlt sich also in der lernenden Organisation die Schaffung einer Balance zwischen Perturbation und Viabilität zweiter Ordnung:

Dies kann z. B. mit immer neuer Maxi-Mix-Aufteilungen, externen Neubesetzungen von Stellen und/oder externer Begleitung von Prozessen erreicht werden, aber auch, indem Rahmen möglichst weit gesetzt werden.

b) Kommunikationsförderung

Kommunikation besteht nach Dannemiller/Tyson aus drei Seiten (Dannemiller Tyson Associates, 2000):

- dem (Mit-)reden (Infragestellen und Mitkonstruieren der Unternehmenswelt)
- dem Gehört werden (Anerkennung und Wertschätzung des Gesagten)
- und dem (Mit-)handeln bei der Gestaltung von gemeinsamen Intentionen und deren Umsetzung im Unternehmen.

Aus diesen drei Seiten der Kommunikation wurde von Dannemiller Tyson Associates ein Modell entwickelt (siehe Abbildung 31).

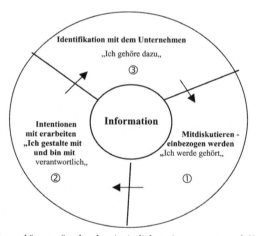

Menschen, die mitdiskutieren können (in den kontinuierlichen Anpassungs- und Veränderungsprozess miteinbezogen werden), merken, dass sie gehört werden
① und lehnen sich dann nicht mehr zurück, sondern arbeiten aktiv an Infragestellungen und Veränderungen im Unternehmen - ihren Veränderungen - mit. Wenn Menschen das Gefühl haben, sie werden gehört, arbeiten sie auch aktiv an Zielen mit, die für das Unternehmen langfristig Vorteile bringen ② - sie fühlen sich für das Unternehmen und ihre eigene Zukunft im Unternehmen verantwortlich. Durch die Mitarbeit an gemeinsamen Unternehmenszielen und die gemeinsame Erarbeitung wichtiger zukünftiger Strukturen identifizieren sie sich langfristig mit dem Unternehmen - das Unternehmen wird zu „ihrem,, Unternehmen. ③.
Im Mittelpunkt des Kommunikationsmodells steht die Information. Nur wenn Klarheit über den Rahmen besteht, kann die gemeinsame Struktur, das Bild innerhalb des Rahmens, erarbeitet werden.
                                                                      Quelle: Dannemiller Tyson Associates (2000)

Abb. 31 Das Kommunikationsmodell von Dannemiller Tyson Associates

Um eine hohe Identifikation mit dem Unternehmen zu erreichen, müssen laut Modell

- die Hürden offener Kommunikation bei den Systemmitgliedern abgebaut
- die Offenlegung der persönlichen Intentionen forciert
- ein Klima des Zuhörens und der Anerkennung unterschiedlicher Beiträge geschaffen
- und vielfältige Möglichkeiten der Beteiligung an der Konstruktion von gemeinsamen Intentionen hergestellt werden.

c) Konstruktionsförderung: Die Ausrichtung der Reflexionshandlungen auf einen gemeinsamen Fokus

Zunächst ist es notwendig, dass sich die Schaffung einer lernenden Organisation auf einen Fokus richtet – denn Reflexion ist eine Handlung und bezieht sich daher immer auf eine bestimmte Thematik: Es muss etwas geben, das reflektiert wird und bezüglich dessen eine Entscheidung zustande kommt – und für das schließlich auch die Verantwortung übernommen werden kann (Maturana und Bunnell, 2001). Dieser Fokus ist Ergebnis einer Konstruktionsleistung in Zusammenhang mit der Schaffung von Viabilität bezüglich der Zielvorgaben für die Organisation, die für die einzelnen Unternehmensmitglieder nur dann Wirklichkeit wird, wenn sie diesen Fokus aktiv (mit) konstruiert haben. Dabei sollte der Fokus nicht als unveränderlich betrachtet werden, sondern laufend in Frage gestellt werden.

Die grundlegende Voraussetzung für das Setzen von Zielen und Intentionen für unsere gemeinsame Koordination der Koordinationen im sozialen System entstand mit unserer menschlichen Sprache. Gemeinsame Ziele und Intentionen werden nur von Menschen aufgrund ihrer Wünsche und Emotionen gesetzt (Piaget, 1970: 38) – und nicht „vom Unternehmen" – und sind daher immer Ausdruck dessen, worauf diese Menschen ihre Aufmerksamkeit richten wollen und wie sie ihre Handlungen begründen. Folgen wir diesen Überlegungen, so können allen Systemmitgliedern GEMEINSAME Ziele nicht vorgegeben, auch nicht vorher ausgearbeitet, vorgelegt und dann nur noch entschieden werden; sie entstehen im Augenblick der gemeinsamen Betrachtung der Situation und der Ausrichtung auf ein Miteinander.

1.3.3.2 Der Relationale Veränderungsprozess als Instrument zur gemeinsamen Erarbeitung der Struktur der lernenden Organisation

Das Instrument zur Erarbeitung der Struktur der lernenden Organisation muss kommunikations-, interaktions- und konstruktionsfördernd sein, um den zuvor beschriebenen Theoriegrundlagen zu genügen. Der Relationale Veränderungsprozess (vgl. erstmals Radatz, in: Rusch, 2006: 159–180; später Radatz, 2007b; Radatz, 2009a), antwortet auf diese Forderungen und ermöglicht zudem allen Systemmitgliedern, gemeinsam ein Bild zu erzeugen, das sie auch gemeinsam vor Ort verabschieden und danach verantworten, also proaktiv umsetzen. Darüber hinaus ist der Prozess aufgrund der Knappheit seiner zeitlichen Dauer besonders gut geeignet, um das Bild der lernenden Organisation flexibel und einfach immer wieder neu zu erfinden (vgl. Radatz, 2009a).

a) Der Ablauf

Der teilweise auf den Arbeiten von Dannemiller Tyson Associates basierende Prozess, wie er detailliert bei Radatz, 2009a beschrieben wird, sieht vor, alle Unternehmensmitglieder in Maximixes (siehe Kap. 1.3.1.2.) zu teilen, die in einem gemeinsamen Raum jeweils selbstverantwortlich und schriftlich das gemeinsame Bild der lernenden Organisation schaffen (zum Ablauf siehe Abbildung 32).

Min. Zeit- bedarf	Ablaufschritt	Typische Fragestellung
15	Worum geht´s? Ankunft & Klarheit über das Thema	Wenn Sie an das Thema „Lernende Organisation" denken... 1. Was verbinden Sie gedanklich damit? 2. Welche Ansatzpunkte sehen Sie in diesem Unternehmen dafür? 3. Was haben Sie persönlich davon, wenn dieses Unternehmen eine „lernende Organisation" ist?
10-20	Rahmen-Vorstellung d. neuen lernenden Organisation	Keine – Aufgabe der Unternehmensleitung
15 + Zeit f. Antworten	Offenes Forum	1. Was haben Sie Relevantes gehört? 2. Was bedeutet das Gehörte für Sie 3. Welche Verständnisfragen haben Sie noch?
10 + 10 + 5-10	Erarbeitung des Auftrags der Gruppe	Was muss hier jedenfalls besprochen und erarbeitet werden, damit das neue Unternehmen als lernende Organisation optimal gelebt werden kann? + Bewertung + Nachverhandlung
10 +10 +20	Erarbeitung der neuen gemeinsamen Selbstbeschreibung	1. Wie wollen wir uns als Unternehmen optimaler Weise ab sofort gemeinsam selbst beschreiben, um die lernende Organisation innerhalb des Rahmens durchgängig zu leben? 2. Wie wollen wir von anderen optimaler Weise beschrieben werden – von Kunden, Lieferanten, Mitbewerbern, Geschäftspartnern? + Bewertung + Nachverhandlung
30 +20 +20	Erarbeitung der neuen Identität	Welche 1. Vision 2. Mission 3. Kernkompetenzen 4. Grundannahmen 5. Leitlinien des Handelns 6. Do´s und Don´ts 7. Geschichten und Mythen 8. Werte Müssen wir im Unternehmen auf allen Ebenen und nach außen leben, wenn wir diese gemeinsame Selbstbeschreibung innerhalb des Rahmens optimal leben wollen? + Bewertung + Nachverhandlung
10 + 10 10 +10	Erarbeitung von Zielen und Strategien der lernenden Organisation	Welche Ziele setzen wir uns bis xx.xx.xxxx, um die Selbstbeschreibung optimal zu leben? + Bewertung Worauf sollten wir unser gesamtes Handeln strategisch ausrichten, um diese Ziele zu erreichen? + Bewertung
60 für Pkt. 1 – 3 +20	Kernprozesse neu konstruieren	1. Welche Kernprozesse bestimmen unsere neue lernende Organisation? 2. An welchen Stellen gibt es in diesen Kernprozessen Rahmenelemente, die berücksichtigt werden müssen? 3. Wie sehen die neuen Kernprozesse im Detail aus? + Bewertung/ Verabschiedung
30 + 30 + 10 + 20	Kommunikations- strukturen neu definieren	1. Welche Meetings/ zu welchen Themen/ mit wem braucht es über das gesamte Unternehmen hinweg, um die lernende Organisation wie verabschiedet optimal zu leben und die Prozesse gut zu unterstützen? 2. Wie läuft der Kommunikationsprozess selbst – wie wird gesichert, dass auf allen Ebenen „Lernen" entsteht, das jedenfalls zum Lernen der Organisation führt? 3. Welche Spielregeln müssen wir für unsere neue Kommunikation entwerfen? + Bewertung
10 + 10	Spielregeln für das tägliche Handeln entwerfen	Welche Spielregeln brauchen wir in unserer neuen lernenden Organisation quer über das gesamte Unternehmen hinweg, um die gemeinsame Selbstbeschreibung innerhalb des gegebenen Rahmens optimal zu leben? + Bewertung
20 +10	Erste Schritte/ Maßnahmen gestalten	Worin bestehen unsere ersten Schritte, wenn wir die lernende Organisation ab sofort innerhalb des gesamten Unternehmens leben wollen? + Bewertung

Abb. 32 Ablauf der Strukturgestaltung

b) Das sich bei jedem Schritt wiederholende Ablaufmuster

Die Maximix-Gruppen arbeiten parallel an jeweils den gleichen Aufgaben, sodass sich stets folgendes Ablaufmuster in Form eines Trichters ergibt (siehe Abbildung 33, entnommen aus Radatz, 2009a).

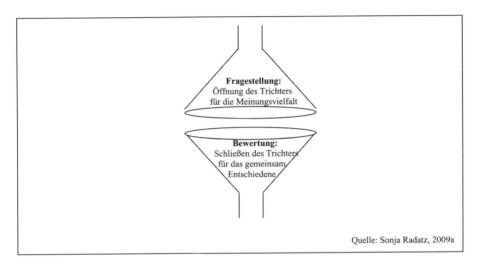

Quelle: Sonja Radatz, 2009a

Abb. 33 Ablaufmuster: Fragestellung – Bewertung – Fragestellung . . .

c) Vier Arbeitsgrundsätze im Prozess

1. Schriftliche Diskussion

Schriftliches Diskutieren hat wesentliche Vorteile:

- Es verkürzt den Prozess des Sammelns von Beiträgen
- Es gibt allen Beiträgen die gleiche Wertigkeit
- Es vermeidet ein „Zerreden" der Beiträge
- Da die Ergebnisse für alle gleichermaßen und immer sichtbar sind, fördert es die Kombination zwischen verschiedenen Beiträgen zu weiteren Ideen und das Entstehen von Weiterdenken
- Es erleichtert die Bewertung der Beiträge.

2. Selbstverantwortliche Moderation

Wenn oft 500 oder 1.000 Personen in einem Raum an Inhalten arbeiten, dann muss die Moderation selbstgestaltet erfolgen.

Das ist auch allen Beteiligten zuzutrauen: Schließlich soll der Veränderungsprozess auf allen Ebenen selbstverantwortlich weitergeführt werden.

Bei selbstverantwortlicher Moderation hat sich die Etablierung von 2 Rollen in der Praxis als erfolgreich erwiesen (Radatz, 2009a):

- Den Zeit- und Aufgabenwächter, der darauf achtet, dass seine Maxi-Mix-Gruppe bei der Beantwortung der Fragestellung bleibt, dass alle Beteiligten Beiträge liefern und die Zeit eingehalten wird – und der natürlich auch selbst mitdiskutiert,

- und den Schreiber, der mitdiskutiert und ALLE Beiträge unreflektiert an der Flipchart notiert.

3. 100 % – Bewertung

Zwei Punkte sprechen für eine 100 %-Bewertung – also eine Umsetzung nur jener Ergebnisse, die von ALLEN Beteiligten für umsetzenswert befunden werden (Dannemiller Tyson, 2000; Radatz, 2007b; 2009a):

- Einerseits der berechtigte Wunsch jedes Leitenden, ein „Veto" einlegen zu können, wenn er vor Ort entscheiden soll und partout mit einem Ergebnis nicht einverstanden ist (natürlich hat dieses Veto auch jedes andere Unternehmensmitglied!).

- Und andererseits die Umsetzungskraft, die entsteht, wenn Entscheidungen von 100 % der Beteiligten akkordiert getroffen wurden.

In der Praxis bedeutet das, dass in jeder Fragerunde bei allen Statements an den Tischen von jedem Beteiligten entschieden wird, ob dieser bei einem Statement einen Punkt setzen möchte („ich bin dabei!") oder eben nicht. Jeder Beteiligte hat also maximal so viele Punkte, als es Statements gibt und kann bei jedem Statement einen Punkt setzen oder eben keinen Punkt setzen. Nur jene Statements, die von allen Beteiligten am Tisch für umsetzenswert befunden wurden, werden eingekreist und stehen einer weiteren Bewertung durch alle anderen Tische zur Verfügung.

In diesem zweiten Bewertungsschritt hat nur noch jeder Maxi-Mix gemeinsam die Möglichkeit, einen Punkt zu den 100 %-Statements zu setzen – oder eben nicht (und zwar dann, wenn nicht alle Beteiligten dafür sind, den Punkt zu setzen).

4. Nachverhandlung nach der Bewertung

Fast noch wichtiger als die Bewertung hat sich in der Praxis die Nachverhandlung erwiesen (Radatz, 2009a), die nach einer Bewertung stattfindet. Hier geht es darum, dass jeder Maxi-Mix das Recht hat, wichtige Punkte, die „durch den Rost gefallen sind", aufzugreifen und für deren Nachbewertung durch einzelne andere Tische zu plädieren, deren Mitglieder es unterlassen haben, für den betreffenden Punkt zu votieren.

An diesem Punkt können die neue gemeinsame Kultur, die von allen unterstützt wird, und das gemeinsame Bild, das von allen erarbeitet, gelebt und verteidigt wird, entstehen.

1.3.4 Selbstverantwortliche Umsetzung

Das Besondere an der Neugestaltung eines sozialen Systems aus einem Relationalen Verständnis heraus besteht darin, dass eine neue Welt für alle Systemmitglieder entstehen kann. Das „alte" Unternehmen gibt es dann nicht mehr, und da das Neue im Detail auf allen Ebenen und in allen Bereichen erst bildhaft innerhalb des gemeinsamen äußeren Rahmens und des gemeinsam erarbeiteten inneren Rahmens sehr spezifisch on the job „erarbeitet" werden muss, braucht es keine Umsetzungsworkshops, in denen die neuen Prozesse wie durch „Nürnberger Trichter" implementiert werden müssten – denn gerade ein solches Vorgehen würde ja dem Begriff der lernenden Organisation diametral entgegen stehen und wäre aus einem systemisch-konstruktivischen Theorieverständnis heraus auch schwerlich zu begründen.

Zwei Konzepte prägen so die selbstverantwortliche Umsetzung;
- Das Konzept der Heterarchie (von Foerster, 1998)
- und die Philosophie des „Als ob" (Vaihinger, 2007)

1.3.4.1 Anforderungen an die selbstverantwortliche Umsetzung in der lernenden Organisation

a) Heterarchie als organisationskonstituierendes Konzept

Heterarchie ist ein zusammengesetztes Wort griechischen Ursprungs. Während Hierarchie von „hieros" (der Heilige) und „archein" (herrschen) kommt – der Heilige beherrscht alles – setzt sich Heterarchie aus den Worten „heteros" (der andere) und „archein" (herrschen) zusammen – bedeutet also, dass „der Andere" herrscht (von Foerster, 1998; von Foerster in von Foerster und Bröcker, 2002).

„Heterarchie bedeutet: die Herrschaft des anderen. Es ist nicht mehr der Heilige, der von oben herab regiert, es hat keinen Sinn mehr, von absoluten Regeln zu sprechen; jeder ist an der Herrschaft beteiligt, die Herrschaft wird zirkulär. (…) Aus einer heterarchischen Sicht ist jeder Mitarbeiter eines Betriebes als ein Manager in seinem Spezialgebiet anzuerkennen. Der Mann an der Drehbank entscheidet über jene Fragen, die in sein Arbeitsgebiet hineinfallen. Er weiß am besten, wie eine Drehbank funktioniert, wie man eine Spindel aus einem bestimmten Stahl, die einen besonderen Durchmesser besitzt, herstellt. Er ist kein Untertan mehr. Und diese neue Sicht stellt eine ungeheure psychologische Befreiung dar. Es entsteht eine Organisationsstruktur, die man eben, so möchte ich vorschlagen, mit dem Begriff der Heterarchie umschreiben kann. In einer Heterarchie ist es der jeweils andere, der die Entscheidungen trifft. Da ich aus der Sicht eines anderen ein anderer bin und auch jeder andere zum anderen ein anderer ist, komme auch ich einmal und kommt auch jeder andere einmal dazu, Entscheidungen zu treffen. Das ist eine zirkuläre Struktur. Es regieren alle mit-

einander und füreinander; die Manager werden über den gesamten Betrieb ver-
teilt. Jeder muss auf seinen Nachbarn hören, der auf seinen Nachbarn hören
muss, der er selbst sein kann. (...) Die Entstehung von Unsicherheit (...) ist
(dabei) das eigentlich Wichtige. Sie erzeugt Fragen. Sie macht es überhaupt mög-
lich, dass die Fragen gestellt werden und lädt zu Antworten ein, die noch nicht
endgültig festgelegt sind, sondern selbständig und eigenverantwortlich gefunden
werden. (...) Das einzige, was ein Manager von mir lernen kann, ist, dass er
nichts von mir lernen kann, aber alles von Menschen, die in seinem Betrieb
arbeiten. Er kann von dem Mensch an der Drehbank etwas erfahren; seine Ver-
käufer können ihm etwas beibringen und der Bote, der ihm die Post bringt. Wenn
er dazu bereit ist, wird er zu einem kreativen Element in einer heterarchischen
Organisation, die wir einen Betrieb nennen." (von Foerster, 1998: 87ff.).

Zirkuläres Denken, wie es in der Kybernetik 2. Ordnung an die Stelle des linearen Denkens gesetzt wird (von Foerster, 1998: 68), ist die Grundlage für den
Begriff der Heterarchie, wie er ursprünglich von Warren McCulloch für die
Erklärung neuronaler Netze erfunden wurde (McCulloch, 1945). McCulloch
beschreibt darin, dass die Regeln der Hierarchie (der Herrschaft von oben nach
unten) nicht auf Werteentscheidungen anwendbar sind. Während das Konzept
einer hierarchischen Kommandostruktur auf der aristotelischen Vorstellung von
einem absolut Besten, einem „Summum Bonum" ausgeht (von Foerster, 1998:
84) – und von dem Gedanken, dass die „Oberen" am besten wissen, was getan
werden soll –, verabschiedet sich das heterarchische Konzept bewusst von diesen
Gedanken: Wenn wir eine Wahl aufgrund einer Hierarchie von Werten träfen,
dann gäbe es stets einen letztgültigen Wert, dem alle anderen Werte untergeord-
net sind. Mit dem Begriff der Heterarchie unterscheidet McCulloch also die kon-
textbestimmten von hierarchischen Entscheidungen: Heterarchische Entscheidungen kommen dabei immer bei Verhaltensentscheidungen zum Tragen: Denn
heterarchische Werte stellen relative Entscheidungen dar, die jeweils von Zeit
und Kontext abhängig sind.

Heinz von Foerster führt einen wichtigen Punkt an, den die Heterarchie im
Modell der lernenden Organisation ermöglicht – nämlich die Beteiligung jedes
einzelnen Systemmitglieds am Betrieb, welche unmittelbar zum Aufbau organi-
sationsbezogenen Wissens beiträgt (von Foerster und Bröcker, 2002: 304f.):

„Der andere Punkt, den ich durch die Idee der Heterarchie versucht habe hinein-
zubringen, war, dass sich jeder an dem Betrieb beteiligen soll und nicht nur ein
passives Element ist; nicht nur seinen Job tut, der ihm durch die Struktur der
Organisation angewiesen wurde. Das ist eben meine Haltung: Ich bin ein Teil der
Welt. Jeder sollte ein Teil der Welt sein.

Also jeder, der in einem Betrieb arbeitet, ist ein Teil des Betriebs und muss daher
wie ein Teil des Organismus auch mitsprechen können, um diesen Organismus
am Leben zu erhalten und zu stärken. Daher habe ich den Satz geprägt: Jedes
Mitglied der Organisation ist ein Manager dieser Organisation. (...) (...) sie

haben dann eingesehen, dass der Mann an der Drehbank ja tatsächlich Sachen weiß, die der Mann da oben nicht weiß. Das heißt, man kann sein Wissen benutzen, um den Betrieb und den output, das, was die Fabrik produziert, zu verbessern. " (von Foerster und Bröcker, 2002: 304 f.).

Heterarchische Strukturen im Unternehmen bedeuten eine bewusste Fokussierung auf die Anpassungsfähigkeit von Organisationen sowie deren kontinuierliche Lernfähigkeit zweiter Ordnung (Toulmin, 1994: 294):

„Wird das Hauptproblem der Systemgestaltung nicht mehr in der Sicherung der Stabilität gesehen, sondern in ihrer Anpassungs- und Lernfähigkeit, dann erweist sich das platonische Ideal einer systematischen Ordnung, die auf der Grundlage universeller Prinzipien rational koordiniert wird, als überholt. An ihre Stelle müsste dann vielmehr ein flexibles, pluralistisches Organisationsmodell treten, das den Wettbewerb der unternehmerischen Ideen organisiert, um auf neue, veränderte Anforderungen reagieren zu können. Nicht Einheit und Stabilität sind die philosophischen Leitlinien einer „nachmodernen" Zeit, sondern pluralistische Vielfalt und Anpassungsfähigkeit. (...)

Unternehmensleitbild des „neuen" Wettbewerbs ist das lernende Unternehmen, das eine Strategie der kontinuierlichen Innovation in Produkten und Prozessen innerhalb eines wirtschaftlichen und gesellschaftlichen Rahmens verfolgt, der permanente industrielle Restrukturierung ermutigt und fördert. " (Reihlen, 1998: 6).

Heterarchien stehen in sehr engem Zusammenhang mit der Schaffung von Selbstverantwortung: Das Verhandlungsprinzip verleiht den einzelnen Systemmitgliedern eine größere Entscheidungsautonomie, da sie nunmehr nicht mehr in einem einseitigen, sondern in einem wechselseitigen Abhängigkeitsverhältnis stehen, verlangt gleichzeitig aber ein notwendiges Maß an Selbstbeschränkung, um einen kollektiven Problemlösungsprozess zu vollziehen: Sie sind keine Befehlsempfänger oder reine Informationslieferanten, sondern werden an einem kooperativen Entscheidungsprozess beteiligt. Diese Partizipation fördert wiederum das gegenseitige Verständnis und die Ausbildung einer informierten, lernfähigen Gesellschaft (Daft und Lengel, 1984). Das Konzept einer konsequenten Partizipation verspricht insbesondere in einem wissensbasierten bzw. auf Innovation ausgerichteten Wettbewerb Vorteile: Es steigert neben der größeren Eigenverantwortlichkeit auch die gegenseitige Achtung der Systemmitglieder und unterstützt deren kritisches, selbständiges Denken. Und erst das kooperative Denken gewährleistet das Teilen von Wissen und Erfahrungen zur gemeinsamen Reflexion von Problemen (Reihlen, 1998: 16).

b) Die Philosophie des „Als ob"

Die von Hans Vaihinger im Jahr 1911 publizierte Philosophie des „Als ob" schafft eine für die selbstverantwortliche Umsetzung der lernenden Organisation wesentliche Grundlage:

*„Machen wir die Kantische Rechnung: Wir machen die Fiktion, es gebe „Iche"
und Wesen, welche auf sie einwirken, also Dinge. Bei dieser Einwirkung kommt
aber nur der Anstoß von außen, alles andere tut das Ich von innen hinzu: Raum,
Zeit, Kategorien, kurz alles stammt aus dem Ich, und es produziert diese Formen
in Folge jenes Anstoßes. Der Anstoß selbst bleibt jenseits des Ich, d. h. über die
durch den Anstoß erregte Wirkung in uns können wir nicht hinaus: d. h. jenseits
der Erfahrung können wir die Kategorien nicht anwenden, denn diese sind
die Reaktion der Iche auf äußere Anstöße nach kausalem Zusammenhang."*
(Vaihinger, 2007: 268).

Folgen wir den Relationalen Grundsätzen, insbesondere der Philosophie des
„Als ob" und führen wir die lernende Organisation als Fiktion ein, so können
sich alle Systemmitglieder von Beginn an so verhalten, als ob es diese lernende
Organisation schon gäbe – und mit diesem Verhalten erzeugen sie die lernende
Organisation jeden Tag aufs Neue: Durch das unablässige Leben der Fiktion
wird die Fiktion mehr und mehr zur erlebten Wirklichkeit.

1.3.4.2 Instrumente zur selbstverantwortlichen Umsetzung

a) Ausgestaltung der jeweiligen Bilder auf der jeweiligen Ebene

Entsprechend des in Punkt 1.3.3.2. beschriebenen Modells zur Strukturgestaltung werden auch auf Team- und Bereichsebene, ja sogar auf individueller Ebene
Bilder entwickelt, die sich jeweils im gemeinsamen Rahmen bzw. in den darin liegenden Rahmen bewegen müssen. Jedes Bild ist dabei ein Fraktal des Gesamtrahmens, auch wenn die einzelnen Bilder so spezifisch sind, dass sie oft gar nichts
miteinander zu tun haben. Die entstandenen Bilder auf Team- und Bereichsebene können jedoch einen Rahmen für jeden Einzelnen abgeben, der selbst
wiederum in den entstehenden Gesamtrahmen einsetzen kann, wodurch seine
Ausrichtung sowie sein Handeln konsequent in den Dienst der lernenden Organisation gestellt ist.

b) Probehandeln

Bereits die aus der „Philosophie des Als ob" von Paul Watzlawick abgeleitete
„Therapie des Als-ob" wurde in der Vergangenheit erfolgreich angewendet, um
schmerzliche oder nicht mehr funktionierende Konstruktionen durch weniger
leidvolle, angenehmere oder freudvolle zu ersetzen (Watzlawick, in: Pörksen,
2001: 222 f.). Das hier vorgeschlagene Instrument des Probehandelns für die
selbstverantwortliche Umsetzung von Veränderungsprozessen funktioniert in
ähnlicher Weise, wenn auch in organisatorischen Kontexten. Dabei wird auf
Ebene der sozialen Systeme wie auch auf Ebene der individuellen Systeme den
Teams/Bereichen wie den Systemmitgliedern ermöglicht, sich konsequent zu
verhalten, „als ob" das, was sie gerade als Weg oder als Best Practice in einem
anstehenden Problem zu erarbeiten suchen, bereits gefunden wäre und post-

aktiv zu explizieren, was sie getan hatten, um es dann der Organisation zur Standardisierung zur Verfügung stellen zu können. Probehandeln folgt dabei dem Prinzip des Trial and Error: Was funktioniert, wird beibehalten – was innerhalb eines vorweg definierten Zeitraums hinweg nicht funktioniert hat, wird ohne weitere Angabe von Gründen zur Neugestaltung/Veränderung freigegeben.

1.3.5 Laufende Prüfung, ob das Tun der Struktur folgt

1.3.5.1 Anforderungen an die laufende Prüfung des „Walk the talk" in der lernenden Organisation

Jedes Individuum entwickelt sich aufgrund seiner täglichen neuen Erfahrungen laufend weiter und sieht auf diese Weise die Welt aus einer beständig sich wandelnden und entwickelnden Perspektive. Aus einer neuen Perspektive heraus entwickelt es auch zwingend eine immer neue Wirklichkeit der Organisation: Das, was als Rahmen gehört und das, was als Bild der lernenden Organisation geschaffen wurde, erscheint in einem neuen Licht oder verändert sich in Wechselwirkung mit dem Tun des Individuums sowie der einzelnen Teams und Bereiche. Organisation und Teams/Individuen driften auseinander. Um den Rahmen und das Bild der lernenden Organisation aufrecht zu halten, bedarf es eines laufenden Abgleichs zwischen subjektiver Wirklichkeit und intersubjektiver Wirklichkeit, die sich wie auch der Rahmen in Wechselwirkung mit der Umwelt laufend verändern und sich immer wieder „gemeinsam ausrichten" müssen.

1.3.5.2 Die Assessment-Checkliste als Instrument der laufenden Prüfung

Die Assessment-Checkliste (Anhang A) ist ein probates Instrument, um laufend zu prüfen, ob das Tun auf Organisations-, Team- und individueller Ebene dem entspricht, was in der Struktur gemeinsam festgelegt wurde. Dafür werden die wichtigsten erfolgskritischen Ergebnisvariablen aus Rahmen und Struktur in eine Liste zusammengefasst und regelmäßig mit dem Vorgesetzten geprüft, inwieweit diese auf einer Skala von 0 – 10 (0 = gar nicht und 10 = voll und ganz) eingehalten bzw. gelebt werden. Kriterien, die im Beobachtungszeitraum aus Sicht der Betreffenden nicht oder nicht zufrieden stellend gelebt werden, also Kriterien, die sich in Richtung 0 bewegen, werden gemeinsam Handlungsschritte erarbeitet, um in der Bewertung höher zu kommen.

Die im Anhang dargestellte Assessment-Checkliste ist leer; denn die erfolgskritischen Ergebnisvariablen müssen im Zuge der Rahmenvorgabe individuell gemeinsam mit den erfolgskritischen Ergebnisvariablen aus der gemeinsamen „Bild-Gestaltung" und mit den persönlichen Ergebnisvariablen in Ausgestaltung der Rahmenvorgaben individuell jeweils festgelegt werden.

Beispiele dafür können z. B. sein:

- „Kostenoptimierte Prozesse"
- „Sicherung der Kundenerreichung"

- „Alle Verkäufer kennen den technischen Status Quo beim Kunden und können diesen so verkaufen, dass der Kunde kauft"
- „Einzigartige, unnachahmbare Servicequalität".

Die zugehörige Bewertung folgt den Grundlagen der Skalenbewertung von Steve de Shazer (de Shazer, 2000).

Wenn sowohl Führungskraft als auch Mitarbeiter laufend eine Beurteilung der Ergebniskriterien aus Fremdsicht (Führungskraft) als auch Eigensicht (Mitarbeiter) vornehmen, dann treten zweierlei Ergebnisse zutage, die einen Schlüssel zur Aufrechterhaltung organisationalen Lernens darstellen:

1. Die Abweichung von der gewünschten „10" bezüglich jedes Erfolgskriteriums
2. Die Abweichung zwischen den Sichtweisen, bezüglich der im Rahmen von Führung daran gearbeitet werden kann, wie sich die Führungskraft mit ihren Erwartungen besser verständlich machen kann und welche Ergebnisse – noch konkreter in den Ergebniskriterien formuliert – gefordert sind.

Insofern stellt die Assessment-Checkliste das Management-Bindeglied zwischen Rahmenvorgabe organisationalen Lernens und der jeweils individuellen Umsetzung dieser Vorgabe dar (vgl. auch Radatz, 2009a).

2 Das Relationale Ablaufmodell zur umsetzenden Ausgestaltung der lernenden Organisation abgeleitet vom Relationsmodell

„Akkomodation findet gewöhnlich so lange nicht statt, als ein Schema das erwartete oder gewünschte Ergebnis erzeugt. " (Ernst von Glasersfeld, 1996: 301).

Das hier dargestellte Modell verfügt ebenso wie das Modell organisationalen Lernens von Argyris und Schön über zwei parallele Theoriestränge (inhaltliche vs. Prozess-Ebene), die sich durchaus mit dem Einschleifen- vs. Doppelschleifen-Lernen vergleichen ließen; allerdings muss die Unterscheidung zwischen „unproduktivem" und „produktivem" Lernen hier nicht getroffen werden, weil beide Ebenen des Lernens miteinander verbunden sind und einander bedingen bzw. ergänzen.

Im Folgenden wird das Modell dargestellt, erklärt, inwieweit das Modell jene Lücken schließt bzw. gar nicht erst aufkommen lässt, die beim Modell von Argyris und Schön entstanden sind und welche Instrumente in diesem neuen Modell in der Praxis verwendet werden können.

2.1 Die Darstellung des Modells und der Zusammenhänge

„Wenn etwas funktioniert, tue mehr davon. (de Shazer, 1998, k. Seitenangabe).

Das Modell zur umsetzenden Ausgestaltung der lernenden Organisation versteht sich als das dem Modell zur Schaffung der lernenden Organisation nachgelagertes Modell (Abbildung 34).

Erst wenn die Voraussetzungen für eine lernende Organisation geschaffen wurde, kann Lernen auf organisationaler Ebene auch operativ, integriert in den täglichen Arbeitsablauf, stattfinden. Es sind dabei die Führungskräfte, die für diese Entwicklung letztlich verantwortlich sind. Ihre Aufgabe besteht in der Verknüpfung der beiden Ebenen, wobei ihr Fokus auf all das gerichtet ist, was „funktioniert" – zur überlebenssichernden und Perspektiven schaffenden Entwicklung des Gesamten: Es wird mehr dessen getan, was funktioniert und konsequent sowie angemessen rasch das weggelassen, was nicht funktioniert.

Beide Ebenen – die der prozessualen Ebene des Lernens II und die der inhaltlichen Ebene des Lernens I – werden in diesem Modell bewusst und konsequent in das Zeichen der lernenden Organisation gestellt.

Was bedeutet das? Dass in jeden Schritt der Aspekt des Lernens der Organisation maßgeblich mit einbezogen wird, insbesondere beginnend bei der Gestaltung des Rahmens: Der Rahmen muss bereits eine hinlänglich genaue Ausgestaltung des Gedankens des Lernens der Organisation aus einer spezifisch unternehmensbezogenen Sicht enthalten, um in weiterer Folge bei der Ausgestaltung

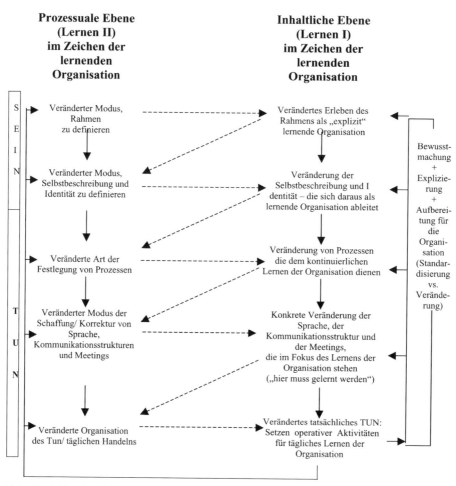

Abb. 34 Ablaufmodell zur umsetzenden Ausgestaltung der lernenden Organisation

der Selbstbeschreibung und der Identität (gemeinsam das SEIN des Unternehmens beschreibend) und daraus abgeleitet bei der Ausgestaltung der Prozesse, der Ziele und Strategien des Unternehmens, der Kommunikationsstrukturen und der operativen Handlungen im Unternehmen (gemeinsam das TUN des Unternehmens beschreibend) angemessen repräsentiert zu sein und die Zukunft des Unternehmens entscheidend zu definieren.

Auf der prozessualen Ebene (Lernen II) bewirkt ein aufgrund der Einbeziehung des Primats des Lernens der Organisation veränderter Modus, den Rahmen zu definieren, ein verändertes Erleben des Rahmens (vgl. Lutterer, 2009): Denn wenn wir davon ausgehen, dass wir die Wirklichkeit subjektiv konstruieren, dann führt die Veränderung in der Einbeziehung in die Gestaltung, in der Verabschiedung und in der Kommunikation des Rahmens zu einem veränderten Verständnis des Gemeinsamen. Zugleich kann ein starkes Commitment in Bezug auf den Rahmen ein verändertes Erleben des Rahmens dadurch geschaffen werden. Wenn gleichzeitig auf der Ebene der inhaltlichen Rahmengestaltung der Aspekt der lernenden Organisation in den Vordergrund gestellt wird, dann entstehen gemeinsam mit der veränderten Gestaltung des Rahmens eine neue Form der Gestaltung der Selbstbeschreibung und Identität sowie auch neue Möglichkeiten in der inhaltlichen Gestaltung von Selbstbeschreibung und Identität (vgl. auch Radatz, 2009a). Diese sind selbst wiederum lerngetrieben definiert.

Eine Selbstbeschreibung, die das Lernen der Organisation explizit zum Fokus erhebt, führt unmittelbar zu einer Veränderung der Prozesse: Denn in der Organisation müssen zwangsläufig neue – lerngetriebene – Prozesse entstehen, wenn sich der Fokus weg vom Erfahrungszuwachs und der Belohnung des Wissen bzw. der Leistung Einzelner hin zum Erfahrungs- und damit Wissenszuwachs der Organisation verschiebt.

Sie ermöglicht aber auch die veränderte Form der Gestaltung von Prozessen, aus der wiederum eine veränderte Form der Gestaltung der Kommunikationsstrukturen und Sprache abgeleitet wird. Auch die Gestaltung der Kommunikationsstrukturen und Sprache folgt im beschriebenen Ablaufmodell dem Fokus des Lernens der Organisation – es wird kontinuierlich darauf geachtet, wie die Kommunikationsformen und -abläufe, die organisationale Sprache und die Meetings beschaffen sein müssen, damit sich die Organisation einen Wissensvorsprung sichert und gleichzeitig effizienter wird (Innenfokus) und viabel gegenüber den georteten Kundenbedürfnissen bleibt/wird (Außenfokus).

Der Fokus auf die potenzielle Freiräume und Veränderungsansätze in der Gestaltung der Sprache, Kommunikationsstruktur und Meetings führt auch tatsächlich zu einer veränderten Sprache (Maturana und Bunnell, 2001), und damit auch zu veränderten Kommunikationsstrukturen und zu veränderten Meetings: Denn wenn die Form sich verändert, eröffnet dies auch neue inhaltliche Möglichkeiten (Maturana, 2000).

Schließlich führt all das zu einer veränderten Organisation des täglichen Handelns und zu einem veränderten tatsächlichen Tun: Das Lernen der Organisation spiegelt sich in jedem Schritt, in jedem kleinen Handeln der Organisation wider.

Wird z. B. eine neue, dem Rahmen und den Zielen besser entsprechende Form der Gestaltung von Prozessen gefunden, so muss nicht der Rahmen dafür verändert werden; sondern der Ablauf beginnt dann an der Stelle der Gestaltung der Prozesse und vollzieht sich weiter bis nach unten – wird jedoch letztlich wieder nach oben getragen, indem er nach entstandenem veränderten Tun bzw. einer veränderten Organisation des Tun wiederum als Erfahrung in die Gestaltung der weiter oben angesiedelten Faktoren (Rahmen, Selbstbeschreibung, Identität, Kommunikationsstruktur auf der inhaltlichen Seite; Gestaltung von Rahmen, Selbstbeschreibung, Identität und Kommunikationsstruktur auf der prozessualen Seite) auf organisationaler Ebene einwirkt.

2.2 Die Überwindung der Theorie von Argyris und Schön mit Hilfe des neuen Modells

Das in früheren Arbeiten zur lernenden Organisation viel zitierte Modell der lernenden Organisation nach Argyris und Schön kann an dieser Stelle mit dem neuen Modell überwunden werden – in allen sieben Punkten, die bereits zuvor (Teil 2, Kap. 2.2.) von der Autorin identifiziert wurden.

a) Ausgangs- und Ansatzpunkt „Individuum"

Ausgangspunkt im Modell von Argyris und Schön ist das Individuum; dort wird auch angesetzt, wenn es um das Lernen geht (vgl. Argyris, 2006; 2008). Dies ist jedoch gerade der heikelste Punkt im Modell (Argyris, 2008), da die Individuen ja nicht gezwungen werden können, zu lernen; sie können Lernen verweigern und sie können zudem die Explizierung von Wissen verweigern.

Im Ablaufmodell zur umsetzenden Ausgestaltung der lernenden Organisation kommt das Individuum explizit gar nicht und implizit nur im Schritt „Bewusstmachung, Explizierung und Aufbereitung für die Organisation (Standardisierung vs. Veränderung)" vor. Ausgangspunkt, Ansatzpunkt und Fokus aller Anstrengung des organisationalen Lernens ist die Organisation – nicht das Individuum. Damit fällt der fragilste Punkt im Modell weg: Vom Individuum wird per Rahmenvorgabe von Beginn an gefordert und nachgehalten, zum Lernen der Organisation beizutragen; kann es dazu nicht ein individuell erarbeitetes Konzept („Bild") vorweisen bzw. folgt es diesem Bild und dem Rahmen nicht, so hat es von Beginn weg keine Daseinsberechtigung in der Organisation bzw. verliert diese nach ausreichenden Führungsanstrengungen.

b) Die Thematik des „Einschleifenlernens"

Aufgrund der Einführung des „Rahmen"-Konstrukts entsteht mit Anwendung des Ablaufmodells zur umsetzenden Ausgestaltung der lernenden Organisation eine neue Organisation, in der es explizit nicht um Vertuschen, Vermeiden oder Verhindern geht – außer, dies ist von der Organisation so gewollt (was unwahrscheinlich ist, wenn das Ziel der Leitung darin besteht, dass die Organisation kontinuierlich lernt, also die Breite des organisationalen Handlungsspektrums erweitert wird). Transparenz bildet also die Grundlage und Voraussetzung organisationalen Lernens, wie es hier beschrieben ist, und führt dazu, dass Einschleifenlernen nachhaltig verhindert wird.

Einschleifenlernen kann auch insofern gar nicht entstehen, als TUN und SEIN unmittelbar aufeinander folgen: Das Modell versteht sich als ein holistisches Modell, das „Lernen" gar nicht mehr auf das Einschleifenlernen reduzieren kann.

Denn jede Organisation erarbeitet in einem einzigen Prozess (d. h. an ein bis max. 2 Tagen) ein gemeinsames Verständnis des Rahmens, die neue Selbstbeschreibung und Identität aufgrund des neuen Rahmens (= SEIN) und das entsprechend für dieses SEIN notwendige TUN. Am Leben des neuen Sein und Tun und an der Einhaltung der Rahmenkriterien wird jedes Organisationsmitglied unmittelbar gemessen – ergebnisorientiert. Vertuschen, Vermeiden oder Verhindern würde unter solchen Voraussetzungen zu einer Verschlechterung der persönlichen Leistung jedes Einzelnen führen und wird daher mit Sicherheit nicht praktiziert.

c) Klare Trennung zwischen Vorgabe und Partizipation

Die Unklarheit und die damit entstehende Frustration bei den Mitarbeitern, wo ihr Einfluss und selbstverantwortliches Handeln nun erwünscht ist und wo nicht, werden durch die klare und unmissverständliche Trennung zwischen „Rahmen" und „Struktur" im Modell vermieden: Der Rahmen muss anerkannt werden – die Struktur (das „Bild") darf, soll und muss mit gestaltet und mit entschieden werden. Bezüglich des Bildes gibt es eben keine mehr oder weniger ausgearbeitete Vorschläge von Seiten der Leitung, sondern hier ist echte Partizipation gefragt, die sich auch in unmittelbar an die Erarbeitung jeweils angeschlossene Entscheidung/Festlegung äußert.

Um es mit einem Beispiel darzulegen:

Während in den traditionellen Prozessen von Argyris und Schön zur Ausgestaltung der lernenden Organisation nur ein „repräsentativer Teil" der Organisationsmitglieder eingeladen wird, die sich verschiedenen Vorschlägen der Ausgestaltung gegenüber sehen und noch „ein wenig ausarbeiten" dürfen, um „den Eindruck der aktiven Prozessteilnahme zu erlangen" (und diese Ergebnisse dann zu einem viel späteren Zeitpunkt dem Steuerungskomitee vorgelegt wird, das daraus auswählt, zusammenfasst und endfertigt, was ihm passt), wird den Organisationsmitgliedern im hier beschriebenen Prozess von Beginn an deutlich gemacht, wo sie lediglich aufgefordert sind, eine Entscheidung bezüglich Anerkennung zu treffen (Rahmen), und wo sie ihr Wissen anwenden sollten (Struktur).

d) Ziel der lernenden Organisation

Im Gegensatz zu den Ausführungen bei Argyris und Schön (Argyris und Schön, 2002) ist das Ziel der lernenden Organisation bewusst offen gehalten und darf sich im Zeitablauf immer wieder verändern: Denn wir verändern unsere Welt ständig – und unsere Welt verändert damit auch wieder unsere Handlungsmaximen bzw. bietet uns neue an.

Ob die Organisation sich nun zum Ziel setzt, bezüglich ihrer Kundenorientierung, ihrer Qualitätsorientierung, ihrer Produktvielfalt, ihrer Positionierung am Markt, ihrer technischen Kompetenz (z. B. Toyota), ihrer reibungslosen Abläufe (z. B. Amazon), ihrer Innovationsorientierung (z. B. Google), ihrer Existenzsicherung (z. B. Shell) oder welchem Ziel auch immer zu lernen: Jedes dieser Ziele einer lernenden Organisation ist mit diesem Modell erreichbar, denn das Ablaufmodell zur umsetzenden Ausgestaltung der lernenden Organisation lässt das Ziel der Organisation und damit den Fokus des Lernens völlig offen. Was auch immer handlungsleitend sein sollte, passt in das Modell.

e) Anleitung zur Umsetzung in der Praxis

Das hier beschriebene Ablaufmodell gibt eine klare Anleitung zur schrittweisen Umsetzung in die Praxis. Damit bleibt es nicht auf der Ebene der theoretischen Betrachtung stehen, sondern lässt den Anwender nicht eher los, als bis die lernende Organisation etabliert ist und funktioniert, d. h. längerfristig am Leben erhalten wird.

Diese Umsetzung folgt nicht dem trivialen Gedanken der Zerlegung in Teilschritte wie etwa bei einem Kochrezept, bei dem die inhaltliche Handlungsanleitung im Vordergrund steht, sondern bleibt auf der komplexen Ebene der Ergebnisorientierung, in der beliebig ein Schritt zurück und wieder nach vorne gemacht werden kann, wenn z. B. ein Schritt nicht zum gewünschten Ergebnis geführt hat.

Dabei bleibt stets die gesamte Komplexität in jedem einzelnen Schritt erhalten: Beispielsweise geht es eben nicht darum, zuerst die Management-Ebene „fit" zu machen, dann die mittleren Führungskräfte vorzubereiten, dann die Personalentwicklung entsprechend einzubinden, schließlich das Controlling schrittweise umzustellen, die Produktion neu zu gestalten und jedem eine neue Stellenbeschreibung zu verpassen; sondern ausgehend vom holistisch formulierten (also die gesamte Organisation betreffenden) Rahmen leitet jeder ab, was dies für seinen Bereich bedeutet: Simultan entsteht dabei die Veränderung, die in ihrer Komplexität voll erhalten bleibt, aber nun unterschiedliche Facetten entstehen lässt.

f) Garantie der Bereitschaft aller Beteiligten

Die Frage, wie die Bereitschaft aller Beteiligten zur Gestaltung/Umsetzung der lernenden Organisaton gesichert werden kann, stellt sich aufgrund der Konzeption des Modells nicht, das auf der Grundlage des Relationsmodells entwickelt wurde. In jedem Fall sind alle Beteiligten bereit, zum Fokus der lernenden Organisation entsprechende Beiträge zu leisten, wenn die Organisation vom Rahmen und der Gestaltung des Rahmens her dies vorsieht und erfordert.

Beispielsweise wird sich ein Mitarbeiter im Vertrieb nicht die Frage stellen, ob er auch bereit ist, der Organisation „zum Lernen zu verhelfen", wenn seine Leistung u. a. daran gemessen wird, wie intensiv er an der Sammlung von Standards zur nachweislich erfolgsfokussierten Optimierung des spezifischen Vertriebs in der Organisaton beiträgt. Dies wird sehr einfach gemessen, indem vom Mitarbeiter die Zahl der verschriftlichen Ergebnisse und die damit produzierten Auswirkungen regelmäßig vorgelegt werden müssen und er diesbezüglich bestimmte Rahmenbedingungen erfüllen muss.

2.3 Zentrale Fragestellungen in der Umsetzung

Im Unternehmensalltag wird wohl insbesondere die Ebene des „Seins" eher stabil bleiben und vorrangig auf der Ebene des „Tuns" entsprechend der Strukturvariablen im Relationsmodell gelernt werden (Maturana, 2000) – und das stets von innen nach außen (vgl. auch Radatz, 2009a):

- Entwicklung immer neuer Wissensziele und –strategien
- Erarbeitung immer neuer Prozesse, Abläufe, Produkte und Leistungen
- Erarbeitung immer neuer Kommunikationsstandards nach innen und außen
- Erarbeitung immer neuer spezifischer Handlungen

Allgemeine Formulierung	Spezifische Formulierung
Wie müssen unsere spezifischen Kernprozesse aussehen/ablaufen, wenn sie unserer Definition und unserem Konzept der lernenden Organisation folgen sollen? Wie müssen unsere spezifischen Kernprozesse gestaltet sein, wenn sie unserer Definition und unserem Konzept der lernenden Organisation folgen sollen?	Wie muss unser spezifischer Prozess zwischen Kundendatenverwaltung und Vertrieb ausgestaltet sein, damit wir unseren Kunden den höchstmöglichen Nutzen bieten können?

Abb. 35 Die Ableitung spezifischer Fragestellungen

Wie aus exemplarischen Fragestellungen spezifische Fragestellungen entwickelt werden können, vermitteln die Abbildungen 36 und 37.

Jede einzelne dieser Fragestellungen könnte gut einen ganzen Tag in Anspruch nehmen, um von vielen Perspektiven betrachtet und spezifisch beantwortet zu werden. Oder anders formuliert: Sie verlieren nie an Aktualität, und können auch nie „endgültig erschöpfend" beantwortet werden (Senge, 2008).

Wir können also im laufenden Prozess organisationalen Lernens jede dieser Fragen beginnen mit „Und was sollten wir aus HEUTIGER SICHT..." und immer wieder aufs Neue über aktuelle Antworten nachdenken, die aufgrund des Austauschs jedes einzelnen Systemmitglieds mit der Außenwelt (Maturana und Bunnell, 2001c) auch immer wieder neu entstehen. Die Organisation „weiß" laufend mehr, wenn das Wissen Einzelner ohne Unterlass organisationsfokussiert zu gemeinsamen Standards, Vorgangsweisen und organisationalen Spezifika gebündelt wird (Radatz, 2009a).

Das Kriterium „Zeit" ist dabei von untergeordneter Relevanz; erfordert doch die Erarbeitung von Antworten auf eine wissensbasierte Fragestellung nie mehr

Prozessuale Ebene: Lernen II	Beispiele für Fragestellungen auf dieser Ebene
Veränderter Modus, den Rahmen zu definieren	Wer muss den Rahmen in welcher Form und unter Beachtung welcher Kriterien definieren, damit wir als Unternehmen dem Anspruch der lernenden Organisation gerecht werden und dabei z.B. a) nachhaltig erfolgreich sind? b) einzigartig bleiben? c) Innovation erfolgreich leben? d) kontinuierlich lernen?
Veränderter Modus, Selbstbeschreibung und Identität zu definieren	Auf welche Art und Weise müssen wir unsere Selbstbeschreibung und unsere Identität definieren, • damit wir die „lernende Organisation" im Unternehmen konsequent leben? • damit diese in Zeiten der Unsicherheit flexibel und gleichzeitig nachhaltig Erfolg sichern?
Veränderter Modus der Ziel- und Strategieerarbeitung und -festlegung	Wie müssen wir unsere Ziele und Strategien anders erarbeiten und festlegen, damit • wir den Gedanken der lernenden Organisation auch auf dieser Ebene optimal leben? • wir das Wissen und die Erfahrungen im Unternehmen flächendeckend nutzen? • wir uns nicht im „mehr desselben"-Sumpf verstricken, sondern uns laufend neu erfinden und dabei insbesondere auch konsequent etwas „wirklich Anderes" tun, wenn die Dinge nicht (mehr) funktionieren?
Veränderte Art der Festlegung von Prozessen	Auf welche Art und Weise müssen wir unsere Prozesse überarbeiten/ neu gestalten/ festlegen, damit diese • geeignet sind, die Ziele der lernenden Organisation auf den unterschiedlichen Unternehmensebenen zu erreichen? • von den Betroffenen optimal bedient werden können? • so kostensparend und einfach wie möglich ausfallen? • flexibel und rasch verändert werden können? • die Einzigartigkeit des Unternehmens unterstreichen und diese mit kontinuierlicher Innovation fördern?
Veränderter Modus der Schaffung/ Korrektur von Sprache, Kommunikationsstrukturen und Meetings	Auf welche Weise können wir in unsere Unternehmenssprache, Kommunikationsstrukturen, Meetingstrukturen so eingreifen, dass • die Veränderung in Richtung einer gelebten lernenden Organisation überhaupt flächendeckend im Unternehmen und bei den Kunden ankommt und ernst genommen wird? • die lernende Organisation durchgängig und fließend gelebt wird – nicht „neben" dem Job, sondern komplett integriert in und untrennbar verbunden mit dem Job? • die Mitarbeiter sich durch das Neue nicht bedroht, sondern Wert geschätzt und verstanden fühlen? • für die Kunden eine fließende Veränderung hin zu einer gelebten lernenden Organisation entsteht?
Veränderte Organisation des Tun/ täglichen Handelns	• Welche Führungsinstrumente brauchen wir, um unsere Selbstbeschreibung als lernende Organisation zu leben? • Wie kann das Verhalten beim Kunden durchgängig so organisiert werden, dass das Unternehmen stringent wahrgenommen wird?

Abb. 36 Exemplarische Fragestellungen auf der prozessualen Ebene (Lernen II)

als 2–3 Stunden. Wird diese Zeitspanne dem „Ertrag" in Form von nachhaltiger Fehlersenkung, Aufbau von Alleinstellungsmerkmalen und entsprechender Verbesserung der Positionierung am Markt gegenübergestellt, so wird rasch klar: Diese Vorgangsweise zeigt die notwendige Rentabilität.

Inhaltliche Ebene: Lernen I	Beispiele für Fragestellungen auf dieser Ebene
Rahmendefinition	Wie können wir auf der Leitungsebene der Organisation/ der jeweiligen Bereiche den Rahmen so festlegen, dass maximales Lernen der Organisation a) gefördert wird? b) gefordert wird?
Veränderte Selbstbeschreibung und Identität	Welche Faktoren müssen in unsere Selbstbeschreibung und Identität integriert werden, • damit wir unserem unternehmensspezifischen Rahmen entsprechen, in dem das Lernen der Organisation verankert ist • und wir gleichzeitig den Gedanken der Lernenden Organisation so ausfüllen, dass wir alle zu 100% mit dabei sind?
Veränderte Ziele und Strategien	Wie müssen wir unsere Ziele und Strategien inhaltlich ausformulieren, wenn wir mit diesen den Gedanken der lernenden Organisation Rechnung tragen wollen?
Veränderte Prozesse	Wie müssen unsere spezifischen Kernprozesse aussehen/ ablaufen, wenn sie unserer Definition und unserem Konzept der lernenden Organisation folgen sollen?
Veränderte Sprache, Kommunikationsstrukturen und Meetings	Welche Eckpfeiler und Spezifika muss unsere Sprache, müssen unsere Meetings, müssen unsere Kommunikationsstrukturen (Inhalt, Form, Häufigkeit, Medium) aufweisen, damit wir dem Gedanken der lernenden Organisation unternehmensspezifisch gerecht werden?
Verändertes tatsächliches Tun	Wie muss sich der Gedanke der lernenden Organisation in unserem täglichen Tun widerspiegeln?

Abb. 37 Exemplarische Fragestellungen auf der inhaltlichen Ebene (Lernen I)

2.4 Instrumente zum Leben des Modells in die Praxis

Um das Modell in der Praxis zu leben, brauchen wir handhabbare Instrumente.

Diese Instrumente lassen sich dem Lernen auf vier Ebenen zuteilen:

• Instrumente zur Förderung des Lernens auf individueller Ebene (fakultativ)
• Instrumente zur Entwicklung der jeweiligen neuen Selbstbeschreibung aus dem Rahmen
• Instrumente für das Explizieren von Erfahrungen
• Instrumente zum Standardisieren von Erfahrungen

Diese Instrumente werden im Folgenden dargestellt.

Im Kapitel danach wird ein Beispiel aus der Beratungspraxis vorgestellt, in dem ausgewählte Instrumente angewendet wurden.

2.4.1 Förderung des Lernens auf individueller Ebene

Die Beiträge der Systemmitglieder werden in der lernenden Organisation als „Grundnutzen" für die Organisation und damit quasi als Eintritts- und Verbleibberechtigung in der Organisation betrachtet. Damit entfällt die Diskussion darüber, ob die Systemmitglieder hoffentlich oder vielleicht doch nicht zur Weiterentwicklung der lernenden Organisation beitragen.

Um aber diese Klarheit bei den Systemmitgliedern über diese doch sehr innovative Grundvoraussetzung zu fördern, bedarf es zunächst einer sehr hohen Transparenz von Seiten der Unternehmensleitung darüber, was hier gefordert wird – nicht zuletzt, um eine optimale Entscheidungsgrundlage für die einzelnen Systemmitglieder zu sichern.

Diese erhöhte Transparenz äußert sich in zumindest 4 verschiedenen Ausprägungen:

• Transparenz über die Rahmenbedingungen der Organisation

• Transparenz über das Zustandekommen der Rahmen und der Struktur in der Organisation und die damit in Zusammenhang stehenden geforderten Beiträge der einzelnen Systemmitglieder (also eine deutliche Antwort darauf, für welche Leistungen sie auch tatsächlich bezahlt werden),

• Transparenz über die bestehende Struktur (die nicht mit Eintritt jedes Systemmitglieds geändert wird, d. h. jedes neue Systemmitglied muss damit leben, bis der vorgesehene Zeitpunkt wieder kommt, an dem die Struktur gemeinsam in Frage gestellt und wieder verändert werden kann),

• Transparenz über Bedeutung und unternehmensspezifische Definition der lernenden Organisation: Was wird gelernt, wie wird gelernt, was bedeutet das für den Einzelnen und die Zusammenarbeit?

Darüber hinaus können natürlich die Beiträge der Systemmitglieder zur lernenden Organisation durch entsprechende organisationale Unterstützung und Leitlinien über die „Forderung" hinaus gefördert und noch weiter erhöht werden. Aufbauend auf die entsprechende Literatur wurden für die Förderung individuellen Lernens zur Optimierung organisationalen Lernens folgende vier grundlegende Instrumente extrahiert, bei denen in der Literatur hohe Übereinstimmung in Bezug auf eine große Bedeutsamkeit besteht:

1. Die gezielte Förderung von Selbstreflexion (Maturana und Bunnell, 2001b; von Foerster, 1993; von Glasersfeld, 2000; Wüthrich, Winter und Philipp, 2001)

2. Die Einführung von Wertschätzung und grundsätzlich positiver, zukunfts- und lösungsorientierter Orientierung des Unternehmens (Srivastva und Cooperrider, 1999; Whitney und Cooperrider, 2001; Owen, 2001; Dannemiller Tyson Associates, 2001; Brown, 2005; Wüthrich et al, 2002)

3. Der Aufbau von Spirit (Csikszentmihalyi,1991; Owen, 2001; Brown, 2005);

4. Der Aufbau einer positiven „Fehlerkultur" (Maturana und Bunnell, 2001c; Maturana, 2002).

Diese werden im Folgenden dargestellt.

2.4.1.1 Gezielte Förderung von Selbstreflexion

„Um zu reflectieren, muss der Geist in seiner fortschreitenden Thätigkeit einen Augenblick still stehn, das eben Vorgestellte in eine Einheit fassen, und auf diese Weise, als Gegenstand, sich selbst entgegenstellen. Die Einheiten, deren er auf diesem Wege mehrere bilden kann, vergleicht er wiederum unter einander, und trennt und verbindet sie nach seinem Bedürfnis." (von Humboldt, 1795/96: 581).

Maturana bezeichnet Reflexion als „die Fähigkeit, uns selbst in unseren derzeitigen Situationsbedingungen zu sehen" (Maturana und Bunnell, 2001: 39). Reflexion ist also kein Ding, sondern eine Handlung – und der Handelnde setzt sich jeweils zum Ziel, sich darüber klarzuwerden, ob er das „wo er ist" und „wie er ist" mag oder nicht – und kann dann entsprechend der Reflexion die Richtung der weiteren Vorgangsweise wählen.

Die Unterschiede, die im Rahmen der Akkomodation wahrgenommen werden, können also entweder durch Interaktion mit der Systemumwelt oder in der Selbstreflexion entstehen (von Glasersfeld, 2000). Und die aufgrund der Reflexion veränderten Handlungen bewirken, dass sich die eigene Nische verändert. Eine Nische, definiert als jener Teil der Umwelt, mit dem sich ein lebendes System tatsächlich austauscht (und der einzige Teil, den das System selbst auch sieht), ist nicht starr und unbeweglich, sondern fließend. Sie verändert sich immer dann, wenn das lebende System und seine Umgebung miteinander in Austausch stehen und sich gegenseitig „stören" (im Sinne von beeinflussen) bzw. verändern (Maturana und Bunnell, 2001b: 34).

Drei Instrumente der Selbstreflexion, auf systemisch-konstruktivistischer Grundlage werden hier beschrieben:
a) Das autopoietische Lernmodell
b) Das Induktionsprinzip
c) Die Suche nach Handlungsalternativen

a) Das autopoietische Lernmodell

Das autopoietische Lernmodell auf individueller Ebene (siehe folgende Abbildung) beinhaltet als zentrales Element die Reflexion. Erst die Reflexion, „die Fähigkeit, uns selbst in unseren derzeitigen Situationsbedingungen zu sehen" (Maturana und Bunnell, 2001: 39) schafft die Möglichkeit der Verhaltensänderung aufgrund der (geänderten) Situationsbedingungen.

Reflexion braucht entsprechend der Abbildung einen Handlungsablauf; einen Vorgang, der darin besteht, sich selbst zum Objekt der eigenen Situation zu machen und sich und die eigene Situation aus dieser Perspektive zu betrachten:

Lernen erfordert aus autopoietischer Sicht zunächst loszulassen, denn etwas das zu nahe ist, kann nicht betrachtet werden. Die Beobachtung aus der Distanz ermöglicht, Klarheit zu gewinnen und Wahlmöglichkeiten der Entscheidung zu identifizieren. Die Wahl der Entscheidung hat unmittelbare Auswirkungen auf alle zukünftigen Handlungen, die schließlich zu einer Vergrößerung der Nische führen – zur Erkenntnis, was (auch) möglich ist (über das bisherige Repertoire hinaus) – und was aus Sicht des lebenden Systems nicht funktioniert.

Hat sich die Nische verändert, so eröffnet dieser Zustand die Voraussetzung für viele weitere Reflexionen, die auf die gleiche Weise ablaufen (Maturana und Bunnell, 2001: 39).

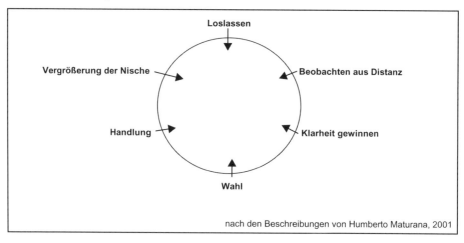

Abb. 38 Autopoietisches Lernmodell: Der Veränderungskreis der Reflexion

b) Das Induktionsprinzip

Die einfache Form des Induktionsprinzips („Behalte bei, was in der Vergangenheit erfolgreich funktioniert hat"), welche in Piagets Kognitionstheorie formuliert wurde (Piaget, 1974) lässt sich – abstrahiert – auf sich selbst anwenden und stellt auf diese Weise eine Reflexionsmethode dar, welche die Handlungsmöglichkeiten gegenüber zukünftigen potentiellen Herausforderungen erhöht.

Dazu muss das Individuum zunächst ein bestimmtes viables Handlungsmuster aus einer Vielzahl von Handlungsabläufen extrahieren – oder gedanklich ein Handlungsmuster erzeugen, das sich in einer bestimmten Situation als passend erweisen könnte. Dann kann das Individuum – wiederum nur gedanklich – Situationen erzeugen, in denen das extrahierte Handlungsmuster ebenfalls passen könnte. Auf diese Art und Weise lassen sich in der Phantasie eine Vielzahl problematischer Situationen erdenken, und dann mit Hilfe von reflexiver Abstraktion Lösungen erfinden, die irgendwann in Zukunft nützlich sein könnten. Dabei kann es sich um aus der Erfahrung gewonnenes Material oder um Gedankenexperimente handeln, die mit imaginärem Material durchgeführt werden (von Glasersfeld, 1996: 234).

c) Die Suche nach Handlungsalternativen

Wenn Wissen aus Sicht des radikalen Konstruktivismus stets nur einen möglichen Weg darstellt, um zwischen den „Gegenständen" durchzukommen, schließt das Finden eines befriedigenden Weges nie aus, dass auch noch andere befriedigende Wege des Durchkommens gefunden werden können (von Glasersfeld, 1998: 32).

So kann eine Handlungsabfolge in Einheiten unterteilt werden: in Unterscheidungen (von anderen Handlungsabfolgen) und Invarianten (Gleichheiten mit anderen Handlungsabfolgen). Gleichheiten mit anderen Handlungsabfolgen lassen jeweils die Erlebenswelt des Individuums entstehen; denn dabei geht es um Einheiten, die offensichtlich wiederholbar sind oder zumindest waren (Arnold, 2008)

Nun gilt es, in der Reflexion für jede Einheit ein Maximum an unterschiedlichen Handlungsalternativen zu entwerfen. Dies funktioniert in der Selbstreflexion – allerdings wird die persönliche Nische erst dann erweitert, wenn eine Anwendung der durchdachten Möglichkeiten erfolgt. Wenn Reflexion auf individueller Ebene als förderliches Instrument zur Verbesserung des Lernens der Organisation betrachtet wird, dann sollte dies auch zielgerichtet in der Organisation gefördert werden (siehe Abbildung 39).

---

1. Einführung in die Reflexionswerkzeuge in der Führungsarbeit

Mitarbeiter können dann (besser und gezielter) reflektieren, wenn sie funktionierende Instrumente der Reflexion zur Verfügung haben. Diese Reflexionsinstrumente wie das autopoietische Lernmodell, das Induktionsprinzip und die Suche nach Handlungsalternativen müssen zuerst vermittelt werden, ehe sie erfolgreich angewendet werden können.

2. Explizit Zeit geben/ zur Verfügung stellen

für das Experimentieren, die Beobachtung von sich selbst und den eigenen Handlungen sowie zur Reflexion in Form einer bewussten und kontinuierlichen Anwendung von Reflexionsinstrumenten.

3. Ermunterung zu und Unterstützung von Experimentiervorgängen

Das bedeutet in der Praxis,
* immer wieder zu Experimenten in Form von Varianten der persönlichen Handlungen anzuregen (und sei es nur, dass die Kassierin einen Vormittag lang alle Kunden freundlich grüßt und verabschiedet),
* einen Vertrauensvorschuss für bisher ungegangenes Terrain zu geben
* und bewusst keine „Fehlleistung" anzulasten, wenn sich ein Experiment als nicht erfolgreich herausgestellt hat.

4. Ermunterung zu und Unterstützung von Reflexionshandlungen

Im Gespräch mit der Führungskraft können Reflexionshandlungen zur Regel werden, auf die der Vorgesetzte besonderen Wert legt; ebenso kann durch die Führungskraft auch die Reflexion an den Schnittstellen sowie zwischen den Teammitgliedern des eigenen Teams kontinuierlich fordern, anregen und durchführen.

5. Weiterbildung der Führungskräfte in Selbstreflexion und Unterstützung von Reflexion

Auch die Unterstützung von Selbstreflexion will gelernt sein: So wird in einer lernenden Organisation im Idealfall auch die Führungsweiterbildung auch die Vermittlung von Instrumenten zur Unterstützung von Reflexion beinhalten.

Abb. 39 Ansätze zur Förderung individueller Reflexion im Unternehmen

2.4.1.2 Einführung von Wertschätzung und grundsätzlich positiver Zukunftsorientierung des Unternehmens

David Cooperrider (Cooperrider, 2000; Srivastva und Cooperrider, 1999: 91 ff) geht den radikal konstruktivistischen Weg weiter und erzeugt das „heliotrope Weltbild":

Wenn wir uns unsere Welt mit Hilfe unserer antizipierten Erwartungen, Werten, Intentionen, Wünsche und Erfahrungen selbst konstruieren, dann ist die von uns erlebte Welt in all ihren Ausprägungen eine Welt unserer Wahl. Ähnlich wie viele Pflanzen sich jeweils in die Richtung der Sonne drehen, nimmt Cooperrider an, dass auch Organisationen durch die Kraft positiven Sehens ihrer Gegenwart und Zukunft erfolgreich haben:

„*Eine der wesentlichen Aufgaben der Führungskräfte in der postbürokratischen Gesellschaft besteht darin, jenen wertschätzenden Boden aufzubereiten und zu bestellen, in dem positives, zukunftsorientiertes Denken zunächst als individuelles Pflänzchen gehegt und gepflegt wird und schließlich zur dominierenden Kraft im gesamten Unternehmen wird*" (Cooperrider, 1999: 94).

Hier stehen die Wertschätzung des Einzelnen und das positive Bild der Zukunft des Unternehmens in unmittelbarem Zusammenhang zueinander (siehe Abbildung 40).

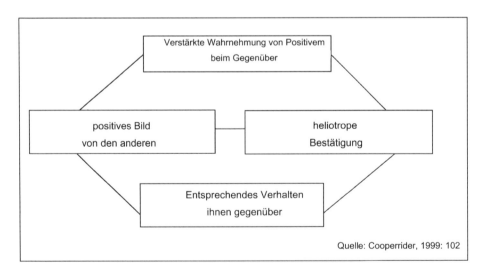

Quelle: Cooperrider, 1999: 102

Abb. 40 Das heliotrope Modell – der umgekehrte Pygmalion-Effekt

Das positive Bild von einem Menschen führt beim Beobachter zu einem entsprechenden Verhalten diesem Menschen gegenüber und zu einer verstärkten Wahrnehmung des Positiven an ihm. Wenn wir all das in ihm sehen, was wir im Idealfall in ihm und seinen Handlungen sehen können, dann werden wir – wenn wir uns zudem entsprechend unserer wertschätzenden Beobachtung verhalten – bald genau diese gewünschten konstruierten Eigenschaften mehr und mehr an ihm wahrnehmen und so einen wichtigen Beitrag zur Konstruktion einer neuen interaktiven Wirklichkeit leisten. Wertschätzung der anderen Systemmitglieder bedeutet, dass, entsprechend dem heterarchischen Ansatz, jedes Individuum in der Organisation in seiner Einzigartigkeit und Unverwechselbarkeit anerkannt wird – und dessen Handeln stets als das Sinnvollste betrachtet wird, das dieser in der gegebenen Situation hatte hervorbringen können (Maturana, 2001c).

In der lernenden Organisation können wir diese Aspekte in dreierlei Hinsicht bewusst schaffen und fördern (siehe Abbildung 41).

Die heliotrope Ausrichtung jedes einzelnen Mitarbeiters und auf Team- und Organisationsebene kann gefördert werden, indem

- in Mitarbeitern wie Kollegen stets das Bestmögliche gesehen wird, um so dafür zu sorgen, dass sie dieses auch erreichen können – denn unsere Vorstellungen leiten unsere Handlungen

- ein positives, zukunftsorientiertes Bild vom Unternehmen, seinen Intentionen und seinen Handlungen geschaffen wird – anstatt in irgend einer Form „defizitorientiert" zu arbeiten

- die Zukunft des Unternehmens nicht als ein begrenztes, vom Markt determiniertes Feld gesehen wird, sondern so konstruiert wird, wie alle Systemmitglieder sie idealer Weise sehen möchten – und erst dann nach Umsetzungsmöglichkeiten zu suchen: An die Stelle der Frage: „Funktioniert das?", tritt dann die Frage „Wie funktioniert das?"

Abb. 41 Förderung heliotropen Verhaltens im Unternehmen

2.4.1.3 Der Aufbau von Spirit

Der Begriff des „Spirits" in Teams und Unternehmen wird sehr stark von Harrison Owen geprägt, der diesen nicht als „Beigabe" zur Unternehmenskultur sieht, sondern

„... alles beginnt mit Spirit, der sich (im Guten oder Schlechten) als das Business zeigt, das wir betreiben. Spiritualität hat seinen Platz, aber nicht als eine besondere Abteilung in der Organisation, der Abteilung für Spiritualität, selbstverständlich geleitet vom Direktor für Spiritualität. Spiritualität ist das, was wir alle, 24 Stunden am Tag, tun, wenn wir unsere Existenz als Spirit anerkennen und lernen, damit zu leben. Natürlich gibt es in der Alltagssprache immer Worte, die Spirit betreffen, wie Teamgeist, esprit de corps und dergleichen. Aber jetzt scheint das Konzept von Geist irgendwie wichtiger geworden zu sein. Eine höhere Führungskraft hörte man während einer sehr hässlichen Übernahme-

debatte sagen: „Es ist bemerkenswert, dass wir, wenn hier alles andere auseinander fällt, immer noch unseren Spirit behalten. Wenn wir den verlieren, dann denke ich, haben wir alles verloren." Ich glaube, sie hatte Recht. Wenn der Spirit verschwindet, bleibt nicht viel übrig.Für mich ist es eine Tatsache, dass Spirit das entscheidendste Element jeder Organisation ist. Mit Spirit in der passenden Quantität, Qualität und Richtung ist fast alles möglich" (Owen, 2001c: 55f.).

Um Spirit in der Organisation zu ermöglichen und zu fördern, sieht Harrison Owen die Beachtung von vier Prinzipien vor. Damit Spirit jedoch auch „in der passenden Quantität, Qualität und Richtung" (Owen, 2001c: 56) vorhanden ist, muss ein Spirit-Konzept im Unternehmen von den Systemmitgliedern selbst entwickelt werden. Harrison Owen entwickelte insgesamt vier Prinzipien (Owen, 2001c: 59ff.; Owen, 2001a, 114ff.; Owen, 2001b: 45ff.), deren Zuwiderhandeln aus seiner Sicht Spirit verhindert oder zunichte macht.

Diese vier Prinzipien lauten:

a) Egal, wer kommt, es sind die richtigen Leute
b) Egal, was passiert, es ist das Einzige, was passieren konnte
c) Egal, wann es anfängt, es ist der richtige Zeitpunkt
d) Wenn es vorbei ist, ist es vorbei

a) Egal, wer kommt, es sind die richtigen Leute

Damit ist gemeint, dass Spirit nicht erzwungen werden kann – etwa dadurch, dass von der Unternehmensleitung verkündet wird, eine Richtung oder eine Initiative sei ein organisatorisches „Muss" und „begeisterte Beteiligung" sei erforderlich, um sie zum Leben zu erwecken. Individuen müssen sich aus diesem Prinzip heraus selbst entscheiden, ob sie einen neuen Weg mitgehen möchten oder eben nicht. Wenn sie sich entschlossen haben, eine Initiative mitzutragen – etwa eine lernende Organisation nach ihren maßgeschneiderten Kriterien aufzubauen, dann haben sie dies aus Leidenschaft getan. Eine solche Leidenschaft ist eine wichtige und starke Quelle der Innovation und Leistung (Owen, 2001c: 60).

b) Egal, was passiert, es ist das Einzige, was passieren konnte

Wir können Individuen und Prozesse, an denen Individuen beteiligt sind, nicht kontrollieren – und auch soziale Systeme nicht, ohne zu riskieren, dass ein Roboterunternehmen entsteht. Spirit ist dann im Raum, wenn die Dinge so laufen, wie sie laufen – und dies ist gleichbedeutend mit dem Verlust der Kontrolle. Gleichzeitig entsteht dann etwas Neues, Kreatives – eine neue Wirklichkeit wird geschaffen, die etwas anderes hervorbringt als jedes einzelne Individuum hervorzubringen imstande wäre: Denn das Ganze ist mehr als die Summe seiner Teile. Daher macht es keinen Sinn, nach einem Prozess darüber zu diskutieren, was unter anderen Bedingungen/mit anderen Personen hätte passieren können – es geht darum, das Beste aus dem zu machen, was da ist.

Harrison Owen meint dazu:

„Dies zu vergessen, ist gleichbedeutend mit der Einladung zur Rebellion" (Harrison Owen, 2001c: 61).

Spirit im Unternehmen kann laut Harrison Owen gefördert werden, indem

- alle Mitarbeiter die Struktur der gemeinsamen lernenden Organisation mit entwickeln und entscheiden, um Leidenschaft dafür bei ihnen zu erzeugen – und damit Spirit

- wir aufhören zu kontrollieren und später zu analysieren; und anstatt dessen annehmen, was jeweils entstanden ist – und daraus gezielt für die Zukunft lernen,

- nicht sofort Ergebnisse erwartet werden, sondern davon ausgegangen wird, dass jede Entstehung seiner eigenen, unvoraussagbaren Logik folgt

- kontinuierlich nicht nur die eigenen Handlungen auf Mitarbeiterebene, sondern auch die Methodiken, die wir bei unseren Handlungen anwenden, etwa unser Führungsrepertoire oder persönliche Handlungsabläufe, immer wieder in Frage gestellt und geändert werden,

- davon ausgegangen wird, dass auch das aktuelle Spirit-Konzept ein Ablaufdatum hat, d. h. dass Spirit im Unternehmen morgen auf eine ganz andere Weise als bisher entstehen kann.

(auf Basis der Ausführungen von Harrison Owen)

Abb. 42 Die Förderung von Spirit im Unternehmen

c) Egal, wann es anfängt, es ist der richtige Zeitpunkt

Harrison Owen meint damit, dass alle Ereignisse ihrer eigenen Zeit des Hervorkommens bedürfen. Zeit ist eine relative Komponente, eine Konstruktion, die von den Menschen eingeführt wurde. Daher können keine absoluten Zeiten für die Entwicklung bestimmter Ereignisse oder Ergebnisse angegeben werden. Jedes Ergebnis schafft sich die passende, viable Zeit.

d) Wenn es vorbei ist, ist es vorbei

Die Manifestation von Spirit hat eine Lebensspanne – und wenn sie vorbei ist, ist sie vorbei (Owen, 2001c: 62). Es gibt also eine Zeit, wo einer bestimmten Form ganz einfach die Energie ausgeht und eine neue Form entstehen muss, um einen neuen Spirit zu schaffen. Die zentrale Aufgabe der Führung ist es dabei, Spirit freizusetzen und ihn immer wieder neu zu fokussieren – in einer jeweils neuen Form.

2.4.1.4 Der Aufbau einer positiven Fehlerkultur im Unternehmen

Sehr häufig wird in Unternehmen von einer „positiven Fehlerkultur" und von „lernender Organisation" gesprochen, die den „Fehler Machenden" nicht bestraft sondern versucht, aus seinem „Vergehen" zu lernen und den Fehler „organisationsweit zukünftig zu vermeiden". Wenn wir jedoch Maturanas Sichtweise berücksichtigen, dann entstehen Fehler immer nur durch einen Vergleich des Ergebnisses mit bestimmten erwarteten Erfolgskriterien aus dem Blickwinkel der *vergangenen* Handlung (Maturana und Bunnell, 2001b: 36).

So gesehen kommen Fehler zustande durch

1. eine ungenaue oder fehlende Definition von Erfolgskriterien im Vorhinein
2. eine Veränderung der Erfolgskriterien während der Durchführung der Aufgabe
3. eine zu wenig häufige oder fehlende Infragestellung potentieller Handlungen während der Durchführung der Aufgabe
4. einen Zugewinn an Erfahrung zwischen dem Abschluss der Handlung und der Beurteilung der Handlung im Nachhinein

In drei von vier Möglichkeiten liegt das Problem also nicht beim Einzelnen, sondern im System – und kann bereits vor Stattfinden des „Fehlers" verhindert oder behoben werden.

Daraus können enorme Lernpotenziale sowohl auf individueller als auch auf organisationaler Ebene entstehen (siehe Abbildung 43).

Lernpotenziale beim Individuum	Lernpotenziale beim System
Betrachtung von Fehlern als Lernchancen für das System/ den Rahmengeber	Optimierung der Strukturen aufgrund der Erfahrungen und Fehler
Kontinuierliche bewusste Erweiterung der eigenen Fähigkeiten (Lernen erster Ordnung)	Lernen der Optimierung von Vorgangsweisen (Lernen erster Ordnung)
Bewusste Fokussierung auf bestimmte Lernfoki (Lernen zweiter Ordnung)	Lernen, wie die Organisation am besten das Lernen lernt (Lernen zweiter Ordnung)
Steigerung des Vertrauens in die eigenen Handlungen	Wissen über spezifische Fähigkeiten und Lernzuwächse jedes einzelnen Mitarbeiters über den Zeitablauf hinweg
Intensivierte Nutzung des Wissens anderer Individuen zur Bewältigung von Aufgaben	Kontinuierliche Auseinandersetzung mit den Erfolgskriterien des Systems
Bewussteres Beobachten der eigenen Handlungsabläufe sowie potentieller Optimierungen durch deren Niederschreiben	Schaffung von sich selbststeuernden Lernprozessen

Abb. 43 Lernpotenziale bei positiver Fehlerkultur beim Individuum wie im System

Was wir aus diesen Beobachtungen ableiten können, um organisationales Lernen gezielt auch auf individueller Ebene zu fördern und zu unterstützen, ist in der Abbildung 44 zusammen gefasst.

Wenn eine positive Fehlerkultur in einer Organisation maßgeblich zur Begünstigung des Lernens der Organisation beiträgt, dann ist es wichtig,

- gemeinsam klare Kriterien des Erfolgs von Aufgaben und Projekten bereits vor Beginn festzulegen,
- eine gemeinsame Aufgabenverteilung hinsichtlich der gewünschten Lern- und Erfahrungsrichtungen jedes einzelnen Mitarbeiters festzulegen,
- Detaillierte Lernfoki von Seiten jedes einzelnen Mitarbeiters und dessen Nutzen für das Team festzulegen,
- und alle Erfahrungen in Richtung des Lernfokus niederschreiben zu lassen und damit der Organisation zur Verfügung zu stellen.

Abb. 44 Organisationale Beiträge zur Schaffung einer positiven Fehlerkultur

2.4.2 Entwicklung der jeweiligen neuen Struktur aus dem Rahmen

Im Prinzip kann zur Entwicklung der jeweiligen neuen Selbstbeschreibung aus dem Rahmen in einem kontinuierlichen Verfahren auch jedes Instrument eingesetzt werden, das im Kapitel 1 dieses Teils beschrieben wurde. Denn immer wieder erfordern neue Rahmen die Neugestaltung der Selbstbeschreibung bzw. der nachgelagerten Faktoren wie z. B. Prozesse, was dann dem Lernen der Organisation auf inhaltlicher Ebene entspricht. An dieser Stelle sollen daher nur Instrumente beschrieben werden, die an der Selbstbeschreibung auf einer hierarchisch untergeordneten Ebene zur Organisationsebene ansetzen und diese Selbstbeschreibung aus der organisationalen Selbstbeschreibung ableiten.

Zwei Instrumente bieten sich dafür an:

1. Das Gedankenexperiment
2. Creative Knowledge Feedback auf Teamebene

2.4.2.1 Das Gedankenexperiment

Sobald Erfahrungselemente einmal re-präsentiert und neu kombiniert wurden, können auch im Rahmen von Gedankenexperimenten hypothetische Situationen geschaffen werden (etwa um potentielle zukünftige Szenarien gedanklich durchzuspielen). Solche Gedankenexperimente können mit ganz einfachen Fragen beginnen (etwa „Was würde passieren, wenn wir dies oder jenes täten?") – sie können aber auch mit den hoch komplexen Problemstellungen der Unternehmensführung, der Strategieentwicklung, der Szenariotechnik oder etwa philosophisch-ethischen Fragestellungen zu tun haben. Wichtig in diesem Vorgehen ist die Einbeziehung des gesamten relevanten Systems auf dieser Ebene des sozialen Systems – als Voraussetzung dafür, Ergebnisse zu erhalten, die mit die individuellen Intentionen der Systemmitglieder berücksichtigen:

„Insoweit ihre Ergebnisse dann in der Praxis angewandt werden und zu viablen Resultaten führen, sind Gedankenexperimente vielleicht das ergiebigste und wichtigste Lernverfahren im kognitiven Bereich". (von Glasersfeld, 1996: 123). Wie dieses Instrument umgesetzt werden kann, verdeutlicht die Abbildung 45.

Wer das Gedankenexperiment bewusst in der Praxis umsetzt, sorgt dafür, dass

- jedes Teammeeting über eine durchgängig zukunfts- und lösungsfokussierte Agenda verfügt
- sowohl Meetings als auch Gespräche in Form von Gedankenexperimenten gestaltet und die Ergebnisse daraus weiter genutzt werden
- und dass die Gedankenexperimente bewusst immer wieder nicht nur die gegebene Struktur „überschreiten", sondern auch den Rahmen, um – zurückgespielt an die Unternehmensleitung – neue Denkanstöße zu geben.

Abb. 45 Die Anwendung des Gedankenexperiments in der Praxis

2.4.2.2 Die Team-Wissenslandkarte

Mit der Team-Wissenslandkarte (Radatz, 2001; Radatz, 2009a) entstand auf Basis der Wissenslandkarte von Helmut Willke (Willke, 1998) ein probates Instrument (Radatz, 2008a) zur Ableitung von Team-Wissenszielen aus Rahmen, Selbstbeschreibung, Identität und Zielen der lernenden Organisation. Es unterstützt das Team dabei, den Wissenserwerb auf Teamebene zu planen und zu steuern.

Dabei werden entsprechend des Modells 3 Arbeitsschritte extrahiert:

1. Die Ableitung von Team-Wissenszielen innerhalb des bestehenden Rahmens und unter kontinuierlicher Berücksichtigung der Team-Selbstbeschreibung und -identität.
2. Die Entwicklung von passenden Wissensaufbau-Prozessen
3. Das Leben in der Praxis

Abhängig vom Organisationsrahmen und vom Teamrahmen wird dabei eine gemeinsame Team-Selbstbeschreibung und -identität entwickelt, aus der gemeinsame Team-Wissensziele abgeleitet werden (siehe Abbildung). Die Zeitkomponente kann dabei je nach Rahmen individuell vom Team gesetzt werden.

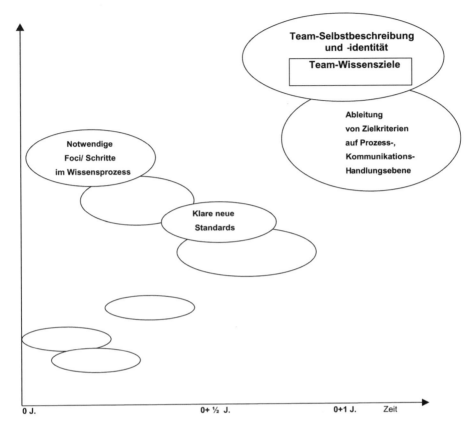

Abb. 46 Beispiel für eine Wissenslandkarte

Ein Beispiel (siehe Abbildung 47) verdeutlicht die Anwendung der Team-Wissenslandkarte in der Praxis.

In der Landesniederlassung eines internationalen Pharma-Konzerns muss die Kundenbeziehung von Außendienst und Key Account optimiert werden. Da in dieses Thema sehr wesentlich auch die gesellschaftlich-kulturellen Faktoren des Landes und die Gegebenheiten im Gesundheitssystem hineinspielen, wird die Umsetzung des Rahmens in den einzelnen Ländern den Sales-Teams auf Landes-Ebene überlassen.

Die Landesniederlassung Deutschland entschied sich innerhalb des vorgegebenen Rahmens für die Selbstbeschreibung als langfristige Kundenbeziehungs-Maximierer. Daraus leiteten sie das Ziel bis Ende des Jahres ab, jene Kundenbeziehungen zu untersuchen, die besonders gut liefen und konsequent die Beiträge von Pharma-Seite daraus zu extrahieren. Zudem nahmen sich die Außendienst-Mitarbeiter auch jeden einzelnen Kundenkontakt vor: Wo gab es darin Meilensteine im Prozess, die besonders zur Schaffung/ Optimierung einer langfristigen Kundenbeziehung beitrugen? Und auf der Kommunikationsstruktur-Ebene: Welche Kommunikationsmuster, welche Sprache war erfolgreich und wie konnte diese auf einer breiten Ebene der Organisation zur Verfügung gestellt werden, sodass auch neue Außendienst-mitarbeiter davon profitierten?

Auf der Handlungsebene planten jene Außendienstmitarbeiter, welche weitaus die erfolgreichsten Kundenbeziehungen mit dem Kriterium „lang-fristig" unterhielten, gemeinsam die Erstellung eines Manuals mit einem unternehmensspezifischen „Best of" der Kundenbeziehungsgestaltung, das sie gemeinsam in einer Schulung aller Außendienstmitarbeiter und der Per-sonalentwicklung auch im Unternehmen verbreiteten. Das Manual wurde Grundlage für die Aus- und Weiterbildung der Pharma-Referenten in die-sem Unternehmen.

Abb. 47 Praxisbeispiel zur Anwendung der Team-Wissenslandkarte

Die Team-Wissenslandkarte kann in vielerlei Richtung zur erfolgreich gelebten Organisation in der Praxis beitragen (siehe Abbildung 48).

1. Die Organisations- bzw. Teammitglieder können anschaulich einen kon-zertierten Fokus-Plan für ihre Wissensmanagement-Arbeit erstellen

2. Das Modell erlaubt einen stringenten Schritt-für-Schritt-Ableitungsplan vom Rahmen bis hin zu den Lernprozessen des Teams in den nächsten Wochen/Monaten

3. Das Modell ist eine ausgezeichnete Grundlage für Follow-ups: Wo stehen wir im Augenblick? Was sind unsere nächsten Schritte? Was ermöglichen uns diese? Was kommt danach?

4. Das Unternehmen weiß zu jeder Zeit, an welchen Themen die Teams gerade arbeiten und welches unternehmensspezifische Know-how im Sinne von Kernkompetenzen ihm zu welchem Zeitpunkt zur Verfügung stehen wird. Daraus lassen sich sehr einfach die nächsten strategischen Schritte ableiten.

Abb. 48 Beiträge der Wissenslandkarte zur gelebten lernenden Organisation

2.4.3 Relationale Instrumente für das Explizieren von Erfahrungen

Auch beim Explizieren von Erfahrungen kann das Unternehmen gezielt Rahmenbedingungen schaffen und Instrumente einsetzen, um das Lernen der Organisation zu fördern.

An dieser Stelle werden folgende Instrumente vorgestellt:

a) Presencing (Scharmer, 2001)
b) Die konsequente Förderung von Reflexion auf Team- und Organisationsebene
c) Die Förderung von Best Practices Austausch
d) Die Schaffung, Förderung und Nutzung von Communities of Practice
e) Storytelling
f) Ideensupermarkt
g) Gemeinsames „Buch der Eindrücke"
h) Gemeinsames Mistery-Shopping
i) Themenbezogenes „Donnerstagsbier" mit der Unternehmensleitung
j) Mini-Seminare von Mitarbeitern und Führungskräften für Mitarbeiter und Führungskräfte
k) Mini-Konferenzen
l) Wissensmarktplatz

a) „Presencing"

Das Presencing-Modell wurde von Claus-Otto Scharmer auf Basis der Grundgedanken von Francisco Varela entwickelt (Scharmer, 2001). Er sieht im Prozess des In Gang Setzens von Reflexionen zwei wesentliche Hebelpunkte (siehe Abbildung 49).

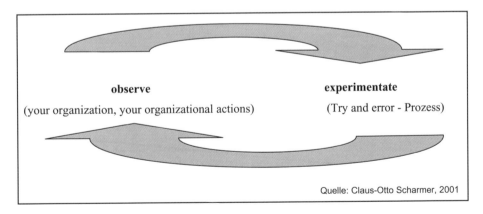

observe

experimentate

(your organization, your organizational actions)

(Try and error - Prozess)

Quelle: Claus-Otto Scharmer, 2001

Abb. 49 Die Hebelpunkte organisationalen Lernens im Presencing-Modell

Der Begriff des Presencing bedeutet auf Deutsch „sich bewusst werden".
Dieser Kernprozess des Sich-Bewusstwerdens in Organisationen umfasst nach
Scharmer (Scharmer, 2001) die Kernelemente der Suspension (Wahrnehmung),
Redirection (Fokusveränderung) und Letting Go (Loslassen des Alten, damit
das Neue an dessen Stelle treten kann).

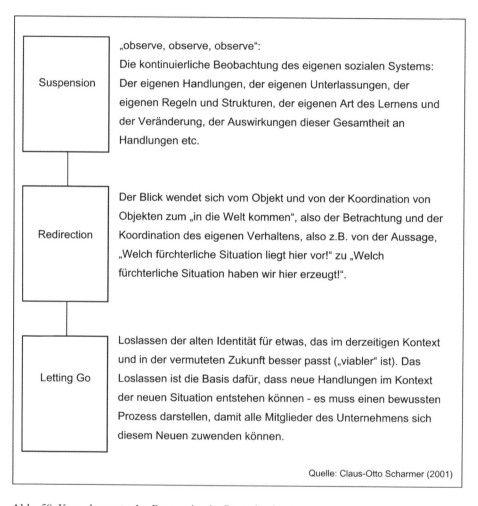

Abb. 50 Kernelemente des Presencing in Organisationen

Dieses Modell kann in drei Schritten auf Leitungsebene, aber auch auf allen
untergeordneten Teamebenen im Unternehmen angewendet werden, um

- die Wichtigkeit von Erfahrungen in den Aufmerksamkeitsfokus zu lenken
- gezielt Erfahrungen in einen Organisationskontext zu stellen
- und diese Erfahrungen für organisationales Lernen erster und zweiter Ordnung, ja sogar dritter Ordnung zu nutzen.

Durch die Anwendung der Schritte soll es gelingen, in Unternehmen

1. den Fokus weg von der für gewöhnlich präferierten „Außenwelt" (Antworten auf die Fragestellung, „Was können wir in unserer Umwelt wahrnehmen?") hin zur Innensicht zu lenken („Was können wir in unserem Unternehmen wahrnehmen? Was in unserer Art, die Umwelt wahrzunehmen?").

2. den Fokus weg von der Beobachtung von „Situationen" und Resultaten hin zum eigenen Verhalten, zu den aktiven Verhaltensbeiträgen des Unternehmens und seiner Mitglieder zu lenken

3. und einen Prozess der bewussten Veränderung im Sinne des Ersetzens bisheriger Verhaltensweisen durch nunmehr viable einzuleiten.

b) Die Einführung aktiver Reflexion

Die unter 2.4.1.1. angeführten Instrumente können ebenso gut im Team- und Organisationskontext zur Explizierung von Erfahrungen angewendet werden. Daher sei an dieser Stelle auf das entsprechende Kapitel verwiesen.

c) Kontinuierlicher vielfältiger Best practices – Austausch

Best practices sind das Ergebnis erfolgreicher Kommunikation in Form von Reflexionen.

Es handelt sich dabei um Erfahrungsmuster, um Wenn-Dann-Beziehungen in Bezug auf eine bestimmte Handlung oder eine Abfolge von Handlungen, die aufgrund eigener positiver oder negativer Erfahrungen gebildet wurden und bewusst, meist schriftlich, artikuliert werden. Best practices können nur dort entstehen, wo gehandelt wird. Eine Vielzahl von Handlungen erhöht die Wahrscheinlichkeit für Kollisionen und Perturbationen, die entweder zum gewünschten Ergebnis führen und wiederholt werden (positive Best practices in Form von Assimilation) oder nicht zum gewünschten Ergebnis führen und eine Akkomodation sowie eine Äquilibration auslösen. Im letzteren Fall (negative Best practices) entsteht Lernen I oder II, in ersterem Fall das oft auch gewünschte Lernen 0 (Standardisierung).

Best Practices können dabei mündlich ausgetauscht werden – etwa in jedem Meeting oder in eigens dafür vorgesehenen Meetings – sie können aber auch als Beiträge zum organisationalen Lernen genutzt werden, indem „Best Practices Tafeln" (z.B. Pinwände mit Papier bespannt) an jenen Orten positioniert werden, an denen Austausch entsteht (Meetingräume, Kantinen, Kaffeeküche, Gang) und wo jeder zu bestimmten, von der Teamleitung vorgegebenen Themen oder „frei" (im Sinne von „Was ich gerade gelernt habe und zum allgemeinen Wissen beitragen möchte") Beiträge leisten kann.

Best Practices liefern in zumindest 6 Punkten wertvolle Beiträge zum organisationalen Lernen (siehe Abbildung 51).

1. Für Beobachter ist die Nische eines anderen jeweils nur über dessen Verhalten bzw. über Gespräche über dieses Verhalten (Reflexionen) nachvollziehbar

2. Best practices ermöglichen die Wiederholung von erfolgreichen Handlungen und damit die Entstehung von Permanenz und Handlungsmustern

3. Sie fokussieren aber bewusst nicht nur auf erfolgreiche Handlungen, die innerhalb einer bestimmten Struktur funktioniert haben, sondern auch auf „Fehler", welche die persönliche, aber vor allem auch die soziale Nische erweitern

4. Eine Transformation des Verhaltens auf organisationale Ebene findet immer nur aufgrund von Erfahrung statt. Daher ist die Explizierung von Verhalten eine wesentliche Voraussetzung für die Verhaltensstandardisierung bzw. –veränderung auch auf organisationaler Ebene

5. Best practices kreiieren die Vorstufe organisationalen Wissens in Form von Wenn-Dann-Beziehungen: Wenn diese einmal bewusst gemacht und zu Viabilität geführt haben, dann kann das Verfahren „auf sich selbst angewendet werden" – indem Einzelmerkmale festgehalten und so miteinander verbunden werden, dass sie stabile Muster bilden, die für die Organisation relevant sind.

6. Die Bildung von Best practices führen auf organisationaler Ebene auch zu einem Lernen zweiter Ordnung, wenn bisherige positive Erfahrungen mit Lernen auf einer abstrakteren Ebene zu für die Organisation „funktionierenden" Lernmustern zusammengefasst werden.

Abb. 51 Beiträge von Best Practices zu organisationalem Lernen

d) Communities of Practice

„Communities of Practice give you not only the golden eggs but also the goose that lays them. The farmer killed the goose to get all the gold and ended up losing both; the challenge for organizations is to appreciate the goose and to understand how to keep it alive and productive . . ." (Wenger, E. und Snyder, W., 2000: 26).

Die Idee von den „Gänsen, die goldene Eier legen", also Communities of Practice geht bereits auf die alten Griechen zurück, die jeweils Metallverarbeiter, Töpfer oder andere Handwerker in „Vereinigungen" zusammenfassten. Diese Vereinigungen hatten sowohl eine soziale Funktion (bestehend in der Anbetung der gleichen Götter und dem gemeinsamen Verbringen von Feiertagen), als auch eine wirtschaftliche (Heranziehen von Lehrlingen oder Verbreitung von Innovationen durch die Mitglieder). Im Mittelalter bestanden diese Zusammenschlüsse in Form der Gilden. Die heutigen Communities of Practice setzen sich in den meisten Fällen nicht aus Selbständigen zusammen, sondern entstehen hauptsächlich in großen Unternehmen, vielfach aber auch in Netzwerken aus den Vertretern von Bereichen verschiedener Unternehmen, die manchmal sogar Konkurrenten sind (z. B. der Automobilcluster zwischen Audi, Daimler, Volkswagen, BMW, in dem nicht nur geforscht, sondern auch konstruiert und sogar gemeinsam produziert wird).

	Ziel	Mitglieder	Verbindendes Element	Dauer des Bestehens
Communities of Practice	Weiterentwicklung der Mitglieder Aufbau und Verbreitung von Wissen	Selbstselektion	Interesse, Commitment und Identifikation mit dem vorhandenen Wissen in der Gruppe	solange es für die Gruppe sinnvoll erscheint
formelle Arbeitsgruppen	Herstellung eines Produkts/ einer Leistung	alle formell unterstellten Mitarbeiter einer Führungskraft	Jobanforderungen und gemeinsame Ziele	bis zur nächsten Reorganisation
Projektteams	Erfüllung einer bestimmten Aufgabe	durch die Leitung ausgewählte Mitarbeiter	Meilensteine und Ziele des Projektes	bis zum Projektabschluss
informelle Netzwerke	Sammlung und Weitergabe wichtiger Information	Freunde und Arbeitskollegen	situative Bedürfnisse	solange die Beteiligten es für sinnvoll halten

Quelle: Wenger und Snyder, 2000: 7

Abb. 52 Die Merkmale von Communities of Practice, formellen Arbeitsgruppen, Projektteams und informellen Netzwerken

Communities of Practice sind Gruppen von Mitarbeitern, die sich informell zusammenschließen, um ihr völlig unterschiedliches Fachwissen im Dienste herausfordernder, ungelöster Zukunftsfragen der Organisation oder des Teams optimal nutzen zu können (Wenger und Snyder, 2000: 2). Einige von ihnen treffen sich regelmäßig – etwa jeden Donnerstagabend – andere wiederum kommunizieren über E-Mail und Intranet. Sie können ein klar umrissenes Thema bearbeiten, aber auch davon abweichen oder ganz einfach bewusst die Zeit nutzen, um ohne Tagesordnung und Ablaufzwang zu „spinnen". Sie ergänzen so die zuvor in dieser Arbeit beschriebenen Maxmixes und können ein wichtiges, informelles Gegenstück zu diesen werden; ja, sie können spontan die in den Maxmixes erkannten Herausforderungen und Probleme zum Lösungsthema machen.

1. Die Schaffung der notwendigen Infrastruktur

Das Funktionieren von Communities of Practice erfordert, dass organisationale Rahmenbedingungen geschaffen werden, die das Entstehen von Communities of Practice fördern, etwa Gehaltsstrukturen, EDV-Unterstützung oder Arbeitszeiten-regelungen. Darüber hinaus hat es sich als sehr hilfreich erwiesen, Koordinatoren bzw. ein Back office zur Verfügung zu stellen, auf welche die Communities frei zugreifen können, etwa zur Moderation der Meetings oder zur Dokumentation von Ergebnissen (Wenger und Snyder, 2000: 13). Letztendlich geht es darum, wie gute Bauern alles dazu zu tun, damit die Felder fruchtbar werden: Die Pflanzen müssen selbst wachsen, aber es können die Erde aufgelockert, die Samen sorgfältig gesät und Bewässerung vorgesehen werden, um den Ertrag zu optimieren.

2. Die Identifikation potentieller Communities of Practice

Meist bestehen in Unternehmen bereits informelle Netzwerke mit ganz spezifischen Bedürfnissen. Diese Netzwerke können auf organisationaler Ebene identifiziert und gezielt entsprechend der Selbstbeschreibung der lernenden Organisation genutzt werden.

3. Die Anwendung organisationsspezifischer Bewertungsmethoden für die Ergebnisse der Communities

Letztlich muss sich die Unternehmensleitung gezielt für die Ergebnisse der Communities interessieren – d. h. es sollten Start- und Ergebnispunkte, Zeitkomponenten und die vorgesehene Art der Verwendung der Ergebnisse bereits jeweils zum Start der Arbeit feststellen.

Dafür empfiehlt sich ein detaillierter Kreislaufplan, der letztlich nicht zu Frustration auf einer der beiden oder auf beiden Seiten führt.

Abb. 53 Organisationale Voraussetzungen zur erfolgreichen Nutzung von Communities of Practice beim Lernen der Organisation

Communities of Practice arbeiten also selbstorganisiert und können in verschiedener Hinsicht das Lernen der Organisation unterstützen:

- in der Entwicklung von spezifischen Beiträgen zur Unternehmensstrategie
- in der Erschließung neuer Geschäftsbereiche
- zur akuten und unkonventionellen Problemlösung der Organisation, die aufgrund der informellen Netzwerke wesentlich einfacher ist
- zur schnelleren Explizierung und Verbreitung von Best Practices sowie deren Etablierung auf organisationaler Ebene

Die Abbildung 52 zeigt die Unterschiede der Communities of Practice im Vergleich zu formell eingesetzten Arbeitsgruppen, Projektteams und informellen Netzwerken anhand von ausgewählten Merkmalen. Dennoch erfordern sie spezifische Voraussetzungen, damit sie funktionieren und gezielt zum Lernen der Organisation beitragen:

Im speziellen müssen

„die passenden Menschen zusammengebracht sowie eine entsprechende, die Bildung von Communities fördernde Infrastruktur geschaffen werden – und die Ergebnisse der Communities in einer ganz neuen Form bewertet werden" (Wenger und Snyder, 2000: 2).

e) Storytelling

Storytelling ist eine Methodik, die von Beratern im Umkreis von Martin Rutte in das Unternehmen getragen wurde – und seither mit großem Erfolg dort angewandt wird:

„(Wir geben) Geschichten weiter, um Wissen zu vermitteln, Geschehnisse zu interpretieren und Erfahrungen auszutauschen. Wenn wir heute zu zweit oder in einer Gruppe zusammenkommen, erzählen wir uns ebenfalls Ereignisse in Form von Geschichten. Diese enthalten nicht einfach Daten und Fakten, sondern vermitteln auch unsere Gefühle, unseren Blickwinkel und unsere Beurteilung des Geschehens und machen deutlich, dass wir gerade genau danach suchen. Durch unsere Geschichten realisieren wir selbst und unsere Zuhörer, wie wir uns mit dem Erzählten fühlen und geben der gelebten Erfahrung Bedeutung. Manchmal erfinden wir neue Geschichten, in denen wir zu leben oder zu arbeiten wünschen. Und wenn wir aufmerksam uns oder anderen zuhören, dann entdecken wir in den Geschichten auch Muster oder Glaubenssätze, die in unserem Leben zum Thema geworden sind. Wenn wir Geschichten zuhören, können wir uns in den Erfahrungen anderer wiederfinden.

Wir entdecken unvermutete Gemeinsamkeiten oder können die Einzigartigkeit des Erzählers erkennen. Geschichten eröffnen die Möglichkeit, (...) Vorurteile abzubauen und einander in unserer Vielfalt zu respektieren" (Bredemeyer, 2002: 32).

Storytelling kann sehr gut dazu dienen,

- Best Practices zu formulieren (Denning, 2001),
- Muster in der Organisation zu konstruieren,
- die Geschichte des Unternehmens zu transportieren (Ko-Ontogenese)
- und Beiträge zur Standardisierung bzw. Veränderung der Organisationsstruktur zu explizieren.

Wie Storytelling in der lernenden Organisation die Explizierung von Beiträgen zur Standardisierung bzw. Veränderung in der Struktur und im Rahmen erleichtern kann, beschreibt die folgende Abbildung. Wichtig ist dabei, dass nur positive Stories erzählt werden – um die Aufmerksamkeit auf das zu richten, was verstärkt werden soll. Beginnt jemand im Team, eine negative Story zu erzählen, so liegt es ebenfalls am Vorbild der Führungskraft, diesen zu unterbrechen und selbst wiederum mit einer positiven Story einzuleiten.

1. Meetings zu einem bestimmten Thema mit einer eigenen Story einleiten und von allen Stories dazu erzählen lassen

2. Feedbacks in Story-Form abfassen

3. anstatt Ratschlägen Stories formulieren und dadurch die individuelle Reflexion anregen und

4. gemeinsam mit den Teammitgliedern die Stories regelmäßig nutzen, um die Struktur im weiteren Sinne anzupassen.

Abb. 54 Anregungen zur Nutzung von Storytelling bei der Erfahrungsexplizierung

f) Ideensupermarkt

Dieses Instrument, das auf Basis des Reflecting Teams von Tom Andersen (Andersen, 1990) entwickelt wurde (Radatz, 2000; Radatz, 2009a), unterscheidet sich zwar auf den ersten Blick unscheinbar, aber doch maßgeblich von „Brainstormings" (siehe Abbildung 55).

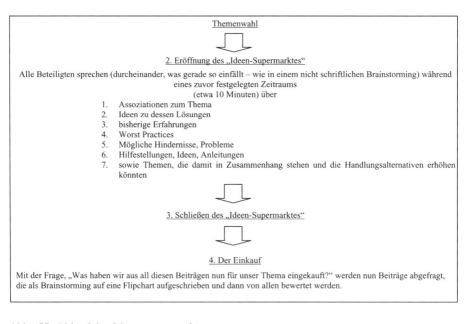

Abb. 55 Ablauf des Ideensupermarkts

g) Gemeinsames „Buch der Eindrücke"

Das gemeinsame „Buch der Eindrücke" kann ähnlich wie die Best Practice-Tafel an einem gut frequentierten Ort aufgelegt werden oder vom Team gemeinsam –

quasi als Tagebuch mit formalisierten oder freien Eintragungen der Learnings jeweils zu Ende des Meetings oder zu einem bestimmten Thema entsprechend des Unternehmensrahmens oder der Teamlern-Ziele geführt werden. Auf diese Weise können bequem Ergebnisse gesammelt und später weiter verwendet werden.

h) Gemeinsames Mistery-Shopping

Unter „Mistery-Shopping" wird hier verstanden, dass das Team bzw. die Organisation zu jedem Thema, in dem es/sie lernen will, bereits bestehende Teams bzw. Unternehmen auswählt, die genau hinsichtlich potenzieller Best und Worst Practices gescannt werden – also beobachtet und zusammengetragen wird,

- wie die anstehenden Themen dort gelöst wurden
- welche Prozesse dort gut/nicht so gut laufen
- wo es kommunikationsbezogene „gute" Ergebnisse gibt – und was es aus Sicht des eigenen Teams/Unternehmens zu vermeiden gilt
- welche Vorgangsweisen dort erfolgreich/nicht erfolgreich sind.

Von wem kann eine Organisation, kann ein Team lernen?

Von jedem anderen Unternehmen und jedem anderen Team welcher Branche und Ausrichtung auch immer – wenn es folgende Voraussetzungen beachtet:

1. **Überprüfen der SELBST zusammen gestellten Erfolgskriterien**, die sich direkt aus dem Rahmen/der Selbstbeschreibung/der Identität/der Ziele ableiten (nicht alles, was „gut" erscheint, passt zum eigenen Unternehmen!)
2. **Transfer in die eigene Organisation** (nicht die Übernahme von anderen Handlungen, sondern der gelungene Transfer, also die „Übersetzung" ist gefordert).

i) Themenbezogenes „Donnerstagsbier" mit der Unternehmensleitung

Wie kann sich die Unternehmensleitung das „direkte" Ohr zur Basis erhalten, dort wo Wissenserwerb am Point of Sale, Point of Production, Point of Planning stattfindet?

Indem die im Rahmen vorgegebenen Ausrichtungen der lernenden Organisation bei zwanglosen Veranstaltungen wie einem Donnerstagsbier zum Thema gemacht wird.

Wichtig erscheint dort, dass dort alles gesagt werden darf, was zum Thema passt – und keinem Systemmitglied im Nachhinein ein Nachteil aus der Explizierung von Erfahrungen gemacht wird.

j) Mini-Seminare von Mitarbeitern und Führungskräften für Mitarbeiter und Führungskräfte

Erfahrungen von Teams oder einzelnen Systemmitgliedern werden expliziert, indem diese Mini-Seminare halten und dazu Unterlagen gestalten, die der Organisation als „Best Practices"- oder Innovationskompendien dienen und allen Systemmitgliedern des Unternehmens zur Verfügung gestellt werden. In einer lernenden Organisation kann der Bezug von Gehaltsbestandteilen z. B. an die Qualität und den Gehalt solcher Seminare geknüpft werden, immer bewertet danach, welchen Vorteil die Organisation daraus zieht.

So kann ein gesamtes internes „Seminarprogramm" zu den wichtigsten Lernthemen der Organisation entstehen, z. B. Vereinfachung der Schichtzuteilung, Sicherung der Qualität, Erhöhung der Kundenzufriedenheit etc. Dabei ist es unerheblich, ob Mitarbeiter oder Führungskräfte diese Seminare halten. Jedes Seminar richtet sich an jeden, der interessiert ist – und was interessant sein könnte, wird vom Rahmen und von der Selbstbeschreibung/Identität sowie von den Wissenszielen abgeleitet.

k) Mini-Konferenzen

Mini-Konferenzen werden im Gegensatz zu Mini-Seminaren nicht abgehalten, um selbst Erfahrungen zu explizieren, sondern um Erfahrungen explizieren zu lassen – von anderen, die bereits Erfolge in einem Bereich hatten, bei dem man selbst eine Hürde ortet. So wird Wissen sofort quer durch das Unternehmen genutzt und die entstehenden Lösungen sofort für das Unternehmen dokumentiert. Seltene Krankheitsbilder können auf diese Weise rascher diagnostiziert werden, sodass Krankenhäuser einem dort vielleicht bestehenden organisationalen Lernziel, der Spezialisierung auf bestimmte Bereiche, optimal nachkommt.

l) Wissensmarktplatz

Eine lernende Organisation leitet aus ihren Wissenszielen pro Monat, Halbjahr oder Jahr spezifische Aktivitäten ab, die gezielt und durchgängig für alle Ebenen und Bereiche in einer für das Unternehmen viablen Form (Prozessebene der Umsetzung) durchgeführt wird. Ein Instrument, das sich dafür gut eignet, ist der Wissensmarktplatz: Je nach spezifischem Lernmodus des Unternehmens und je nach aktuellem Rahmen und Zielen der lernenden Organisation wird der Wissensmarktplatz konzipiert, bei dem die Systemmitglieder und die sozialen Systeme, auch das System Unternehmen vertreten durch die Unternehmensleitung, ihre Erfahrungen und ihre Lernergebnisse expliziert und in der zum Unternehmen passenden und von der Organisation gewünschten Form dem Unternehmen zur Verfügung stellt. Das kann z. B. in Form einer Messe sein, eines unternehmensinternen Kongresses, eines internen Tages der offenen Tür etc. Die Ergebnisse werden bereichsweise verabschiedet/standardisiert bzw. „ausgemustert" und ergeben in ihrer Endform das Monats-/Halbjahres- oder Jahreskompendium der Innovationen in diesem Unternehmen. Diese Berichte können auch gut in Geschäftsberichte mit integriert werden und können in großen Unternehmen zur Verbesserung der Shareholder Value Basis beitragen.

2.4.4 Relationale Instrumente für die Standardisierung von Erfahrungen (Organisationales Lernen 0)

„Der einzige komparative Wettbewerbsvorteil, den entwickelte Länder heute besitzen, besteht in einem großen Aufgebot an Wissensarbeitern." (Drucker, 2008).

Das „Organisationshandbuch" ist wohl das bekannteste und vermutlich für die Praxis schlechteste Beispiel für die Standardisierung organisationalen Wissens. Warum? Weil es sich, wie der Name schon sagt, auf die Dokumentation „organisatorischer" Handgriffe beschränkt, die zwar den Ablauf reibungslos machen, aber in der lernenden Organisation untergeordnete Bedeutung haben und eher einzementieren als kontinuierlichem Lernen unterzogen zu sein. Um in der lernenden Organisation stets neben der Standardisierung die Infragestellung zu sichern, passiert „Standardisierung" – also Lernen 0 – immer in flexiblen, kleinen Happen, nach dem Grundsatz: Was standardisiert wurde, gilt; solange nichts „Besseres" entwickelt wird.

Hier werden 5 Instrumente vorgestellt (vgl. Radatz, 2009a):

a) Einzelne Fragen und Bewertung
b) Gemeinsames Drehbuch
c) Gemeinsame Wissensmanagement-Mappe pro Thema
d) 5-Sterne Fotos
e) Learning and Future Story

a) Einzelne Fragen und Bewertung

Jede noch nicht beantwortete Fragestellung, die im Unternehmen vom Rahmen und den Zielen der lernenden Organisation abgeleitet wird, kann in einem einfachen Brainstorming in sehr kurzen Meetings mit den Systemmitgliedern erarbeitet und mit einer 100 %-Bewertung als Antworten für die Organisation standardisiert werden.

Solch eine Frage könnte etwa lauten:

„ Bei welchen Projekten in der Vergangenheit gaben uns die Kunden „Standing Ovations" und für welches konkrete Verhalten von uns gaben sie uns diesen „Applaus"?"

Wichtig erscheint hier (Radatz, 2000):

- die Fragestellung offen zu formulieren
- Jeweils ALLE Systemmitglieder des relevanten Systems einzuladen, die das entsprechende relevante System bilden
- und das Brainstorming/die Bewertung jeweils in Maximixes vorzunehmen (wie vorweg schon beschrieben).

b) Gemeinsames Drehbuch

Ähnlich wie bei Drehbüchern am Theater können auch verschiedene Beiträge zur lernenden Organisation zu Prozessen zusammengeführt werden, welche die aktuellen Standards in verschiedenen „Akten" unter einem „Titel" zusammenführen. Hier können auch kleine Lernergebnisse wie z. B. bestimmte unternehmensspezifische „Standardsätze" gegenüber Kunden, die in der Vergangenheit erfolgreich waren, in das Drehbuch aufgenommen werden. Und auch hier gilt: Das Drehbuch lebt. Es kann jederzeit verändert werden.

c) Gemeinsame Wissensmanagement-Mappe pro Thema

In der lernenden Organisation gibt es zu jedem Prozess, zu jedem Anlass eine Wissensmanagement-Mappe – physisch oder im Intranet.

Darin wird gespeichert,

- welche Lernerfahrungen zum entsprechenden Prozess/Anlass gemacht wurden,
- was zu beachten ist,
- welche Telefonnummern/Hinweise/Schritte sich als wertvoll/Flop herausgestellt haben,
- welches Response jeder Schritt von den Kunden/ Lieferanten erhalten hat etc.

Wissensmanagement-Mappen werden von den Verantwortlichen für das jeweilige Projekt/die Aufgabe geführt. Gibt es noch keine Mappe zu einem Thema, so wird selbständig eine begonnen. Als Handlungsmaxime gilt dabei: Die Wissensmanagement-Mappe muss jeweils so geführt werden, dass jede Person während dessen oder danach sofort und rückfragefrei den Bereich übernehmen kann.

d) 5-Sterne Fotos

Um Lernergebnisse zu dokumentieren und für die Organisation zu erhalten, liefern häufig Bilder die beste Form: Das CD/CI eines Unternehmens, aber auch „Organisationsstandards" wie das Aussehen einer optimal vorbereiteten Werkbank, eines optimal zusammengestellten Hochzeitsbuffets in verschiedenen Varianten, den erfolgreichsten Schaufenstergestaltungen oder Dokumentationen bei besonders erfolgreichen Aktionen machen sofort und unmissverständlich klar, was das Unternehmen wünscht und können sofort von jedem „Neuen" übernommen werden.

Wer zudem den „Verursacher" der 5-Sterne-Ergebnisse jeweils zu den Fotos notiert, motiviert die Systemmitglieder zusätzlich, in Zukunft noch mehr Beiträge zu leisten – im Sinne eines heliotropen Weltbilds.

e) *Learning and Future Story: Eine Entwicklung aus der Learning History*

Learning Histories sind in ihrer ursprünglichen Form schriftlich festgehaltene Nacherzählungen wichtiger Prozesse aus der jüngsten Vergangenheit eines

Unternehmens (Kleiner und Roth, 1997), um daraus organisationales Lernen abzuleiten.

Dies können in ganz alltäglichen Situationen angewendet werden, z. B. das Lernen von einem Beratungsprojekt für ein nächstes; das Lernen von einem Durchlauf des „Weihnachtsgeschäfts" für einen nächsten; das Lernen von der Einführung eines neuen Mitarbeiters für einen nächsten.

Das traditionelle Konzept der Learning History ist sehr wenig lösungsorientiert, da sie zwar eine genaue Dokumentation dessen macht, von denen einige Experten annehmen, dass verschiedene Menschen das Beschriebene erlebt haben, aber nicht danach fragt, was die Beteiligten beim nächsten Mal anders machen würden. Damit ist nur ein kleiner Teil der Reflexion nach Maturana passiert, nämlich die Infragestellung des eigenen, vergangenen Verhaltens im Lichte gegenwärtiger Rahmenbedingungen bzw. Wissenvoraussetzungen (also die Erkennung eines „Fehlers"), nicht aber die Gestaltung zukünftig neuer Handlungsmuster.

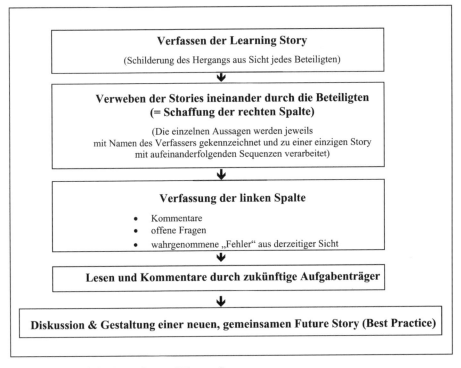

Abb. 56 Ablauf der Learning and Future Story

Wenn Learning Histories aus Relationaler Sicht sinnvoll in der lernenden Organisation angewendet werden sollen, dann empfiehlt es sich, das ausgezeichnete Grundgerüst des Modells in folgenden Bereichen adaptiert werden (Radatz, 2009a, siehe auch Abbildung 56):

1. Das Erzählen des Ablaufs eines Projektes oder Prozesses bleibt nur dann der ureigene Prozess des jeweiligen Beteiligten, wenn sich darin sein gesamtes Denken widerspiegelt. Daher gibt es keine Interviews, sondern die Erfahrungsgeschichte wird von den Systemmitgliedern aus deren unterschiedlichen Perspektiven selbst niedergeschrieben und gemeinsam von diesen zu einer Geschichte mit völlig unterschiedlichen Standpunkten verwoben.

2. Die Interviews sollten in Form von systemischen, zukunftsorientierten Fragen geführt werden, deren Ergebnisse die ursprünglich Beteiligten in der linken Spalte aufschreiben, bzw. in einer neuen „Future Story", die zukünftig ähnliche Projekte optimieren soll.

3. Die linke Spalte der Learning History sollte einerseits weiterhin Kommentare und (offene!) Frage-Stellungen, andererseits aber auch die Beantwortung bestimmter Relationaler Fragen (Radatz, 2001) mit Zukunfts- und Lösungsorientierung enthalten. Diese sollte durch die Betroffenen selbst vorgenommen werden, um die soziale Nische des Projektteams zu erweitern.

4. Die Kommentare der linken Spalte werden nicht von internen und externen „Experten", sondern immer von den handelnden Personen selbst – den Betroffenen – gestaltet werden (bzw. in einer späteren Folge sollten diese neu durch ein zukünftiges Projektteam mit einer ähnlichen Aufgabe gemacht werden).

5. Die Fragestellungen, welche in den auf die Learning-History – Dokumentation folgenden Workshops aufgeworfen werden, sollten mit bewusst lösungsorientiert sein.

2.5 Ein Beispiel aus der Praxis: Aufbau einer lernenden Organisation in einem Handelsunternehmen

Wer den Handel – vor allem den überregionalen Handel – kennt, weiß: Allein wenn erreicht werden soll, dass Wiedererkennbarkeit und Einzigartigkeit (wie z. B. das „Du" bei IKEA) flächendeckend funktioniert, hat eine große Aufgabe vor sich. Denn „Funktionieren" bedeutet ja eben nicht, dass die Mitarbeiter roboterhaft bestimmte Handlungen zeigen, sondern dass sie den Gegebenheiten, der Situation und ihrem eigenen Verständnis entsprechend ein gemeinsames spezifisches Vorgehen leben (Radatz, 2009).

2.5.1 Auftrag und Geschichte

In der Anfrage zu diesem Beratungprozess wurden zwei Kernziele genannt:

1. Es sollte unter Beibehaltung der Servicequalität flächendeckend mehr Effizienz in den Verkauf gebracht werden

2. Und es sollte unter dem steigenden Druck der Vergleichbarkeit der Sortimente unverwechselbare Einzigartigkeit auf der Ebene des Verkaufsprozesses entstehen.

Darüber hinaus sollten einige weitere Ziele mit erreicht werden:

- Erhöhung der Verbleiberate (Retention Rate) der Mitarbeiter

- Laufende Optimierung des Innovationsgrads
- Senkung der Krankheitsrate

Senkung der Fehlerhäufigkeit bei vergleichbaren Fehlern (und damit Kostensenkung).

Das Unternehmen besteht aus 1.400 Outlets, die jeweils zu 3–4 Filialen in sogenannte „Filialnetze" zusammengefasst sind (gesamt 358 Filialnetze). Die Filialnetze sind so zusammen organisiert, dass sie jeweils recht ähnliche Gegebenheiten im Handel beschreiben. Gesamt 18 Regionalleiter führen jeweils ca. 20 Filialnetze. Neben den Regionalleitern zählen noch der Marketingleiter, der Vertriebsleiter, der Personalleiter, der Leiter der Finanzabteilung und der Einkaufsleiter zum obersten Leitungsteam des Unternehmens. Sie unterstehen dem CEO, der das Unternehmen auch begründete und alle Gesellschaftsanteile besitzt. Unterhalb des CEO arbeiten die 23 Leiter jeweils gemeinschaftlich und gleichberechtigt eine flächendeckende Strategie aus, die dann entsprechend der jeweiligen Erfordernisse des Bereichs umgesetzt wird. Für den Beratungsprozess wurde eine Zeitdauer von 2 Monaten eingeplant, die dann in einen kontinuierlichen, vom Unternehmen selbst gesteuerten Prozess der lernenden Organisation auf allen Ebenen übergehen sollte. Der Beratungsprozess musste jedenfalls „on the job" passieren, d.h. es mussten weitgehend während/neben der Arbeit Erkenntnisse gefunden und auch wieder angewendet werden. Eine Besonderheit bestand in der Budgetkomponente: Das Unternehmen konnte für den Aufbau der lernenden Organisation ein Budget von gesamt 20 Beratertagen zur Verfügung stellen.

2.5.2 Der Beratungsprozess

Folgende Phasen wurden im Beratungsprozess voneinander unterschieden (vgl. Abb. 57):

1. Rahmengestaltung (CEO)
2. Strukturerarbeitung: Erarbeitung der Strategie der lernenden Organisation (Leitungsgremium)
3. Erarbeitung eines jeweils bereichsspezifischen Prozesses organisationalen Lernens (Leiter mit ihren Teams)
4. Installation eines laufenden Follow-Up-Prozesses und von Lernen II (Lernen des Lernens) (Leitungsgremium)
5. Metaperspektive – Übergang in einen laufenden, selbst gesteuerten Prozess (Leitungsgremium)

Daraus ergab sich folgendes Grobdesign (siehe Abbildung 57).

2 × ½ Tag	CEO	Rahmenklärung des „neuen" Unternehmens mit dem CEO
1 Tag	Leitungsgremium	Strukturerarbeitung
Je 1 Tag	Leiter mit ihren Teams (externe Begleitung freiwillig)	Erarbeitung eines jeweils bereichsspezifischen Prozesses organisationalen Lernens
2 Tage	Leitungsgremium	Installation eines laufenden Follow-Up-Prozesses und von Lernen II
1 Tag	Leitungsgremium	Metaperspektiven

Abb. 57 Grobdesign

2.5.2.1 Rahmengestaltung

In der Rahmen-Erarbeitung wurde im Zweiergespräch mit dem CEO binnen 2 Halbtagen herausgearbeitet,

- welche erfolgskritischen Rahmenbedingungen bezüglich der beiden o. a. Ziele festgelegt werden sollten
- und welche Bereiche explizit freigegeben werden sollten, in denen „gelernt" (also auch verändert) werden darf.

2.5.2.2 Strukturerarbeitung

Diese Ergebnisse wurden in der Strukturerarbeitung dem Leitungsgremium vorgestellt und darauf aufbauend die Lernende Organisation erarbeitet.

Dafür wurden die 23 Leitenden in gesamt 4 Maximix-Gruppen unterteilt.

Der Workshop-Tag mit einem Berater wurde wie folgt konzipiert (siehe Abbildung 58).

Zeit	Fragestellung
09.00–09.05	Begrüßung durch den CEO, Antwort auf die Frage: „Warum sind wir da?" in aller Kürze: *Wir sind hier, weil wir in den kommenden Jahren wesentlich höhere Effizienz und Einzigartigkeit im Verkauf brauchen, um wettbewerbsfähig zu bleiben. Hier muss die Organisation gesamt und flächendeckend noch lernen. Wir werden heute die Grundfesten der Lernenden Organisation hierzu aufbauen.*
09.05–09.30	Vorstellung Beraterin Klärung Prozess Kurze Erklärung des Unterschieds Lernen Einzelner – Lernen der Organisation

09.30–09.45	**Erarbeitung in der selbstmoderierten Maximix-Gruppe:** Wenn wir an unsere aktuelle Situation – flächendeckend – denken: 1) Was ist hinsichtlich echter Effizienz und Einzigartigkeit in unserer Organisation bereits fest verankert? 2) Wo können wir noch lernen? 3) Bezüglich welcher Themen passiert aktuell noch genau das Gegenteil von Effizienz und Einzigartigkeit in unserer Organisation?
09.45–10.10	Präsentation Rahmen durch den CEO
10.10–10.30	**Erarbeitung in der selbstmoderierten Maximix-Gruppe:** Offenes Forum zur Rahmenpräsentation: 1) Was haben wir Relevantes gehört? 2) Was bedeutet das Gehörte für uns? 3) Welche Verständnisfragen haben wir noch?
10.30–10.45	Pause
10.45–11.00	Beantwortung etwaiger Fragen
11.00–11.15	**Erarbeitung in der selbstmoderierten Maximix-Gruppe:** 1) Wie wollen wir uns als lernende Organisation in Zukunft selbst beschreiben, wenn wir unschlagbare Effizienz und unnachahmbare Einzigartigkeit auf unsere Fahnen heften – a) nach außen – gegenüber unseren Kunden? b) intern – in unserer Zusammenarbeit? 2) Wie wollen wir von unseren Kunden dann beschrieben werden?
11.15–11.30	**Bewertung der Statements:** Hinter welchen Statements stehen alle Beteiligten zu 100 %?
11.30–12.00	**Erarbeitung in der Gesamtgruppe:** Welche Identität geben wir der Lernenden Organisation, um die Selbstbeschreibung durchgängig zu leben: – **Vision:** Was soll langfristig gelebt werden? – **Mission:** Was soll uns die gelebte Selbstbeschreibung bringen? – **Grundannahmen:** Von welchen Grundannahmen soll jeder im Unternehmen ausgehen (dürfen/müssen), wenn die Selbstbeschreibung durchgängig gelebt wird? – **Leitlinien des Handelns:** Welche Leitlinien des Handelns müssen alle im Unternehmen dem Tun als roter Faden zugrunde legen, um die Selbstbeschreibung zu leben? – **Kernkompetenzen:** Welche Kernkompetenzen braucht das Unternehmen, um diese Selbstbeschreibung zu leben? – **Geschichten:** Welche „Geschichten" dürfen wir (uns) nicht mehr/welche müssen wir (uns) ab sofort durchgängig erzählen, um die Selbstbeschreibung zu leben? – **Do's/Don'ts:** Was sind absolute Do's/Don'ts ab sofort und für jeden, wenn wir diese Selbstbeschreibung leben? – **Werte:** Was muss jedem im Unternehmen etwas wert sein, wenn wir die Selbstbeschreibung leben?

12.00–12.30	Bewertung: Bei welchen Faktoren besteht 100 % Commitment?
12.30–12.45	Erarbeitung in der selbstmoderierten Maximix-Gruppe: Welche Ziele setzen wir uns als Lernende Organisation hinsichtlich der Themen Top-Effizienz und Einzigartigkeit im Verkauf, um diese Selbstbeschreibung und Identität im Unternehmen zu leben?
12.45–13.00	100 %-Bewertung
13.00–14.00	Mittagessen
14.00–14.15	Erarbeitung in der selbstmoderierten Maximix-Gruppe: Woran werden wir an unseren Prozessen sofort erkennen, dass wir die Lernende Organisation hinsichtlich Top-Effizienz und Einzigartigkeit im Verkauf leben – 1) nach außen? 2) nach innen?
14.15–15.00	Erarbeitung der Kommunikationsstrukturen/einer gemeinsamen Kommunikations-Chart: Welche Kommunikationsmöglichkeiten müssen wir flächendeckend liefern, um die Lernende Organisation zu sichern?
15.00–15.20	Verabschiedung
15.20–15.40	Pause
15.40–16.30	Erarbeitung eines konzertierten Designs zur flächendeckenden Umsetzung nach unten Ermittlung der wesentlichen Erfolgskriterien (neben den Rahmenkriterien)
16.30–17.00	Nächste Schritte
17.00–17.15	Abschluss
17.15–18.00	Pufferzeit

Abb. 58 Feindesign Workshop Strukturerarbeitung

2.5.2.3 Erarbeitung eines jeweils bereichsspezifischen Relationalen Prozesses organisationalen Lernens

Jeder Leiter durfte entscheiden, ob er den Umsetzungstag mit seinen eigenen Regionalleitern bzw. mit den Abteilungsleitern (für die internen Bereiche) mit externer Unterstützung oder selbst durchführen wollte. 14 Leiter nahmen die externe Unterstützung in Anspruch. Die Leiter waren verpflichtet, den Prozess binnen eines Monats durchzuführen und gleichzeitig dafür zu sorgen, dass in ihrem Bereich nachprüfbar die Lernende Organisation bis hinunter zum Mitarbeiter binnen 4 Monaten gelebt wurde.

Jeder Tagesworkshop brachte andere Ergebnisse, die jedoch alle dem gemeinsamen Rahmen folgten. Diese Ergebnisse wurden unverzüglich im Intranet eingegeben.

Dabei ging es um

- inhaltliche Ansatzpunkte für organisationales Lernen im Bereich
- konkrete Ziele organisationalen Lernens hinsichtlich der beiden Punkte im Bereich
- und eine Darstellung des bereichsspezifischen Lernmodells, in dem dargestellt wurde, wie die Erfahrungen expliziert, gesammelt, standardisiert und an alle weitergegeben werden sollten.

2.5.2.4 Installation eines laufenden Relationalen Follow-Up Prozesses und von Lernen II

Gesamt 2 Tage widmeten die Leiter des Handelsunternehmens den beiden Themen „Aufbau eines Follow-Up Prozesses" und „Lernen II", wobei die beiden Themen jeweils einem Tag zugeordnet wurden.

a) Tag 1: Aufbau eines Follow-Up Prozesses

Aus dem Rahmen von Seiten des CEO, der bereits in der Phase 2 vorgestellt wurde, und aus den 23 unterschiedlichen Umsetzungskonzepten wurde ein flächendeckender Follow-Up Prozess entwickelt, der dafür sorgte, dass alle relevanten Erfahrungen aus den verschiedenen Bereichen flächendeckend genutzt wurden – und dass sie auch tatsächlich genutzt wurden.

Dabei wurde der Vormittag verwendet, um ein gemeinsames Bild des Follow-Up Prozesses zu entwickeln. Am Nachmittag wurde erarbeitet und verabschiedet, wie der Follow-Up (wann; welche Kriterien; Konsequenzen bei Nicht- oder Minderbeteiligung; konkrete Events zur Förderung der Umsetzung auf Unternehmensebene) stattfinden sollte.

Ergebnis war ein Jahresplan mit Rahmengesprächen und Fördermaßnahmen.

b) Tag 2: Lernen II

Am zweiten Tag wurde aufgrund der Erfahrungen aller 23 Leiter und des CEO erarbeitet, was das Unternehmen aus dem vergangenen Lernprozess lernen konnte:

- Was lief gut und sollte auch in Zukunft wichtiger Bestandteil von Veränderungsprozessen sein (= Entwicklung von Standards im Veränderungsprozess)
- Was lief nicht gut, passte vielleicht nicht zum Unternehmen, machte Alternativen in der Vorgangsweise/in den Instrumenten notwendig?
- Welcher neue Vorgehensplan/welche Meilensteine entstanden dadurch für das Unternehmen?

2.5.2.5 Metaperspektiven – Übergang in einen laufenden, selbst gesteuerten Prozess

3 Monate nach Durchführung der Phase 2 hatten alle Bereiche, alle Regionen, alle Filialnetze, alle Filialen ihr spezifisches Konzept der Lernenden Organisa-

tion entwickelt und lebten dieses auch. Ein Monat danach gaben alle Führungskräfte, egal auf welcher Ebene, ihren Statusbericht ab, der Rückmeldung zu folgenden Punkten enthielt:

1) Was läuft schon „automatisch" – muss also nicht mehr angestoßen, angeregt,
   nachgefragt werden?
2) Welche messbaren Ergebnisse in Hinblick auf die ausgegebenen Zielkriterien
   sind sichtbar?
3) Was muss die Führungskraft an nächsten Schritten setzen, um die Lernende
   Organisation so zu sichern, dass die Zielkriterien laufend erreicht werden
   und der Rahmen eingehalten wird?
4) Was braucht die Führungskraft von der Organisation?

Mit dem Statusbericht des CEO entstanden auf diese Weise genau 1.856 Status-
berichte, die bereits von den Leitern vorausgewertet wurden:

- Welche Punkte sollten auf Leitungsebene besprochen werden?
- Welche Punkte waren Regional- bzw. Bereichssache und daher Thema für den
  Leiter?
- Welche Punkte waren im Zwei-Augen-Gespräch zu klären?

Jene Punkte, die auf Leitungsebene besprochen werden sollten, wurden am Vormittag anhand der gesamten Präsentation aller 23 Leiter (im Raum an den Wän-
den rundum angebracht) zusammengefasst und daraus am Nachmittag ein
Selbststeuerungsprozess sowie die noch notwendigen Strukturen/Unterstützun-
gen von Seiten des Unternehmens erarbeitet und verabschiedet.

2.5.3 Ein halbes Jahr später

Die lernende Organisation funktionierte sehr gut – auch wenn in vielen Filialen
der Begriff überhaupt nicht verwendet wurde, ja nicht einmal bekannt war.

Letztlich wurde, in lustvollem Wettbewerb zueinander, gelernt und extrahiert,
und jede Filiale, jede Abteilung war stolz darauf, den eigenen Namen unter Learnings zu finden, die zu organisationsweiten Standards wurden. Automatisch
wurde auch der „Owner" von Learnings zum Spezialisten für dieses Thema und
durfte andere Führungskräfte und Mitarbeiter darin weiterbilden, sah aber auch
seinen Stolz darin, genau dieses Thema für sich nicht aus den Augen zu verlieren
und immer weiter zu entwickeln.

Die betriebswirtschaftlichen Ergebnisse sprachen für sich: Eine Steigerung des
Umsatzes um 12 % bei gleichzeitiger deutlicher Lagerreduzierung brachte die
gewünschten Ergebnisse. Auch in der Presse konnte mit dem Konzept gepunktet
werden.

Der Budgetrahmen in Bezug auf die Beratertage wurde mit 19 Tagen leicht unter-
schritten.

Teil 4:

Entwurf des Relationalen Modells der lernenden Organisation auf Grundlage des Relationsmodells – Folgen der Anwendung – Kritische Betrachtungen zum Schluss

1 Das Relationale Modell der lernenden Organisation

„Der Aufstieg einer lernenden Organisation, an sich schon ein großes Drama, ereignet sich in einem dramatischen Augenblick. Dieser Augenblick wird Kühnheit erfordern und unternehmerischen Mut und Phantasie belohnen. Manager, Vorstände und Führungskräfte, die in der Lage sind, dieses Gefühl für das Drama und die Chancen ihrer Zeit zu erschließen, können es als machtvolle Quelle der Energie, Inspiration und Sinngebung für die ganze Organisation nutzen. Das bedeutet, dass Sie bereit sein müssen, alles umzusetzen, was Ihrer Meinung nach wertvoll ist. Sie müssen es so lange proben, bis Sie es zum Leben erwecken, bis es so sehr Teil von Ihnen ist, dass Sie sich nicht vorstellen können, es nicht zu kennen. Sie müssen also Teil eines neuen Dramas werden, in dem alle Rollen mit vollem Einsatz gespielt werden, in dem jeder den weiteren Lauf der Handlung kennt und bereitwillig fördert und in dem das Stück außergewöhnlich gut ankommt." (Kline und Saunders, 1997: 312).

Die Schaffung einer lernenden Organisation bedeutet noch nicht zwangsläufig, dass nachhaltig gelernt wird – dass also das konkret Gelernte vom Ort des Entstehens in der gesamten Organisation etabliert, standardisiert und später wieder angesichts neuer Erfahrungen und neuer Rahmen in Frage gestellt wird.

Erst wenn die Errichtung der lernenden Organisation mit dem Mechanismus der kontinuierlichen Umsetzung gekoppelt wird, entsteht die lernende Organisation und damit ein Kreislauf des Ermöglichens, Schaffens, Explizierens, Etablierens und Verbreitens, Praktizierens und wieder neuen Ermöglichens und Schaffens des Lernens der Organisation:

Im folgenden Modell wird das Modell der Errichtung und das Modell der Ausgestaltung der lernenden Organisation zum Modell der lernenden Organisation auf Grundlage des Relationsmodells zusammen gefügt (siehe Abbildung 59).

Das Modell der lernenden Organisation schafft einen Kreislauf zwischen dem Modell der Errichtung der lernenden Organisation und dem Modell der Umsetzung der lernenden Organisation in den wichtigsten Pfeilern des Modells:

Persönliche Erfahrungen, Umweltbedingungen und erlebte Grenzen für Handlungsmöglichkeiten, die sich aus dem Zugang der Unternehmensleitung zum Unternehmen, aber auch aufgrund der laufenden Prüfung der Ergebnisse der lernenden Organisation sowie aus den (neu entwickelten) Organisationsstandards ergeben, führen zur Bildung des Rahmens der lernenden Organisation, aus dem schließlich mit den Systemmitgliedern gemeinsam die dynamische Struktur der lernenden Organisation abgeleitet wird.

Daraus werden Rahmenelemente für die Teams und für Einzelne abgeleitet, die auf inhaltlicher Ebene (Lernen I) im Zeichen der lernenden Organisation umgesetzt werden. Diese Ergebnisse führen auch zu einem veränderten praktizierten Modus des Lernens der Organisation auf allen Ebenen des Seins und Handelns. Die inhaltlichen Ergebnisse werden in Follow-Ups durch die Verantwortlichen laufend geprüft (Leisten und Verantworten) und beeinflussen wieder die Rahmenformulierung.

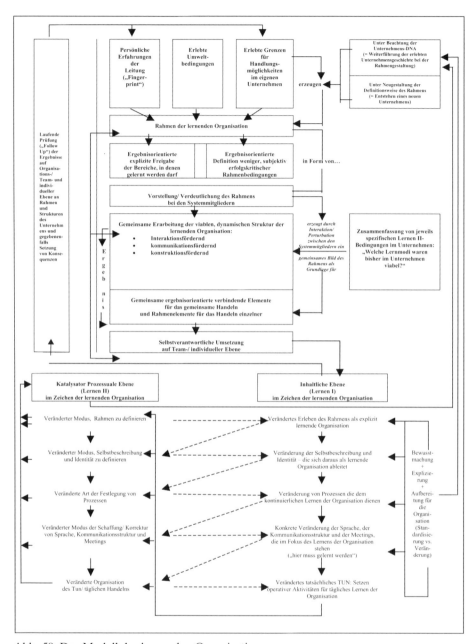

Abb. 59 Das Modell der lernenden Organisation

Auf Prozessebene werden die Lernergebnisse katalysiert und fließen in die Gestaltung der dynamischen Struktur ein, aber auch in die Form der Rahmengebung.

2 Die Folgen für die Aufbau- und Ablauforganisation: Die Einheit von Leisten und Verantworten

Aus dem Modell der lernenden Organisation leitet sich entsprechend dem heterarchischen Ansatz ein veränderter Prozess der Zusammenarbeit (Aufbau- und Ablauforganisation) ab, die jedem Einzelnen einen anderen Stellenwert und andere Aufgaben gibt als in der Hierarchie. Wenn die lernende Organisation tägliche Wirklichkeit werden soll, brauchen die Systemmitglieder hinlänglich viel Autonomie innerhalb ihrer persönlichen Rahmen, aber auch eben so viel Verantwortung.

Das auf Grundlage der Gedanken von Heinz von Foerster (von Foerster, 1998) entwickelte Modell der Einheit von Leisten und Verantworten (Radatz, 2009) ermöglicht, diese Anforderungen konsequent in die Praxis umzusetzen. Dafür erhält jeder Einzelne in der lernenden Organisation abgeleitet vom organisationalen Rahmen einen persönlichen Rahmen. Damit ist nicht gemeint, dass „Management by objectives" angewendet wird – denn es geht eben nicht um das lineare, gleichmäßige Verteilen eines Gesamtrahmens auf x Stellen, sondern es geht um Ableitung im Sinne eines Fraktals. Die Unterscheidung in der Abbildung 60 soll dies verdeutlichen.

Rahmen:	„Es müssen 20 % an Kosten eingespart werden."
Ableitung:	Beantwortung der Frage, „Wie müssen wir Marketing neu denken, um mindestens 20 % einzusparen?
MbO:	„Per Headcount fallen daher auf das Marketing 4,46 % Kostenreduzierung in Form von Budgetstreichung."

Abb. 60 Unterscheidung zwischen der Ableitung von persönlichen aus organisationalen Rahmen vs. „Herunterbrechen" von persönlichen Rahmen i. S. e. MbO

Der persönliche Rahmen begrenzt das Bild, das von jedem Einzelnen selbst gezeichnet werden muss – ein Bild, das den best möglichen Beitrag für die Gesamtorganisation liefert. Dieses selbst gezeichnete Bild definiert – abgestimmt mit der Führungskraft = Rahmengeber die Leistung des Einzelnen, an der er auch gemessen wird.

Gemessen wird der zu allererst von seinen persönlichen Leistungskäufern, also jenen Menschen, die ihm die Leistung abnehmen. Diese können im oder außerhalb des Unternehmens angesiedelt sein. Erbringt der Einzelne seine Leistung nicht entsprechend seinem Bild, also dem „Versprochenen", so wird die Leistung nicht gekauft, sondern zurückgewiesen werden. Auf diese Weise bekommt der Einzelne Macht in seinem Bereich und damit auch die Verantwortung, laufend an der Optimierung seiner persönlichen Leistungen für das Unternehmen zu arbeiten.

Die Führungskraft erfährt dadurch ebenfalls eine wesentliche Verschiebung der Aufgaben (siehe Abbildung 61).

Eine Führungskraft in der heterarchischen, lernenden Organisation
- ist hauptsächlich Rahmengeberin, gibt also Ergebnisse vor, keine Handlungen
- versteht sich als Prüferin der Rahmeneinhaltung (regelmäßig, nicht anlassbezogen)
- steht dem Mitarbeiter auf gleicher Augenhöhe zur Verfügung, um ihn mit gezielten Fragen zu unterstützen, wenn er in seinen Aufgaben ansteht (denn die Gestaltung des WIE bleibt ja innerhalb des Rahmens dem Mitarbeiter vorbehalten).

Quelle: Radatz, 2007

Abb. 61 Veränderung der Aufgaben der Führungskraft

Auf Grundlage des heterarchischen Prinzips (von Foerster, 1998; Radatz, 2009a) kommt jeder Führungskraft und jedem Mitarbeiter im Modell der lernenden Organisation mit eine tragende Rolle in der Formulierung der Fragestellungen zu, auf die Antworten gefunden werden sollten – Fragestellungen, auf die bislang noch keine endgültigen Antworten gefunden wurden, also sogenannte „unentscheidbare" Fragen (von Foerster, 1993).

Solche Fragestellungen, die beim Einzelnen oder beim Teamleiter entstehen, könnten etwa lauten:

- Wie können wir auf neuartige Weise Kunden gewinnen, die unser Umsatz-Soll zu sichern, und wie können wir dafür sorgen, dass alle Vertriebler weltweit jeweils von unseren Erfahrungen profitieren, um gemeinsam die versprochene Prämie zu erwirtschaften?
- Wie können wir die Produktion anders organisieren, um 25 Minuten Produktionszeit einzusparen – was einer Kostenersparnis von 30 Mio. EUR entspricht?
- Welche Teile müssen wir selbst produzieren und wie, damit die Kunden unsere Produkte als „home made" erleben?
- Wie müssen wir mit unseren Kunden am Point of Sales umgehen, damit diese eine positive Unverwechselbarkeit unseres Unternehmens erleben?
- Welche Kennzahlen müssen wir entwickeln, um in den nächsten Monaten erfolgreich zu sein?

Wird an diesen Themen gearbeitet und werden die Ergebnisse im gesamten Team bzw. Unternehmen weitergegeben und verwendet, so entsteht eine laufende lernende Organisation, in der von innen heraus unaufhörlich neue Fragestellungen entwickelt werden, die das Unternehmen in einer „positiven Schraube" in seiner Weiterentwicklung der Einzigartigkeit ohne Unterlass, aber bewusst weiter treiben.

3 Kritische Auseinandersetzung mit dem Ergebnis aus der Vogelperspektive

Drei Fragestellungen (unter vielen) drängen sich dem Betrachter möglicher Weise auf, wenn er bis zu dieser Stelle gelesen hat:

a) Welche Auswirkungen wurden nicht erwähnt?
b) Wenn es so einfach ist, warum tun die Unternehmen es dann nicht „einfach"?
c) Ist das Modell der lernenden Organisation einfach implementierbar?

Diese Fragestellungen sollen an dieser Stelle in einer kritischen Auseinandersetzung kurz aufgegriffen werden, wissend, dass sie Tür und Tor öffnen, um neue wissenschaftliche Fragestellungen zu gebären.

3.1 Welche Auswirkungen wurden nicht erwähnt?

Einige Auswirkungen wurden nicht erwähnt, die geradezu simultan mit den o. a. Paradigmen entstehen (vgl. auch Radatz, 2009a und Dievernich, 2009). Von diesen werden die beiden wichtigsten hier angesprochen:

a) Entstehende Unsteuerbarkeit bzw. Unlenkbarkeit

Nehmen alle Beteiligten den per Rahmen geforderten Auftrag der Lernenden Organisation ernst, dann wird auf allen Ebenen, in allen Bereichen, unaufhörlich gelernt, zusammengetragen, informiert, wieder neu gelernt … es entsteht eine unendlich große „lernende Maschine", die sich natürlich nicht mehr so steuern lässt wie ein Kreativitätsworkshop an jedem 2. Donnerstag im Monat. Mit dieser Unlenkbarkeit müssen vor allem die Leitenden erst umgehen lernen; einerseits müssen sie einen großen Vertrauensvorschuss leisten, damit die Maschine in Gang kommt, und andererseits müssen sie mit den Folgen des Ingangbringens leben.

b) Machtverschiebung von Einzelnen hin zur Organisation

Parallel zum Entstehen der Maschine verlieren die Einzelnen an Macht:
Der einzelne Mitarbeiter kann nicht mehr wie bisher sein Exklusivwissen in die Waagschale legen, wenn er mit der Organisation verhandelt – denn dieses hat er bereits längst an die Organisation abgegeben, mit diesem wird bereits laufend gearbeitet, das „besitzt" die Organisation schon.

Aber auch die Führungskräfte und Leitenden können nicht mehr wie bisher nach eigenem Gutdünken lenken, verändern und steuern, sondern sind an die Rahmen gebunden, die sie verkündet haben und die gelebt werden. Ein allzu häufiges Schwanken und Verändern der Rahmen wirkt sich nach Praxiserfahrung meist sehr schlecht auf den Unternehmenserfolg und auf das Bild aus, das sich die Mitarbeiter und die Öffentlichkeit, aber auch die Shareholder von den Leitenden machen (Dievernich, 2008).

Gleichzeitig gewinnt die Organisation an Macht:

Dort ist das Wissen verankert, das nicht linear kopierbar ist; das in keinem Safe liegt, der geknackt werden kann; das nicht wieder einem Einzelnen retrospektiv zugeordnet werden kann, der ein Copyright darauf verlangen kann.

Die Organisation, nicht einzelne bedeutende Namen von Führungskräften oder einzelne Entscheidungen bzw. Instrumente zur Erhöhung von Aktienkurs oder Shareholder Value, wird (wieder) zum Magnet der Bewerbungen und rückt ins Zentrum der Betrachtung. Der beständige, längerfristige Wert des Unternehmens steigt; und der kurzfristige, politische Wert des Unternehmens fällt merklich.

c) Veränderung der Definition von Kompetenz

Mit dem gelebten Modell der lernenden Organisation verändert sich die Definition von Kompetenz. Es könnte auch auf individueller Ebene anders gelernt werden: Die Inhalte des Lernens, die relevant, weil von der Organisation belohnt sind, verschieben sich von Tools und fachlichen Inhalten hin zu kombinatorischem Wissen, Netzwerkwissen, Relevanzwissen: Denn die Unterstützung der Organisation in seinem Zustand als lernende Organisation wird zum zentralen Aufgabenfeld für den Einzelnen, auf jeder Ebene. Und alles Wissen, das (neu) benötigt wird, um hier einen individuellen Unterschied zu schaffen, erzeugt auch einen erhöhten Marktwert der persönlichen Arbeitsleistung. Auf diese Weise können bisherige Lern-, Schulungs- und Trainingsinhalte und -formen neuen Inhalten und Formaten weichen, wie sie bislang in der Schul- und Trainingslandschaft noch nicht angeboten werden.

3.2 Wenn es so einfach ist, warum tun die Unternehmen es dann nicht „einfach"?

Das Modell der lernenden Organisation als Ergebnis dieser Arbeit erscheint in der Tat einfach, und natürlich entsteht die Frage, „Warum tut das nicht jedes Unternehmen?" Wir könnten an dieser Stelle auch die Frage aufwerfen, „Warum ist bislang noch niemand auf diese so einfache Idee gekommen?"

Die Antwort auf diese Fragen erscheint vermutlich ebenso simpel wie das Modell selbst: Die Unternehmen sind nicht dort, wo die hier beschriebene Theorie ansetzt. Sie leben quasi auf einem „anderen Stern" (Radatz, 2005; Furman, 2007). Wenn immer die Denkgrundlagen, auf dem das hier dargestellte Modell der lernenden Organisation basiert, angesprochen werden (Radatz, 2009b), bricht vergleichbar mit dem Film „Truman Show" eine ganze Welt zusammen, entdecken die Protagonisten des „Films", dass sie bislang Marionettenpuppen ihres Lebens, des Unternehmens, ihrer Zeit waren und sind nicht immer bereit und auch darauf vorbereitet, ihr „echtes", weil eigenes, selbst bestimmtes Leben zu führen. Oftmals setzen sie letztlich den Schritt in das neue Denken nicht, weil der Schmerz hinsichtlich bisher verpasster Möglichkeiten über die Freude hinsichtlich neuer potenzieller Möglichkeiten siegt (Radatz und Bartels, 2007).

Oder sie erkennen, dass sie das Neue nicht einfach on top auf das Alte setzen können, wie sie bisher gewohnt waren, mit Change umzugehen (Radatz, 2009a), sondern dass das Neue anstelle des Alten entstehen muss, was einer Zerstörung gleichkommt. Da die Menschen keine Erfahrung damit haben, ist die Wahrscheinlichkeit nicht sehr hoch, dass sie dies wagen (von Glasersfeld, 1997).

3.3 Ist das Relationale Modell der lernenden Organisation einfach implementierbar?

Nach reiflicher Überlegung entsteht an dieser Stelle die Antwort: Nein, es ist nicht einfach implementierbar. Es ist sogar gar nicht implementierbar (vgl. von Foerster, 1974). Denn das Wort „implementieren" entstammt dem linear kausalen Denken (von Foerster, 1993), demzufolge Modelle als „Tools", als „Rezepte", als „Anleitungen" unabhängig von ihrem Kontext, in den sie eingebettet sind, verwenden kann.

Dies muss jedoch an dieser Stelle scheitern: Denn um das Modell nutzen zu können; um ein je organisationsspezifisches Modell aus dem allgemeinen Modell der lernenden Organisation entwickeln zu können, bedarf es mit der Denkgrundlagen, die in dieser Arbeit auf eine spezifische Art und Weise aufgefasst und interpretiert wurden.

Es muss daher folgerichtig immer wieder am Punkt Null begonnen werden mit der Überlegung: Welche Denkgrundlagen sollen die Basis für das Handeln der eigenen Organisation bilden? Sind diese Denkgrundlagen spezifiziert, so bilden diese die Möglichkeitsgrenzen und gleichzeitig das Gerüst für das höchst individuelle Modell der lernenden Organisation, das in jeder Organisation neu entstehen muss.

Auf diese Weise kann diese Arbeit als Idee für die Entwicklung eigener Gedankengänge verwendet werden, nicht aber als Rezept mit der Idee, „Man nehme ...".

Schlussworte

„I learned as I wrote,
and what I learned was mostly about me" (Srivastva und Cooperrider, 1999)

Die vorliegende Arbeit versucht den Entwurf eines epistemologischen Modells der lernenden Organisation. Es gibt noch tausend andere Möglichkeiten, die Situation darzustellen, Schlussfolgerungen aus der Situationsdarstellung zu ziehen, den theoretischen Rahmen auszuwählen, ihn aufzufassen, Schlussfolgerungen daraus zu ziehen, und die Theorie umzusetzen. Aber es wäre dann nicht diese Arbeit

Die Idee jedoch, dass auch tausend andere Gedanken als viabel für die Erreichung des Ziels der Lebensfähigkeit gesehen werden könnten, bedeutet, dass diese Arbeit der Beginn neuen Denkens sein kann und genügend Perturbation schafft, um weiterzuarbeiten und andere, ebenso viable neue Möglichkeiten zu erschaffen.

Die vorliegende Arbeit wurde zu einem bestimmten Zeitpunkt unter bestimmten Rahmenbedingungen und mit einem bestimmten Erfahrungs- und Wissensstand geschrieben. Bereits morgen können viele Schlussfolgerungen darin, viele Assoziationen und Modelle aus einem veränderten Wissensstand heraus als „Fehler" wahrgenommen werden, welche im Rückblick die eigene persönliche Nische erweitern.

Dann ist der Weg frei für eine ganz neue Form der Assimilation sowie für die Schritte der Akkomodation und der Äquilibration auf einer höheren Ebene, die wiederum neue Begriffsbildungen und Verknüpfungen erfordert.

Der Weg ist frei, um zu lernen.

Anhang A:
Assessment-Checkliste

Assessment-Kriterium	Bewertung
	$0 \longmapsto 10$
	$0 \longmapsto 10$
	$0 \longmapsto 10$
	$0 \longmapsto 10$
	$0 \longmapsto 10$
	$0 \longmapsto 10$
	$0 \longmapsto 10$
	$0 \longmapsto 10$
	$0 \longmapsto 10$
	$0 \longmapsto 10$
	$0 \longmapsto 10$
	$0 \longmapsto 10$
	$0 \longmapsto 10$
	$0 \longmapsto 10$

Danksagung

Die vorliegende Arbeit wurde erst durch intensive Interaktion mit vielen bedeutenden Menschen ermöglicht.

Ich möchte mich insbesondere bedanken bei

Prof. Rolf Arnold – ich habe noch nie eine solch aufmerksame, unterstützende und wertschätzende und gleichzeitig fachlich höchst versierte Betreuung erlebt wie diese. Oder besser: Es gibt keine Worte dafür.

Prof. Heinz von Foerster, em. Prof. für Biophysik – für die vielen sprühenden Ideen und alternativen Sichtweisen. Sie haben mir geholfen, meine Handlungsalternativen zu erhöhen.

Prof. Humberto Maturana, Prof. für Neurobiologie – für den intensiven Austausch über die Anwendungsmöglichkeit der Autopoiesis in sozialen Systemen

Prof. Ernst von Glasersfeld, em. Prof. für Psychologie – für die immer neuen, oft überraschenden Infragestellungen der „Realität"

Peter Senge, Dozent am MIT Massachusetts – für seinen Mut und seine ganz besondere Art, vorzudenken

Dr. Pille Bunnell, Präsidentin der American Society for Cybernetics – für ihre genaue Durchsicht und die Feinheiten systemischen Denkens, die sie immer wieder aufbrachte

Prof. Helmut Willke, Prof. für Soziologie – für die vielen hitzigen Diskussionen

Harrison Owen, Begründer der Open Space Technology – für seine Beiträge zur Wichtigkeit von Spirit in Unternehmen und in der Führung

Kathleen Dannemiller und Sylvia James von Dannemiller Tyson Associates – für die gemeinsame Auseinandersetzung über angewandte Modelle zur erfolgreichen Umsetzung von Wandel in Unternehmen

bei meinem Geschäftspartner Oliver Bartels – für viele Inspirationen und unendlich wertvollen Dialog

bei meiner Familie – für die unschlagbare Geduld mit mir.

Literatur

Andersen, T. (1990): Das reflektierende Team. Dortmund: 1990.

Argyris, C. (1977): Double Loop Learning in Organizations, in: Harvard Business Review, September – Oktober 1977.

Argyris, C. (1991): Teaching Smart People How to Learn, in: Harvard Business Review, Mai – Juni 1991.

Argyris, C. (2006): Reasons and Rationalizations: The Limits to Organizational Knowledge. Oxford: 2006.

Argyris, C. (2008): Teaching Smart People How to Learn. Harvard: 2008.

Argyris, C. und Schön, D. (1993): Knowledge for Action. San Francisco: 1993.

Argyris, C. und Schön, D. (1996): Organizational Learning II. San Francisco: 1996.

Argyris, C. und Schön, D. (2002): Die lernende Organisation. 2. Auflage. München: 2002.

Arnold, R. (2008): Führen mit Gefühl. Wiesbaden:2008.

Arnold, R. und Siebert, H. (1999): Konstruktivistische Erwachsenenbildung. Von der Deutung zur Konstruktion von Wirklichkeit. Baltmannsweiler: 1995.

Arnold, R. und Siebert, H. (2006): Die Verschränkung der Blicke. Ein systemisch-konstruktivistischer Blickwinkel. Baltmannsweiler: 2006.

Ashby, W. R. (1952): Design For a Brain. New York: 1952.

Axelrod, R. (2002): Verändern wir die Veränderungsprozesse!, in: LO Lernende Organisation, Zeitschrift für systemisches Management und Organisation, No. 5 – Jänner-Februar 2002, S. 6–16.

Backhausen, W. J. und Thommen, J.-P. (2007): Irrgarten des Managements. Zürich: 2007.

Bateson, G. (1972): The Logical Categories of Learning and Communication, in: Steps to an Ecology of Mind. Collected Essays in Anthropology, Psychiatry, Evolution and Epistemology. New York: 1972.

Bateson, G. (1985): Ökologie des Geistes, Frankfurt: 1985.

Baecker, D. (1985): Die Freiheit des Gegenstandes: Von der Identität zur Differenz. Perspektivenwechsel in den Wissenschaften, in: Delfin V September 1985, S. 76–88.

Baecker, D. (1993): Probleme der Form. Frankfurt am Main: 1993.

Baecker, D. 1994): Postheroisches Management. Berlin: 1994.

Baecker, D. (1996): Kybernetik zweiter Ordnung, in: Schmidt (Hrsg.), S. 17–23.

Baecker, D. (1999): Organisation als System, Frankfurt am Main 1999

Baecker, D. (2008): Nie wieder Vernunft! Heidelberg: 2008.

Bäppler, E. (2008): Nutzung des Wissensmanagements im Strategischen Management. Zur interdisziplinären Verknüpfung durch den Einsatz von IKT. Gabler, Wiesbaden 2008.

Bandler, R. und Grinder, J. (1975): The Structure of Magic. Palo Alto: 1975.

Bandler, R. und Grinder, J. (1981): Metasprache und Psychotherapie. Paderborn: 1981.

Bateson, G. (1972): Steps to an Ecology of Mind. New York: 1972.

Beer, S. (1996): Diagnosing the System for Organizations. 3. Auflage, Chichester: 1996.

Beer, S. (2001): Vital Aspects of Viability. The Viable Systems Model (VSM) in Management. Vortrag im Rahmen des 1. Weltkongresses für systemisches Management. Wien: 2001.

Bennis, W. (2004): Wie es euch gefällt, in: Harvard Business manager, „Führung Spezial", April 2004.

Berg, I. K. und Cauffman, L. (2002): Solution talking creates solutions – Das lösungsfokussierte Modell in Management und Beratung, in: LO Lernende Organisation, Zeitschrift für systemisches Management, No. 5, Jänner/Februar 2002, S. 56 ff.

Bredemeyer, S. (2002): Storytelling: Der Berührungspunkt zwischen Seele und Gemeinschaft, in: LO Lernende Organisation, Nr. 6 – März/April 2002, S. 32–35.

Bronfenbrenner, U. (1976): Ökologische Sozialisationsforschung. Stuttgart: 1976.

Brown, G.-S. (1972): Laws of Form. London: 1972.

Brown, J. (2005): The World Café. San Francisco: 2005.

Buber, M. (1961): Das Problem des Menschen. Heidelberg: 1961.

Campbell, D. (1960): Blind Variation and Selective Retention in Creative Thought as in other Knowledge Processes, in: Psychological Review, Nr. 67/1960, S. 372–397.

Campbell, D. (1974): Evolutionary Epistemology, in: Schilpp, P.A. (Hrsg.): The Philosophy of Karl Popper. Illinois: 1974.

Capelle, W. (1953): Die Vorsokratiker. Stuttgart: 1953, 4. Auflage.

Chomsky, N. (1973): Sprache und Geist. Frankfurt am Main: 1973.

Chomsky, N. (1981: Regeln und Repräsentation. Frankfurt am Main: 1981.

Conant, R. (1981) (Hrsg.): Mechanisms of Intelligence: Ross Ashbyś Writings on Cybernetics. Seaside (CA): 1981.

Cooperrider, D.L., Sorensen, P.F. jr., Whitney, D. und Yaeger, Th.F. (2000): Appreciative Inquiry. Rethinking Human Organization Toward a Positive Theory of Change. Illinois: 2000.

Csikszentmihalyi, M. (1991): Flow: The Psychology of Optimal Experience. New York: 1991.

Dannemiller Tyson Associates (2000): Whole-Scale Change. San Franciso: 2000.

Dannemiller Tyson Associates (2001): Unveröffentlichte Seminarunterlagen zum Thema „Whole-Scale Change" auf Cape Cod. Cape Cod: 2001.

Danziger, K. (1971): Socialization. Baltimore: 1971.

Denning, S. (2001): The Springboard. How Storytelling Ignites Action in Knowledge-Era Organizations. Woburn, MA: 2001.

De Shazer, S. (1992): Das Spiel mit Unterschieden. Heidelberg: 1992.

De Shazer, S. (1996): Worte waren ursprünglich Zauber. Dortmund: 1996.

De Shazer, S. (1997): Wege der erfolgreichen Kurzzeittherapie. 7. Auflage. Stuttgart: 1997.

De Shazer, S. (2000): Mitschnitt eines Seminars im Institut für systemisches Coaching und Training. Wien: 2000.

De Shazer, S. und Berg, I.K. (1992): Doing Therapy: A post-structural re-vision, in: Journal of Marriage and Family Therapy, Nor. 18/1992, S. 71–81.

Denning, S. (2001): The Springboard. Woburn (MA): 2001.

Diels, H. (1957): Die Fragmente der Vorsokratiker. Hamburg: 1957.

Dievernich, E.P. (2002): Das Ende der Betriebsblindheit? Was Teams zur Zukunftsfähigkeit von Organisationen beitragen. München und Mering: 2002.

Dievernich, E.P. (2007): Achtung Organisation! Vorsicht Management! Berlin: 2007.

Dievernich, E.P. (2007a): Pfadabhängigkeit im Management. Stuttgart: 2007.

Drath, W. (2001): The Deep Blue Sea. San Francisco: 2001.

Drucker, P.F., hrsg. Von Edersheim, E.H. (2007): Alles über Management. Heidelberg: 2007.

Edwards, M.R. und Ewen, A.J. (2000): 360°-Beurteilung. Klareres Feedback, höhere Motivation und mehr Erfolg für alle Mitarbeiter. München: 2000.

Endres, W. (Hrsg., 2007): Lernen lernen – Wie stricken ohne Wolle? 13 Experten streiten über Konzepte und Modelle zur Lernmethodik. Weinheim und Basel: 2007.

Falk, S. (2007): Personalentwicklung, Wissensmanagement und Lernende Organisation in der Praxis. München und Mering: 2007.

Feyerabend, P. (1976): Wider den Methodenzwang. Frankfurt am Main: 1976.

Finth, C.-Ph. (2008): Organisationales Lernen als subjektbezogener Lernprozess. Stuttgart: 2008.

Fiol, C.M. und Lyles, M.A. (1985): Organizational Learning, in: Academy of Management Review, Oktober 1985.

Fischer-Winkelmann, W. (1971): Methodologie der Betriebswirtschaftslehre. München: 1971.

Furman, B. (2007): Twin Stars – Lösungen vom anderen Stern. Frankfurt: 2007.

Gadamer, H.-G. (Hrsg. 2007): Philosophisches Lesebuch, 2. Auflage. Frankfurt am Main: 2007.

Gandolfi, A. (2001): Von Menschen und Ameisen. Zürich: 2001.

Garvin, D.A. (1993): Building a Learning Organization, in: Harvard Business Review, Juli – August 1993.

Garvin, D. (1994): Nicht schöne Worte – Taten zählen, in: Harvard Business Manager (1), S. 74–85.

Glanville, R. (1988): Die Form der Kybernetik, in: Baecker, D. (Hrsg.): Ranulph Glanville. Objekte. Berlin: 1988, S. 149–166.

Gronan, B. (2007): Organisationales Lernen als Führungsinstrument. Norderstedt: 2007.

Guntern, G. (1979): Tourism, Social Change, Stress and Mental Health in the Pearl of the Alps. Berlin, Heidelberg und New York: 1979.

Harland, R. (1987): Superstructuralism: The Philosophy of Structuralism and Post-Structuralism. London: 1987.

Hamel, G. (2008): Das Ende des Managements. Frankfurt: 2008.

Hejl, P.M.; Stahl, H.K. (2000) (Hrsg.): Management und Wirklichkeit. Das Konstruieren von Unternehmen, Märkten und Zukünften. Heidelberg: 2000.

Huber, G.P. (1991): Organizational Learning: The Contributing Process and the Literatures, in: Organization Science, Februar 1991.

Joslyn, C. (1992): The Nature of Cybernetic Systems. Online im Internet. URL: http://pespmc1.vub.ac.be/CYBSNAT.html (Stand 10. Juni 1999).

Kant, I. (1787): Kritik der reinen Vernunft, 2. Auflage. Riga: 1787.

Kappler, E. (1994): Theorie aus der Praxis – Rekonstruktion als wissenschaftlicher Praxisvollzug der Betriebswirtschaftslehre, in: Fischer-Winkelmann, W.F. (Hg.): Das Theorie-Praxis-Problem der Betriebswirtschaftslehre. Tagung der Kommission Wirtschaftstheorie. Wiesbaden: 1994, S. 42–54.

Kasper, H. (1990): Die Handhabung des Neuen in organisierten Sozialsystemen. Wien: 1990.

Kasper, H.; Mayrhofer, W. und Meyer, M. (1998): Managerhandeln – nach der systemtheoretischen Wende, in: DBW Nr. 5/1998, S. 603–621.

Kasper, H. und Mühlbacher, J. (2002): Systemtheorie und Wissensmanagement – (k)ein Widerspruch!?, in: LO Lernende Organisation, Zeitschrift für systemisches Management und Organisation Nr. 7 – Mai/Juni 2002, S. 14–17.

Kets de Vries, M.F.R. (2004): Die fünf Welten des Managers, in: Harvard Business manager, „Führung Spezial", April 2004.

Kilian, D. et al. (2007): Wissensmanagement. Werkzeuge für Praktiker. Wien: 2007.

Kleiner, A. und Roth, G. (1997): How to Make Experience Your Company's Best Teacher, in: Harvard Business Review, Nr. 5, Vol. 75, September/Oktober 1997.

Kostner, J. (2000): König Artus und die virtuelle Tafelrunde. Wien: 2000.

Kostner, J. (2002): Virtuelle Teamarbeit – Erfolgsfaktor der Zukunft, in: LO Lernende Organisation, Zeitschrift für systemisches Management und Organisation Nr. 7 – Mai/Juni 2002, S. 6–13.

Kostner, J. (2002a): Bionic eTeamwork. Massachussetts: 2002.

Kretschmann, J. (1990): Die Diffusion des Kritischen Rationalismus in der Betriebswirtschaftslehre. Stuttgart: 1990.

Lazarsfeld, F. und Rosenberg, M. (Hrsg.) (1955): The Language of Social Research. Glencoe: 1955, S. 519–527.

Leonard, D. und Strauss, S. (1997): Putting your Companys Whole Brain to Work, in: Harvard Business Review, Juli – August 1997.

Levitt, B. und March, J.G. (1988): Organizational Learning, in: American Review of Sociology, Vol. 14/1988.

Linke, D.B. und Kurthen, M. (1995): Selbstdesorganisation. Der metaradikale Konstruktivismus, in: Fischer (Hg.): Die Wirklichkeit des Konstruktivismus. Heidelberg: 1995, S. 179–289.

Ludewig, K. (1984): Vorwort, in: Maturana, H.R. und Varela, F. (1984): Der Baum der Erkenntnis. Bern und München: 1984, S. 11–16.

Luhmann, N. (1990): Soziologische Aufklärung 5. Konstruktivistische Perspektiven. Opladen: 1990.

Luhmann, N. (1990a): Die Wissenschaft der Gesellschaft. Frankfurt am Main: 1990.

Luhmann, N. (1991): Zweckbegriff und Systemrationalität. 5. Auflage. Frankfurt am Main: 1991.

Luhmann, N. (1993): Die Paradoxie der Form, in: Baecker, D. (Hrsg.): Kalkül der Form. Frankfurt am Main: 1993, S. 197–212.

Luhmann, N. (1996): Soziale Systeme. Grundriss einer allgemeinen Theorie. 6. Auflage, Frankfurt am Main: 1996.

Lutterer, W. (2000): Auf den Spuren ökologischen Bewusstseins. Eine Analyse des Gesamtwerks von Gregory Bateson. Freiburg im Breisgau: 2000.

Lutterer, W. (2002): Gregory Bateson: Über Kommunikation, Nicht-Kommunikation und Metakommunikation, in: LO Lernende Organisation, Nr. 9 September/Oktober 2002, S. 18–21.

Lutterer, W. (2002a): Gregory Bateson. Eine Einführung in sein Denken. Heidelberg: 2002.

Lutterer, W. (2009): Lernen, um Lernen zu vermeiden, in: LO Lernende Organisation, Nr. 47 – Jänner/Februar 2009.

Malik, F. (2001): Das VSM-Modell. Zeitschrift M.o.M – Malik on Management. St. Gallen: 2001.

Maturana, H.R. (1969): The Neurophysiology of Cognition, in: Garvin, P. (Hrsg.): Cognition: A Multiple View. New York: 1969.

Maturana, H.R. (1970): The Biology of Cognition, in:BCL Report No. 9, 1970.

Maturana, H.R. (1970 a): Neurophysiology of Cognition, in: Garvin, P.L. (Hrsg.): Cognition: A Multiple View. New York, S. 3–23.

Maturana, H.R. (1978): Biology of Language: Epistemology of Reality, in. Miller, G. und Lenneberg, E. (Hrsg.): Psychology and Biology of Language and Thought. New York: 1978.

Maturana, H.R. (1985): Erkennen. Die Organisation und Verkörperung von Wirklichkeit. 2. Auflage. Braunschweig: 1985.

Maturana, H.R. (1988): The Search for Objectivity or the Quest for a Compelling Argument, in: The Irish Journal of Psychology, No. 9 (1), S. 25–82.

Maturana, H.R. (1997): Was ist erkennen? 2. Aufl. München: 1997.

Maturana, H.R. (2000): Biologie der Realität. Frankfurt am Main: 2000.

Maturana, H.R. (2001): Das Erkennen des Erkennens verpflichtet, in: Pörksen, B. (Hrsg.): Abschied vom Absoluten. Heidelberg: 2001, S. 70–111.

Maturana, H.R. (2001a): How is it that plans never work? Vortrag im Rahmen des 1. Weltkongresses für systemisches Management. Wien: Mai 2001.

Maturana, H.R. (2001b): Parallelen zwischen der Autopoiesis und dem Verhalten sozialer Systeme. Unveröffentlichtes persönliches Gespräch anlässlich des 1. Weltkongresses für systemisches Management am 3. Mai 2001.

Maturana, H.R. (2001c): Über Systeme und die Koordination der Koordination des Verhaltens. Persönliches unveröffentlichtes Gespräch am 30.04.2001.

Maturana, H.R. (2001d): How Is It that Plans never Work?, Vortrag im Rahmen des 1. Weltkongresses für systemisches Management 2001 in Wien. Video des Instituts für systemisches Coaching und Training: 2001.

Maturana, H.R. (2001e): Workshop im Rahmen des 1. Weltkongresses für systemisches Management in Wien, am 04. Mai 2001.

Maturana, H.R. und Bunnell, P. (2001): Reflexion, Selbstverantwortung und Freiheit: Noch sind wir keine Roboter, in: LO Lernende Organisation, Zeitschrift für systemisches Management, Nr. 2 Juli/August 2001, S. 36–41.

Maturana, H.R. und Bunnell, P. (2001a): Die Welt entsteht durch Sprachen, in: LO Lernende Organisation, Zeitschrift für systemisches Management, Nr. 1 Mai/Juni 2001, S. 34–37.

Maturana, H.R. und Bunnell, P. (2001b): Die Fehlerkultur als Grundlage des Lernens, in: LO Lernende Organisation, Zeitschrift für systemisches Management, Nr. 4 November/Dezember 2001, S. 32–36.

Maturana, H.R. und Pörksen, B. (2002): Vom Sein zum Tun. Heidelberg: 2002.

Maturana, H.R. und Varela, F. (1973): De Màquinas y Seres Vivos: Una Teoría de la Organicación Biológica. Santiago: 1973.

Maturana, H.R. und Varela, F. (1980): Autopoiesis and Cognition. Dordrecht/Boston: 1980.

Maturana, H.R. und Varela, F. (1984): Der Baum der Erkenntnis. Bern und München: 1984.

McCulloch, W.S. (1945): A Heterarchy of Values Determined by the Topology of Nervous Nets, in: Bulletin of Mathematical Biophysics 7, S. 89–93.

McCulloch, W.S. (1965): Embodiments of Mind. Cambridge (MA): 1965.

McKergow, M. (2002): Der Lösungsfokus in der Beratung: Keep it simple!, in: LO – Lernende Organisation, Zeitschrift für systemisches Management und Organisation, Nr. 10/November – Dezember 2002, S. 28–33.

Meinsen, S. (2003): Konstruktivistisches Wissensmanagement. Weinheim, Basel und Berlin: 2003.

Neumann-Wirsig, H. (2002): Lehren ist unmöglich – lernen geschieht autonom, in: LO – Lernende Organisation, Zeitschrift für systemisches Management und Organisation, Nr. 7/Mai – Juni 2002, S. 50–52.

Nonaka, I. (1994): A Dynamic Theory of Organizational Knowledge, in: Organization Science, Nr. 5/Februar 1994, S. 14–37.

Nonaka, I. und Takeuchi, H. (1995): The Knowledge-Creating Company. How Japanese Companies Create the Dynamics of Innovation. New York und Oxford: 1995.

Opp, K.-D. (1995): Methodologie der Sozialwissenschaften. Einführung in Probleme ihrer Theoriebildung und praktischen Anwendung. 3. Auflage, Opladen: 1995.

Ortega y Gasset, J. (1952): Geschichte als System. Stuttgart: 1952.

Osmetz, H.A.; Winter, W. und Philipp, A.F. (2001): Die Rückkehr des Hofnarren. Herrsching am Ammersee: 2001.

Otte, M. (1988): Stil und Methode, in: Bammé, A. et al. (Hrsg.): Technologische Zivilisation und die Transformation des Wissens. München: 1988, S. 117–156.

Owen, H. (2001): Open Space Technology. Ein Leitfaden für die Praxis. Stuttgart: 2001.

Owen, H. (2001a): Erweiterung des Möglichen. Die Entdeckung von Open Space. Stuttgart: 2001.

Daft, R.L. und Lengel, R.H. (1984): Information Richness: A New Approach to Managerial Behavior and Organization Design, in: Research in Organizational Behavior, Nr. 6/1984, S. 191–233.

Owen, H. (2001c): The Spirit of Leadership. Führen heißt Freiräume schaffen. Heidelberg: 2001.

Pask, G. (1962): Übersicht über de unterschiedlichen Eigenschaften (sozialer) Systeme auf Grundlage der Kybernetik zweiter Ordnung vs. Linearität. Unveröffentlichtes Blatt aus dem Lebenswerk Heinz von Foersters. 1962.

Piaget, J. (1961): Les méchanisms perceptifs. Modèles probabilistes, analyse génétique, relations avec líntelligence. Paris: 1961.

Piaget, J. (1970): Main Trends in Interdisciplinary Research. New York: 1970.

Piaget, J. (1973): Einführung in die genetische Erkenntnistheorie. Vier Vorlesungen. Frankfurt am Main: 1973.

Piaget, J. (1974): Biologie und Erkenntnis. Über die Beziehungen zwischen organischen Regulationen und kognitiven Prozessen. Frankfurt am Main: 1974.

Piaget, J. (1974a): La prise de conscience. Paris: 1974.

Piaget, J. (1981): Jean Piaget über Jean Piaget. Sein Werk aus seiner Sicht. München: 1981.

Piaget, J. und Inhelder, B. (1974): Gedächtnis und Intelligenz. Olten: 1974.

Pörksen, B. (2001): Abschied vom Absoluten. Gespräche zum Konstruktivismus. Heidelberg: 2001.

Polanyi, M. (1958): Personal Knowledge. Chicago: 1958.

Popper, K. (1969): Conjectures and Refutations. London: 1969.

Powers, W.T. (1973): Behavior: The Control of Perception. Chicago: 1973.

Probst, G.; Raub, S.; Romhardt, K. (1998): Wissen managen. Wie Unternehmen ihre wertvollste Ressource optimal nutzen. 2. Auflage. Frankfurt am Main: 1998.

Radatz, S. (2000): Beratung ohne Ratschlag. Wien: 2000.

Radatz, S. (2001): Creative Knowledge Feedback. Research Summaries No. 3 des Instituts für systemisches Coaching und Training. Wien: 2001.

Radatz, S. (2002): Re-Culturing ©: Die Arbeit an der Unternehmenskultur im evolvierenden Unternehmen, in: Delphin 2002 – Jahrbuch des Konstruktivismus. Frankfurt am Main: 2002.

Radatz, S. (2002a): Reflexion, in: LO Lernende Organisation, Zeitschrift für systemisches Management und Organisation, Nr. 8/Juli – August 2002, S. 45–46.

Radatz, S. (2002b): ... und wie lernen Organisationen?, in: LO Lernende Organisation, Zeitschrift für systemisches Management und Organisation, Nr.10/ November/Dezember 2002, S. 18–19.

Radatz, S. (2005): Leadership unter einem neuen Stern, in: LO Lernende Organisation, Nr.26/2005.

Radatz, S. (2006): Die zweiwertige Unterscheidung, in: Diversity Management (unveröffentlichte Seminarunterlage). Wien: 2006.

Radatz, S. (2006a): Re-Culturing: Die Arbeit an der Unternehmenskultur im evolvierenden Unternehmen, in: Rusch, G. (Hrsg.): Konstruktivistische Ökonomik, S. 159–180. Marburg: 2006.

Radatz, S. (2007): Beratung ohne Ratschlag. 7. überarbeitete Auflage. Wien: 2007.

Radatz, S. (2007a): Coaching-Grundlagen für Führungskräfte. Wien: 2007.

Radatz, 2007b): Change the Way Doing Change. Wien: 2007.

Radatz, S. (2008): Teamentwicklung und OE sind tot. Es leben Teamentwicklung und OE! Vortrag am 01.10.2008 in Wien.

Radatz, S. (2008a): Creative Knowledge Feedback. Wien: 2008.

Radatz, S. (2009): Willkommen in der Ära X! Die Neugestaltung erfolgreich meistern, in: LO Lernende Organisation, Nr. 48 – März/April 2009.

Radatz, S. (2009a): Veränderung verändern: Das Relationale Veränderungsmanagement. Wien: 2009.

Radatz, S. (2009b): Relationales Leadership. Unveröffentlichte Begleitunterlagen zum Diplomlehrgang Leadership am ISCT. Wien: 2009.

Radatz, S. und Kowanitsch, K. (2001): LOB – die lösungsorientierte Organisationsberatung. Research Summaries No. 2 des Instituts für systemisches Coaching und Training. Wien: 2001.

Reich, K. (2002): Systemisch-konstruktivistische Pädagogik. Neuwied und Kriftel: 2002.

Reihlen, M. (1997): Führungssysteme, machtpolitisch betrachtet, in: Zeitschrift Führung + Organisation, 66. Jahrgang, Heft 6, S. 348–353.

Reihlen, M. (1998): Die Heterarchie als postbürokratisches Organisationsmodell der Zukunft?, in: Delfmann, W. (Hg.): Arbeitsberichte des Seminars für Allgemeine Betriebswirtschaftslehre, betriebswirtschaftliche Planung und Logistik der Universität zu Köln, Nr. 96/1998.

Riegas, V. (1990): Glossar, in: Riegas, V. und Vetter, C. (Hrsg.): Zur Biologie der Kognition. Ein Gespräch mit Humberto Maturana Romésin und Beiträge zur Diskussion seines Werkes. Frankfurt am Main: 1990.

Rosnay, J. de (1996): History of Cybernetics and Systems Science, in: Heylighen, Joslyn und Turchin (Hrsg.): URL
http://pespmc1.vub.ac.be/CYBSYSTH.html (Stand 10.06. 1999).

Rusch, G. (2006): Konstruktivistische Ökonomik. Marburg: 2006.

Rust, H. (2004): Zukunft der Führung, in: Harvard Business manager, „Führung Spezial", April 2004.

Schanz, G. (1988): Betriebswirtschaftslehre, in: Sellien und Sellien (Hg.): Gablers Wirtschaftslexikon. 12. Auflage, S. 791–795. Wiesbaden: 1988.

Scharmer, C.-O. (2001): Presencing. Bringing Forth Emerging Futures. Auf Video aufgenommener Vortrag im Rahmen des 1. Weltkongresses für systemisches Management. Wien: 2001.

Scharmer, C.-O. (2009): Theory U: Learning from the Future as It Emerges: Learning from the Futures as It Emerges. Boston: 2009.

Schmid, B. (2002): Anforderungen an Kultur und Persönlichkeit in einer komplexen Welt, in: LO Lernende Organisation, Zeitschrift für systemisches Management und Organisation, Nr. 8/Juli – August 2002, S. 20–23.

Schmidt, G. (2002): Über die Sichtweisen von Problemen in der Kybernetik 2. Ordnung. Seminar im Institut für systemisches Coaching und Training. Wien: 2002.

Schmidt, S.J. (Hrsg.) (1992): Kognition und Gesellschaft. Der Diskurs des Radikalen Konstruktivismus 2. Frankfurt am Main: 1992.

Schrödinger, E. (1958): Mind and Matter. Cambridge: 1958.

Seely Brown, J. (1991): Research that Reinvents the Corporation, in: Harvard Business Review, Jänner – Februar 1991.

Segal, L. (1986): The Dream of Reality. Heinz von Foerster's Constructivism. New York: 1986.

Sellien, R. und Sellien, H. (2009): Gabler Wirtschafts-Lexikon. 17. Auflage. Wiesbaden: 2009.

Sezer, K. (2008): Zurück auf die Schulbank! Voraussetzungen organisationalen Lernens, in: perspektive blau, Wirtschaftsmagazin online. http://www.perspektive-blau.de/artikel/0509a/0509a.htm

Shannon, C. (1948): The Mathematical Theory of Communication, in: Bell System Technical Journal No. 27, S. 379–423.

Simon, F.B. (1993): Mathematik und Erkenntnis: Eine Möglichkeit, die „Laws of Form„ zu lesen, in: Baecker, D. (Hrsg.): Kalkül der Form. Frankfurt am Main: 1993, S. 38–57.

Simon, F. (1997): Die Kunst nicht zu lernen. Heidelberg: 1997.

Simon, F. (1999): Unveröffentlichter Vortrag im Rahmen eines Lehrgangs im Institut für systemisches Coaching und Training. Wien: 1999.

Simon, F. (1999a): Die Kunst nicht zu lernen. Heidelberg: 1999.

Simon, F. (2004): Gemeinsam sind wir blöd!? Die Intelligenz von Unternehmen, Managern und Märkten. Heidelberg: 2004.

Spencer Brown, G. (1969): Laws of Form. New York: 1969.

Sprenger, R. (2008): Gut aufgestellt. Frankfurt am Main: 2008.

Srivastva, S. und Cooperrider, D.L. (1999): Appreciative Management and Leadership. Euclid (OH): 1999.

Srivastva, S. und Cooperrider, D. (1999): Appreciative Management and Leadership. Euclid: 1999.

Srivastva, S.; Fry, R.E. und Cooperrider, D.L. (1999): The Call for Executive Appreciation, in: Srivastva, S. und Cooperrider, D.L. (Hg.): Appreciative Management and Leadership. Euclid (OH): 1999, S. 1–36.

Stata, R. (1989): Organizational Learning – the Key to Management Innovation, in: Sloan Management Review, Vol. Spring 1989.

Stewart, A. (2001): Das Kommunikationsunternehmen: Seine Kultur, seine Power und sein Potential, in: LO Lernende Organisation, Zeitschrift für systemisches Management und Organisation, Nr. 2 – Juli/August 2001, S. 18–21.

Stoller-Schai, D. (1999): Der radikale Konstruktivismus nach Ernst von Glasersfeld. Www-Dokument unter www.weiterbildung.unizh.ch/texte/radkon.html. 1999.

Sveiby, K. (1997): What is information? www-Dokument unter www.eis.net.au/-karlerik/information.html

Sveiby, K. (1997a): The New Organizational Wealth. Managing and Measuring Knowledge-Based Assets. San Francisco: 1997.

Teia (2009): Organisationales Lernen in der Lernende Organisation. 2009. http://www.teialehrbuch.de/Kostenlose-Kurse/Unternehmensfuehrung/23151-Organisationales-Lernen-in-der-Lernenden-Organisation.html

Toulmin, S.E. (1994): Kosmopolis. Die unerkannten Aufgaben der Moderne. Frankfurt am Main: 1994.

Umpleby, S.A. (1994): The Cybernetics of Conceptual Systems. Online im Internet: http://gwis2.circ.gwu.edu/~umpleby/Conceptual_

Umpleby, S.A. (2003): Wie man Kybernetik macht, in : LO Lernende Organisation, Zeitschrift für systemisches Management und Organisation, Nr. 11 – Jänner/Februar 2003, S. 21–29.

Vahs, D. (2005): Organisation. München: 2005.

Vaihinger, F. (2007): Die Philosophie des Als Ob. Reprint der Fassung aus 1911. Saarbrücken: 2007.

Varela, F.J. (1979): Principles of Biological Autonomy. New York: 1979.

Varela, F.J. (2001): Wahr ist, was funktioniert!, in: Pörksen, M. (Hrsg.): Abschied vom Absoluten. Heidelberg: 2001.

Vico, G.-B. (1710): De antiquissima Italorum sapientia. Lateinisches Original und italienische Übersetzung. Neapel: 1858.

von Foerster, H. (1973): On Constructing A Reality, in: Preiser, F. E. (Hrsg.): Environmental Design Research, Stroudburg, Bd. 2, S. 35–46.

von Foerster, H. (Hrsg., 1974): Cybernetics of Cybernetics. San Francisco: 1974.

von Foerster, H. (1981): Objects: Tokens for (Eigen-)behavior, in: Von Foerster (Hrsg.): Observing Systems. Seaside: 1981, S. 274–285.

von Foerster, H. (1993): KybernEthik. Berlin: 1993.

von Foerster, H. (1996): Wissen und Gewissen. Versuch einer Brücke, in: Schmidt, S.J. (Hrsg.): Heinz von Foerster. Wissen und Gewissen. Frankfurt am Main: 1996, S. 25–381.

von Foerster, H. (1997): Entdecken oder Erfinden. Wie lässt sich Verstehen verstehen?, in: Gumin, H. und Meier, H. (Hrsg.): Einführung in den Konstruktivismus, 3. Auflage. München: 1997, S. 41–88.

von Foerster, H. (1999): 2×2 ist grün. Compact-Disk von Heinz von Foerster.

von Foerster, H. (1999a): Über selbst-organisierende Systeme und ihre Umwelten, in: Sicht und Einsicht. Versuche zu einer operativen Erkenntnistheorie, S. 115–130.

von Foerster, H. (2000): Die Anwendung der Kybernetik 2. Ordnung auf das Management. Unveröffentlichtes persönliches Gespräch im Juli 2000.

von Foerster, H. (2001): In jedem Augenblick kann ich entscheiden, wer ich bin, in: Pörksen, B. (Hrsg.): Abschied vom Absoluten. Heidelberg: 2001, S. 19–45.

von Foerster, H. (2001a): Ethik, Kybernetik und der Imperativ der Veränderung, in: LO Lernende Organisation, Zeitschrift für systemisches Management, No. 2 – Juli/August 2001, S. 42ff.

von Foerster, H. und Bröcker, M. (2002): Teile der Welt. Fraktale einer Ethik – ein Drama in 3 Akten. Heidelberg: 2002.

von Foerster, H. und Pörksen, B. (1998): Wahrheit ist die Erfindung eines Lügners. Heidelberg: 1998.

von Glasersfeld, E. (1976): Cybernetics and Cognitive Development, in: Cybernetics Forum 8, S. 115–120.

von Glasersfeld, E. (1985): Reconstructing the concept of knowledge, in: Archives de Psychologie 53, S. 91–101.

von Glasersfeld, E. (1986): Steps in the Construction of „Others" and „Reality", in: Trappl, R. (Hrsg.): Power, Autonomy, Utopia. London/New York: 1986, S. 107–116.

von Glasersfeld, E. (1987): Ernst von Glasersfeld im Gespräch mit NIKOL, in: Schmidt, S.J. (Hrsg.): Der Diskurs des Radikalen Konstruktivismus. Frankfurt am Main: 1987, S. 401–440.

von Glasersfeld, E. (1987a): Wissen, Sprache und Wirklichkeit. Braunschweig: 1987.

von Glasersfeld, E. (1989): Constructivism in Education, in: Husen, T. und Postlewhaite, T.N. (Hrsg.): The International Encyclopedia of Education, Ergänzungsband I. London/New York: 1989, S. 162–163.

von Glasersfeld, E. (1991a): Einführung in den radikalen Konstruktivismus, in: Watzlawick, P. (Hrsg.): Die erfundene Wirklichkeit. München: 1981, S. 16–38.

von Glasersfeld, E. (1991): Fiktion und Realität aus der Perspektive des radikalen Konstruktivismus, in: Rötzer, F. et. al. (Hrsg.): Strategien des Scheins. München: 1991, S. 161–175.

von Glasersfeld, E. (1992): Aspekte des Konstruktivismus: Vico, Berkeley, Piaget, in: Rusch, G. et al. (Hrsg.): Konstruktivismus – Geschichte und Anwendung. DELFIN 1992, S. 20–33.

von Glasersfeld, E. (1995): Die Wurzeln des „radikalen" Konstruktivismus, in: Fischer, H.R. (Hrsg): Die Wirklichkeit des Konstruktivismus. Heidelberg: 1995, S. 35–46.

von Glasersfeld, E. (1996): Radikaler Konstruktivismus. Ideen, Ergebnisse, Probleme. Frankfurt am Main: 1996.

von Glasersfeld, E. (1997): Wege des Wissens. Konstruktivistische Erkundungen durch unser Denken. Heidelberg: 1997.

von Glasersfeld, E. (1998): Konstruktion der Wirklichkeit und des Begriffs der Objektivität, in: Von Foerster et al.: Einführung in den Konstruktivismus, S. 9–40. München: 1998.

von Glasersfeld, E. (1998a): Die Wurzeln des „radikalen„ Konstruktivismus, in: Fischer, R. (Hrsg.): Die Wirklichkeit des Konstruktivismus. Zur Auseinandersetzung um ein neues Paradigma. Heidelberg: 1998, S. 35–45.

von Glasersfeld, E. (2000): Vorlesung im Rahmen der Universität Innsbruck (Video). Innsbruck: 2000.

von Glasersfeld, E. (2001): Was im Kopf eines anderen vorgeht, können wir nie wissen, in: Pörksen, B. (Hrsg.): Abschied vom Absoluten. Heidelberg: 2001, S. 46–69.

von Glasersfeld, E. (2001a): Radical Constructivism vs. Constructionism. Www-Dokument unter http://www.oikos-glasersfeld/hommage/

von Glasersfeld, E. (2007): Unveröffentlichter Vortrag an der Universität Wien. Wien: 2007.

von Humboldt, W. (1795/1796): Über Denken und Sprechen. Band 7, 2. Berlin: 1907.

Watzlawick, P.; Beavin, J.H. Jackson, D.D. (1969): Menschliche Kommunikation. Formen, Störungen, Paradoxien. Bern, Stuttgart und Wien: 1969.

Watzlawick, P. (1976): Wie wirklich ist die Wirklichkeit? München: 1976.

Watzlawick, P. (1998): Wirklichkeitsanpassung oder angepasste „Wirklichkeit"? Konstruktivismus und Psychotherapie, in: Gumin, H. und Mohler, A. (Hrsg.): Einführung in den Konstruktivismus, 4. Auflage. München: 1998.

Watzlawick, P. (2001): Wir können von der Wirklichkeit nur wissen, was sie nicht ist, in: Pörksen, B. (Hrsg.): Abschied vom Absoluten. Heidelberg: 2001, S. 211–231.

Weakland, J. (1993): Conversation – but what kind?, in: Gilligan, S. und Price, R. (Hrsg.): Therapeutic Conversations. New York: 1993.

Wenger, E.C. und Snyder, W.M. (2000): Communities of Practice, in: Harvard Business Review, Vol. 1, Nr. 91. Massachussetts: 2000.

Whitney, D. und Cooperrider, D. (2001): Appreciative Inquiry: Eine Einladung zum positiven Wandel, in: LO Lernende Organisation, Nr. 3/2001, S. 6–15.

Wiener, N. (1948): Cybernetics: Or Control and Communication in the Animal and the Machine. New York: 1948.

Wiesnet, S. (2007): Organisationales Lernen und Wissensmanagement – 3 Konzepte im Vergleich. Norderstedt: 2007.

Willke, H. (1998): Wissensmanagement. Stuttgart: 1998.

Willke, H. (1999): Seminar im Institut für systemisches Coaching und Training. Wien: 29. September 1999.

Willke, H. (2001): Vortrag im Rahmen eines Seminars am Institut für systemisches Coaching und Training, Wien: Mai 2001.

Winter, W. (1999): Die Theorie des Beobachters. Lübeck: 1999.

Wühle, M. (2008): Organisationales Lernen. Norderstedt: 2007.

Wüthrich, Winter und Philipp (2001): Die Rückkehr des Hofnarren. Herrsching am Ammersee: 2001.

Wüthrich, Osmetz und Philipp (2002): Stillstand im Wandel. Herrsching am Ammersee: 2002.

Wüthrich, H.; Osmetz, D. und Kaduk, St. (2006): Musterbrecher: Führung neu leben. Wiesbaden: 2006.

Zeig, J.K. (2009): Confluence. Arizona: 2009.

Die Autorin

Kurze Darstellung des wissenschaftlichen Werdegangs

Sonja Radatz

ist aktuell Vorsitzende Geschäftsführerin des Instituts für systemisches Coaching und Training, Zielorientierte Entwicklung von Menschen, Teams und Unternehmen GmbH mit Standorten in Wien und Hamburg; weiters Herausgeberin und Chefredakteurin der Zeitschrift LO Lernende Organisation und Dozentin an der Donau-Universität Krems und der Hochschule für Angewandte Psychologie Zürich. Darüber hinaus Mitglied im fachlichen Beirat der Fachhochschule Oldenburg, Abteilung Betriebswirtschaft.

Nach ihrem Diplomstudium an der Wirtschaftsuniversität Wien mit Schwerpunkten Organisation, Personalentwicklung, Marketing, Marktforschung und Werbung (1987–1991) und ihrem Teilstudium Psychologie (ab 1989) an der Universität Wien absolvierte sie zwischen 1991 und 2005 verschiedene Weiterbildungen in den Bereichen Erwachsenenbildung, Coaching, Beratung und Veränderungsmanagement.

Nach Tätigkeiten als Assistentin im strategischen Marketing und als Consultant gründete sie das eigene Beratungs- und Weiterbildungsinstitut mit den Schwerpunkten Forschung, Beratung und Weiterbildung. Zwischen 1998 und 2001 führte sie gesamt 18 Forschungskreise durch. Im gleichen Jahr Gründung des Verlags „Systemisches Management" und der Zeitschrift für systemisches Management „LO Lernende Organisation". 2001 veranstaltete sie den 1. Weltkongress für systemisches Management, zwischen 2003 und 2008 gesamt vier weitere internationale Kongresse.

2003 wurde ihr der Deutsche Preis für Gesellschafts- und Organisationskybernetik für herausragende Beiträge in der Organisationskybernetik von Seiten der Deutschen Gesellschaft für Kybernetik in Berlin verliehen.

Die über 20 von ihr entwickelten Modelle umfassen unter anderem das Relationsmodell, Creative Knowledge Feedback, das Kegelorganigramm oder Strategisches Human Frame Management.

Sonja Radatz schrieb 7 Bücher, darunter „Beratung ohne Ratschlag" (2001) und zuletzt „Veränderung verändern. Das Relationale Veränderungsmanagement" (2009). Darüber hinaus Co-Autorin von 3 Büchern und Autorin von 7 Schriftenreihen und über 160 Fachartikeln.

systhemia – Systemische Pädagogik

Rolf Arnold / Beatrice Arnold-Haecky

Band 1: Der Eid des Sisyphos

Eine Einführung in die Systemische Pädagogik

2009. XII, 186 Seiten. Kt. ISBN 9783834005380. € 18,—

Wer pädagogisch erfolgreich kommunizieren, beraten oder unterrichten will, muss nicht nur das Gegenüber zu verstehen trachten, er muss sich zugleich bewusst sein, wie er sich selbst das Bild von diesem Gegenüber entwickelt und dieses dadurch auch festlegt. Systemische Professionalität basiert deshalb immer in einer grundlegenden Weise auf Fähigkeiten zu einem reflektierten Umgang mit sich selbst und anderen. Diese Fähigkeit gilt es zu entwickeln. In ihr kommt auch das eigentlich Pädagogische des professionellen Handelns von Lehrerinnen und Lehrern zum Ausdruck. Diese können das Gegenüber dabei beobachten, wie es sich – auch als schwieriger Schüler – so darstellt, wie es sich darstellen kann. Sie wissen um die möglichen biographischen und milieubezogenen Hintergründe, welche das als problematisch empfundene Verhalten des Gegenübers ausgelöst und eingeschliffen haben können. Und sie wissen um die Schuldlosigkeit dieses Gegenübers, kennen aber auch die eigenen Tendenzen, eindeutige Erklärungen zu suchen und Verantwortliche zu identifizieren. Beide Tendenzen können systemische Pädagogen oder Pädagoginnen balancieren, indem sie nicht nur das Gegenüber differenziert zu verstehen gelernt haben, sondern auch die eigenen vorschnellen Reaktionen und Festlegungen zurückhalten und nachhaltig in den Bereichen Unterricht, Erziehung, Schulentwicklung und Qualitätssicherung handeln können.

Rolf Arnold

Band 2: Das Santiago-Prinzip

Systemische Führung im lernenden Unternehmen

2009. VIII, 110 Seiten. Kt. ISBN 9783834005809. € 15,—

Das Santiago-Prinzip beschreibt Grundlinien und Prinzipien einer systemischen Führung durch Personalentwicklung. Als systemisch wird dabei eine Praxis bezeichnet, die dazu beiträgt, dass Unternehmen sich zu lernenden Organisationen wandeln können, in denen Führungskräfte und Mitarbeiter kontinuierlich lernen und in denen Problemlösungen so organisiert sind, dass nicht Hierarchie und Konkurrenz, sondern Kompetenz und Kooperation mobilisiert werden.

Damit dieses gelingen kann, sind die Führungskräfte selbst für die Personalentwicklung zuständig. Und damit Führungskräfte diese Aufgabe wahrnehmen können, müssen sie zu systemischem Denken und Handeln befähigt werden und insbesondere Vorstellungen der Machbarkeit und Allzuständigkeit überwinden. Dies ist ein „Hinausgehen in eine unbekannte Fremde", wie es auch für das Pilgern auf dem Jakobsweg seit jeher typisch gewesen ist. Auch die Gestaltung von lernenden Unternehmen erfordert eine solche Grundhaltung, die der des Pilgerns, des sich systemischen Lösens von Vertrautem und des sich beständigen Öffnens durchaus verwandt ist. Dabei entsteht das Bild einer weniger interventionistischen, nachdenklicheren und reflexiveren Führung und Personalentwicklung. Führung und Personalentwicklung werden weniger von dem „führenden" oder zu „entwickelnden" Personal her gedacht, sondern vielmehr stärker auf die Vorstellungen, Sichtweisen und Deutungsmuster der Verantwortlichen und ihre Selbstreflexivität bezogen.

Rolf Arnold

Systemische Berufsbildung

Kompetenzentwicklung neu denken – mit einem Methoden-ABC

2010. VIII, 208 Seiten. Kt. ISBN 9783834007995. € 19,80

systemia – Systemische Pädagogik Band 4

Das systemische Denken ist ein „frisches Denken" (Peter Senge). Es hilft, Vertrautes anders und neu zu sehen und ermöglicht deshalb auch vielfach Lösungen in Bereichen, in denen unser bisheriges Denken und Fühlen uns immer und immer wieder scheitern lässt. Das systemische Paradigma, welches in vielen Bereichen, in denen es um die erfolgreiche Gestaltung menschlicher Kooperation und Interaktion geht, zunehmend an Bedeutung gewinnt, basiert u. a. auf der Einsicht, dass jede erfolgreiche Veränderung letztlich eine Selbstveränderung ist. Denn nur, indem ich meine bevorzugte Weise, die Welt zu verstehen und zu interpretieren, wahrnehme und verändere, kann die Wirklichkeit sich mir anders - und mit ihren bislang übersehenen Potenzialen - zeigen. Dies ist die Kernaussage der systemischen Veränderungs- und Gestaltungskonzepte.

In dem vorliegenden Buch werden die Potenziale dieses „frischen Denkens" für den Bereich der Berufsbildung aufgegriffen und am Beispiel konkreter Situationen betrieblicher Ausbildungspraxis diskutiert. Insofern ist diese Buch durch und durch praxisorientiert. Dies gilt auch und im Besonderen für die 24 Tools, mit deren Hilfe Ausbildungsverantwortliche sowie Führungskräfte des Bereiches Kompetenzentwicklung ihre Praxis neu erfinden und gestalten können. Die hierfür entwickelten Vorschläge wurden im engen Kontakt mit der betrieblichen und schulischen Ausbildungspraxis entwickelt und erprobt – mit durchschlagenden und oft bewegenden Erfahrungen. Indem wir uns neu erfinden, d. h. unseren vertrauten Blick auf die Dinge aufgeben und weiterentwickeln, können wir auch die Kompetenzentwicklung neu denken und gestalten! – so die Quintessenz des vorliegenden Buches.

Christine Schneider

Die Balanced Scorecard (BSC) im Schulentwicklungsprozess

Eine Untersuchung zum Lernen von Organisationen

2009. XVII, 310 Seiten. Kt. ISBN 9783834006486. € 29,80

systehmia- Systemische Pädagogik Band 3

Seit die Ergebnisse der PISA – Studien vorliegen, ist das Qualitätsbewusstsein der Öffentlichkeit an Bildungsfragen gestiegen. Effizienz und Effektivität von Bildungseinrichtungen stehen auf dem Prüfstand. Forderungen nach öffentlicher Rechenschaftslegung werden zunehmend lauter.

Die Politik reagiert, indem sie den Schulen größere Freiräume zugesteht und hierfür die notwendigen gesetzlichen Grundlagen schafft. So wird durch §127b des Hessischen Schulgesetzes die einzelne Schule aufgefordert, durch die Erstellung eines individuellen Schulprogramms „… den Rahmen, in dem sie ihre pädagogische Verantwortung für die eigene Entwicklung und die Qualität ihrer pädagogischen Arbeit wahrnimmt …" selbst zu gestalten und sich ihr eigenes, unverwechselbares Profil zu geben. Konkret bedeutet dies, dass im Zuge der Dezentralisierung von Aufgaben *und* Verantwortung die Anforderungen an die Selbststeuerungs- und Selbstorganisationsfähigkeit der Einzelschule wachsen.

 Schneider Verlag Hohengehren
Wilhelmstr. 13; D-73666 Baltmannsweiler